真説 本能寺の変

集英社

目次

明智光秀挙兵の謎と将軍足利義昭の策動

その時、羽柴秀吉・前田利家・徳川家康は……

はじめに

本能寺の変は、なぜ起こったのか？　いいかえるならば、信長は、なぜ殺されたのか？　そして、光秀（家臣）は、なぜ信長（主君）を殺したのか？

この謎が、本書の解き明かすべき命題ということになる。

天下布武《てんかふぶ》をかかげて全国平定に邁進する信長――。天正十年（一五八二）三月には、七年前の三河《みかわ》・設楽ヶ原《したらがはら》の戦いで大打撃を与えた甲斐《かい》武田氏をついに撃滅した。そして五月二十九日、四国渡海、中国出陣を目前にして、なぜか小姓衆《こしょうしゅう》あるいは馬廻《うままわり》衆のみを引きいて上洛する。

他方、中国出陣を命ぜられて領国の丹波《たんば》亀山城（京都府亀岡市）に入った光秀――。六月一日の夕刻には、軍容をととのえて亀山を出発。しかし、山城との国《くに》境《ざかい》、老ノ坂《おいのさか》を越えたあと、沓掛《くつかけ》から西国街道に向かわず、そのまま東進して桂川を渡り、未明の京に乱入した。

この日、京で公家や茶人らに会って時を過ごす信長は、訪れようとしているおのれの運命を知らない。では、信長を表敬訪問した公家たちはどうか？

ところで、光秀は、いつ信長を討つことを決意したのであろうか？　五月二十

七日に行われた愛宕権現《あたごごんげん》参詣・連歌百韻が、そのキーワードになるという。

本書では、解明すべき命題にせまるため、以下のとおり四つのパートに分けた。まずは、変の全体像を把握してもらうことを目的として《対談》と《ドキュメント》《史料》を収載した。対談は『信長燃ゆ』（日本経済新聞社、二〇〇一年）を発表された安部龍太郎氏と、論集『信長権力と朝廷』（第二版、岩田書院、二〇〇二年）を刊行された立花京子氏にお願いした。

次の第二・第三では、信長と光秀の動き、信長とかかわりの深い朝廷（の群像）そして将軍・足利義昭による関与の可能性とその内容などについて、それぞれ第一線で活躍しておられるかたがたに執筆を担当していただいた。

そして第四は、付編となるが、かつて関与説のあった羽柴（のち豊臣）秀吉と徳川家康の〝その時〟の再検証をお願いした。変後、未曾有の〝中国大返し〟によって畿内にもどり、光秀との決戦で勝利をおさめた秀吉は、一躍、天下人に踊り出る契機をえる。その意味で、もっとも得をした人物であり、もっとも怪しい。何らかのかかわりを想定させるが、介在した人物がいるのどうか？

第二・第三・第四では、紙幅の許すかぎり《コラム》を入れて信長と光秀にかかわる出来事や人物の動きなどを紹介することに努めた。なお、各頁の図版は、本文の理解を助ける目的で、一部を除き、編集部が責任をもって掲載した。

装丁　中垣信夫＋岡本健
装画　白根ユタンポ

天正十年夏、
明智光秀、
織田信長を襲殺！

［対談］

ミステリー――本能寺の変

立花京子

安部龍太郎

武家と朝廷の相剋

安部　きょう、ご一緒に阿弥陀寺《あみだじ》にお詣りしたわけですが、ぼくも『信長燃《も》ゆ』を書くにあたって、まずあそこに行きました。阿弥陀寺が信長の本当の墓所なんですね。

立花　京都の寺町今出川《いまでがわ》の町なかにあって、とてもよい御寺《みてら》でした。

安部　ぼくは小説に書く主人公のお墓参りに行って、事前に、書かせてください、とお願いするんです。阿弥陀寺を初めて訪れたのは、ちょうど花の季節でしてね、境内の桜がとてもきれいに咲いていました。信長はじめ森蘭丸《らんまる》（乱《らん》）兄弟のお墓がありますが、お参りしていると一天にわかにかき曇って、ドーッと雨が降り出した。帰るときにはサーッと晴れましてね。これは何か天のお導きか、暗示といいましょうか。そうだ、このシーンから書き始めようと思ったのが、『信長燃ゆ』の序章です。

立花　阿弥陀寺の墓を一つ一つ見ていると、やはり雰囲気といいましょうか、彫られている「天正十年六月二日」という墓碑銘を見ると、ほんとに、あのころ建てられたということがよく伝わってきます。今年で本能寺の変から四二〇年ですね。

にわか雨といえば、私も建勲《けんくん》神社（紫野北船岡町）で経験しましたよ。お話を一時間ぐらいうかがっていたらすごい雷雨となって。それでも、さて帰ろうかと、道まで出たら晴れてきたという、そんなことがありました。

安部　きっと、何かあるんでしょうね（笑）。

立花　あるんですよ（笑）。ところで、信長については、肯定的にごらんになりますか、それとも否定的ですか。

安部　ぼくは半々ぐらいのスタンスでしょうか。やはりすごい人だなと思う反面、一向一揆《いっこういっき》に対する問題とか、比叡山の焼き討ちなどが、いろいろな理由はあるにせよ、どうもひっかかります。だから、作家として、善なのか悪なのかというアプローチのしかたをすると、もう、信長というものがまったく見えなくなる。できるだけニュートラルな形で、信長の内面に寄り添うように見ることができないか、と常に意識

織田信長木像　京都市・阿弥陀寺蔵。阿弥陀寺には、信長（1534—82）・信忠（1557—82）父子と、信長の庶兄・信広（？—1574）の木像が並んで祀られている。これは、変当時の住職・清玉上人が、信広と縁があったことによるらしい。上人は、変が起こると本能寺を訪れて寺僧のごとくふるまい、信長らの遺骨を持ち帰って埋葬した、と「信長公阿弥陀寺由緒之記録」にある。これに関しては、公家の山科言経の日記『言経卿記』7月11日条に「阿弥陀寺へ参り了んぬ、今度打死衆前右府（信長）御墓已下これを拝す」と見える。

していましたけども。

『信長燃ゆ』は、ほとんど立花さんのご研究の成果をベースにさせていただきました。

立花 そうですか。ありがとうございます。

安部 ご研究の端緒は、秀吉のほうからお入りになったということですが。

立花 はい。秀吉の「惣無事令《そうぶじれい》」ということをよく研究者の方々が言われていまして、「天下を静謐《せいひつ》にする」という大義名分を秀吉が使っていました。ですが、信長の文書の中にも「静謐にする」という言葉があるんです。では、どこまでそれが遡《さかのぼ》れるかと調べていきますと、永禄十三年（一五七〇）正月二十三日、将軍足利義昭《よしあき》から天下静謐執行の権限委任を信長は得ようとした、ということがわかりました。

また、さらには永禄十年十一月の正親町《おおぎまち》天皇の綸旨《りんじ》ですね。信長の上洛を正当化できるように、禁裏《きんり》の修理、御料所《ごりょうしょ》の回復、親王の元服の費用、この三項目を信長に命じています。それが始まりであったことに気がつきました。ということは、信長は天皇を利用して、自分の「全国制覇」を戦うことになります。

安部 立花さんのご研究で、朝廷の信長に対する左大臣推任《すいにん》や三職《さんしき》推任問題は、公家と武家の相剋《そうこく》の結果として起こったことだったと、初めて明らかにされたと思うんですが。

立花 そうでしょうかね。ただ、奥野高廣さん、岩澤愿彦《よしひこ》さん、今谷明さんも、

正親町天皇画像 天皇（1517―93、在位1557―86）は、変当時、66歳という高齢であり、信長の時代に譲位が政治日程に上ったこともあるが、実現しなかった。東京大学史料編纂所蔵。

『上杉本 洛中洛外図屏風』に描かれた御所 『屏風』は天正２年（1574）に信長が越後の上杉謙信に贈ったものと伝えられる。絵師は狩野永徳と推測され、景観年代は今谷明氏の天文17年（1548）のほか諸説がある。山形・米沢市上杉博物館蔵。

朝廷との間の確執については説を立てておられますが、信長を推任するという事柄で具体的に相剋を取り上げたのは初めてかもしれません。つまり、朝廷は推任した、朝議《ちょうぎ》を行った、と言われていたのですが、当時の朝廷は一つのちゃんとした組織があるように見えて、実質はそうでなかったようです。朝議といっても、いわゆる伝奏《てんそう》といわれる四人ぐらいの公家と、天皇と親王、信長の代理で村井貞勝《さだかつ》が加わる。それで話が決まっていく。そういうぐあいだったようです。

安部　いまの外務官僚の話じゃないですが、トップの何人かで物事を決め、それ以外の人はその決定に関与できない。内情を明らかにするように要求することもできないということがあるようですけど、あの当時の朝廷の状態はそれと似ていませんか。

立花　そうですね、現代の官僚制とはちょっと違うような気がしますけど、朝廷の組織がとにかく形骸化してしまっていたわけですね。一時は、太政官《だじょうかん》制度があって、参議に任じられた公家たちが評議を行い、結論を天皇に上申し、天皇が許可する。それがまた下達されるということだったと思いますけれど、きちんとした評議の場は、あの当時、もう崩れています。

安部　そういう点では、近衛前久《このえさきひさ》などは天皇と信長との間に立っていたような気がするんですけども、そこはどうなんでしょうか。

立花　前久はほんとに特殊な人だと思うんです。関白《かんぱく》をしていましたし、

五摂家《ごせっけ》の筆頭ですから、公家でも最上級の人ですね。その前久がいろいろ信長のために尽くしております。信長との出会い以前に越後《えちご》に下ったり、関東まで出向いたりしていますから、当時としても前久はほんとに特異な存在ですね。

安部　あんなに行動的な人は、あまりいないですよ。

立花　ええ。二条晴良《はれよし》が朝倉氏のところへ下向して、足利義昭の元服まで立ち合いましたけど、そのくらいなもので、あとはなかったと思います。近衛前久の存在は、そのころの朝廷のあり方としては一般的じゃないんですが、とにかく重要な役を果たしていたことは確かです。

安部　石山本願寺との和睦のときも、前久自身が軍勢を率いて、いわばPKO部隊みたいな形で、一向一揆衆が退却するのに立ち合うとか、また、薩摩《さつま》に下って、島津家との外交交渉をやるとか……。

立花　あれはみんな、信長に頼まれてのことなんですね。

本能寺の変の黒幕は近衛前久か

立花　近衛前久は、まず足利義昭が上洛したとき、入れ違いに出奔します。天正三年（一五七五）まであちこち回っているうちに信長の奏請で勅《ちょっ》勘《かん》が許される。それから、信長の晩年まで彼のために働くわけです。ところが、「本能寺の変」では、非常に怪しい行動をとる。前久にとっては、その変わり目が何だったかが問題じゃないかと思うんですけ

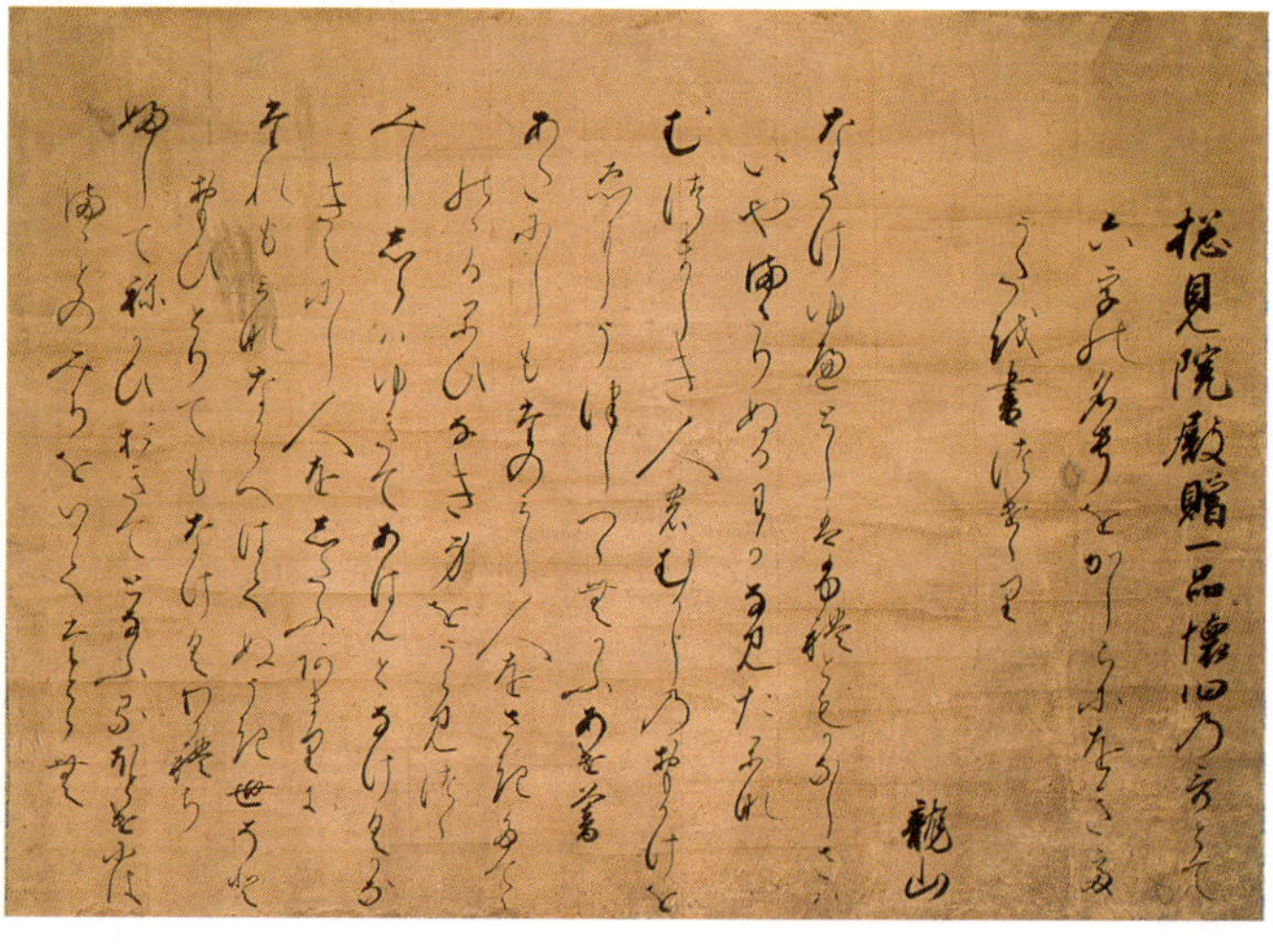

近衛龍山六字名号詠歌　龍山は近衛前久（1536—1612）の法名。詠歌は信長（総見院殿）を追憶して詠まれたものだが、年月など不明。総見院殿という法名は10月15日に大徳寺で行われた葬儀の際のものであり、その時期か、それ以降と思われる。79頁に釈文を掲載した。京都市・大雲院蔵

ど、安部さんの小説では、前久が黒幕ということになっていますね。

安部 ええ。直接の契機となったのは、武田攻めに参軍した時に、信長が恵林寺《えりんじ》を焼き討ちしたことです。快川和上《かいせんわじょう》を焼き殺してしまったために、もうこの人間とは袂《たもと》を訣《わか》たないとだめだと決意した、というふうに小説の中ではしているんですけど。

快川和上は朝廷から紫衣《しえ》を許された高位の方でしたからね。国師《こくし》号を与えたのは天皇ですから、天皇から快川国師の処遇については何とかしてくれと、信長軍に加わる際に前久は頼まれていたんじゃないかと推測したんです。また、何らかの形で武田家という名門を残してくれと頼まれたのではないでしょうか。

立花 なるほど……。恵林寺に六角承禎《ろっかくじょうてい》が逃げ込んだというので、それを信長が出せと言ったら拒否した。だから焼き殺す、そういうことですね。

安部 快川国師は武田信玄《しんげん》の菩提寺を守っている人ですから、危難にさらされる可能性はあるわけです。だから、その際はおまえが何とかしてくれと、前久は予《あらかじ》め頼まれていた。あるいは、前久自身もそういう役を果たそうとしたのではなかろうか。信長に対して、穏便に計らってくれ、と言ったのではないか。ところが、手を下したのは信忠《のぶただ》だということになっていますけども、焼き殺すような非情の処置を信長は採る。そこに、両者の決裂が象徴的に現れていると考えたんです。

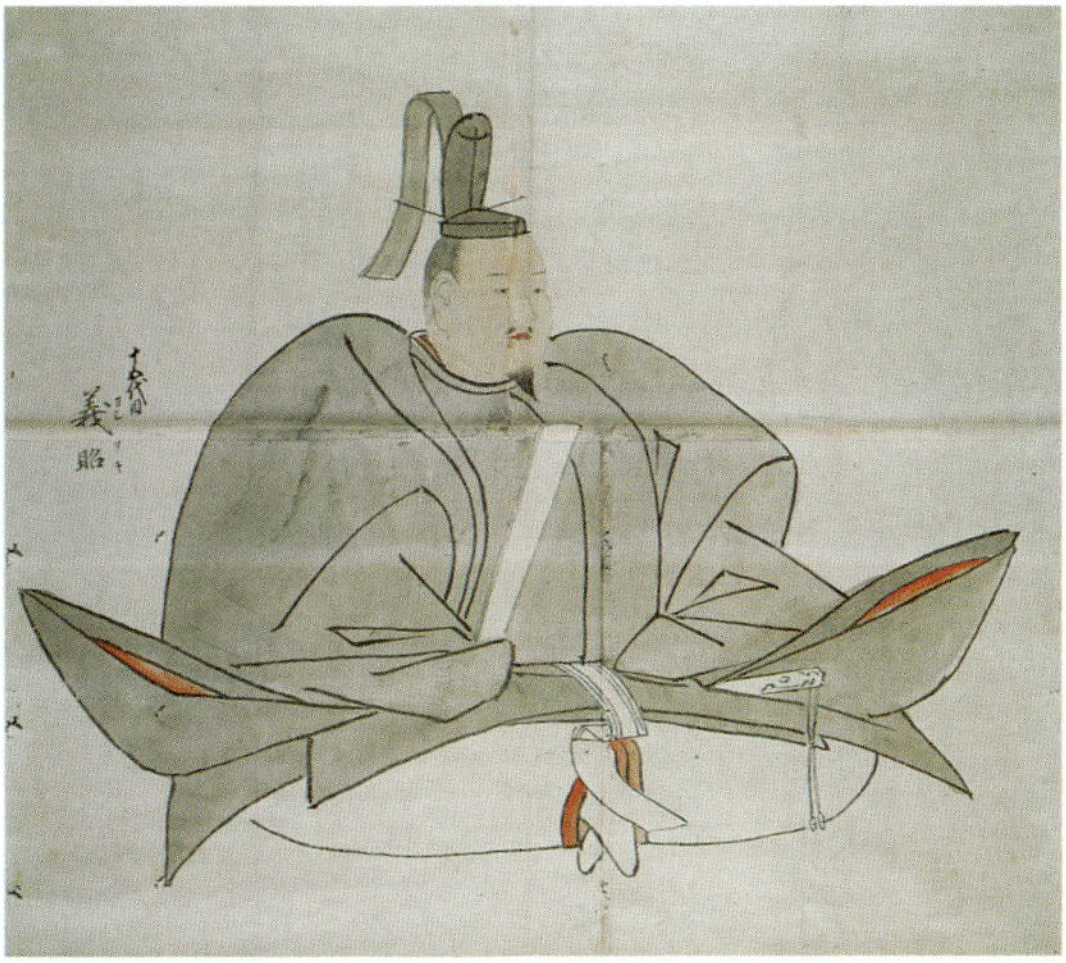

足利義昭画像 室町幕府15代将軍。義昭（1537—97）は上洛後、信長を「御父」と呼んだが、二人の蜜月は長続きしなかった。ついに元亀4年（1573）7月、信長打倒の旗を挙げたが、敗れて摂津芥川城に追放された。のち、紀州由良に赴いたあと、毛利氏の庇護を受けて備後鞆（広島県福山市）に移って幕府再興を夢見た。東京大学史料編纂所蔵

立花　天正十年（一五八二）三月ごろ、確かに甲州で何かあったんですね。

安部　そうじゃないでしょうか。京都に帰ってすぐ、吉田兼見《かねみ》などに手回しをしたのではないか、と思いますが。

立花　本能寺の変の黒幕というか首謀者というか、それは前久一人とお考えですか。

安部　ぼくは、中心になったのは前久じゃないかとずっと思っていたんですが、その辺りはどうなんでしょうか。ご著書である『信長権力と朝廷』の中にも、別の黒幕がこれから出るんじゃないか、とお書きになっておられますけど。

立花　まず、誠仁《さねひと》親王がかなり中心的役割を果たしています。前久を盟主とするにはそんなに組織力はないと思うんです。藤田達生さんがいろいろ調べておられますが、あのとき本願寺と明智光秀の提携があり、足利義昭かつぎだしの動きがあったようです。私は、藤田さんの根拠にしておられる光秀文書の原本が見えない限りは、義昭推戴《すいたい》説への完全な賛成は留保しておきますけれど、何か義昭との関係、それから光秀と上杉氏も「変」の前に通じ合わせがあったらしいんですね。ですから、光秀がかなりの勢力に連絡を取っていた可能性はあるんです。それを光秀に指令していたとするには、前久の経済力、遣わす使者、軍事力など、およそ頼りないですね。

安部　たぶん足利義昭をかつぎだして、もう一回幕府を再興するんだという計画はあったんだと思います。そういう根回しが、前久と光秀の間であったので

誠仁親王画像　正親町天皇の皇太子。親王（1549—86）は19歳のとき、美濃岐阜城主の信長の援助によって元服した。天正７年（1577）、27歳のとき信長から居所を与えられ、御所から移った。親王即位が政治日程に上ったこともあるが、実現しなかった。秀吉の時代に入ってまもなく没するため即位はしていない（この年、親王の子・和仁が即位して後陽成天皇となる）。東京大学史料編纂所蔵

は……。前久と十三代将軍義輝《よしてる》はいとこ同士ですね。しかも同い年ですし、兄弟のようにして育っているはずなんです。光秀も室町幕府の足軽衆《あしがるしゅう》として仕えていたころに、前久と関連があったのではないかと……。

立花　そうかもしれませんけれど、義輝の弟義昭が上洛してきたとき、前久は将軍に逆らったということになって、京都にいられなくなるわけです。ですから、初期の前久と義昭は完全に相反する勢力だったんですね。

安部　ええ。その理由は何なのか。義昭が信長に擁立される形で上洛を果たした時、前久と対立関係にあったとしても、義昭と信長の関係が悪化していった段階で、二人は接近していったのではないでしょうか。

立花　天正十年三月、甲州で何かあったかもしれませんけれども、前久が行くについては、信長のために参軍するんです。三月でパッと信長から離れて、義昭と前久が提携するのは、ちょっと無理があるような気がします。

安部　そう……ですかね。信長は、朝廷を飴《あめ》と鞭《むち》で利用するだけ利用して、自分のいわば全国制覇のためのたてまえにしていくわけですね。前久はそんなに信長にベッタリじゃなかったと思うんですよ。

立花　でも、信長のためにこつこつ働いています。

安部　それはつまり、信長は朝廷のことを利用していますけど、前久も朝

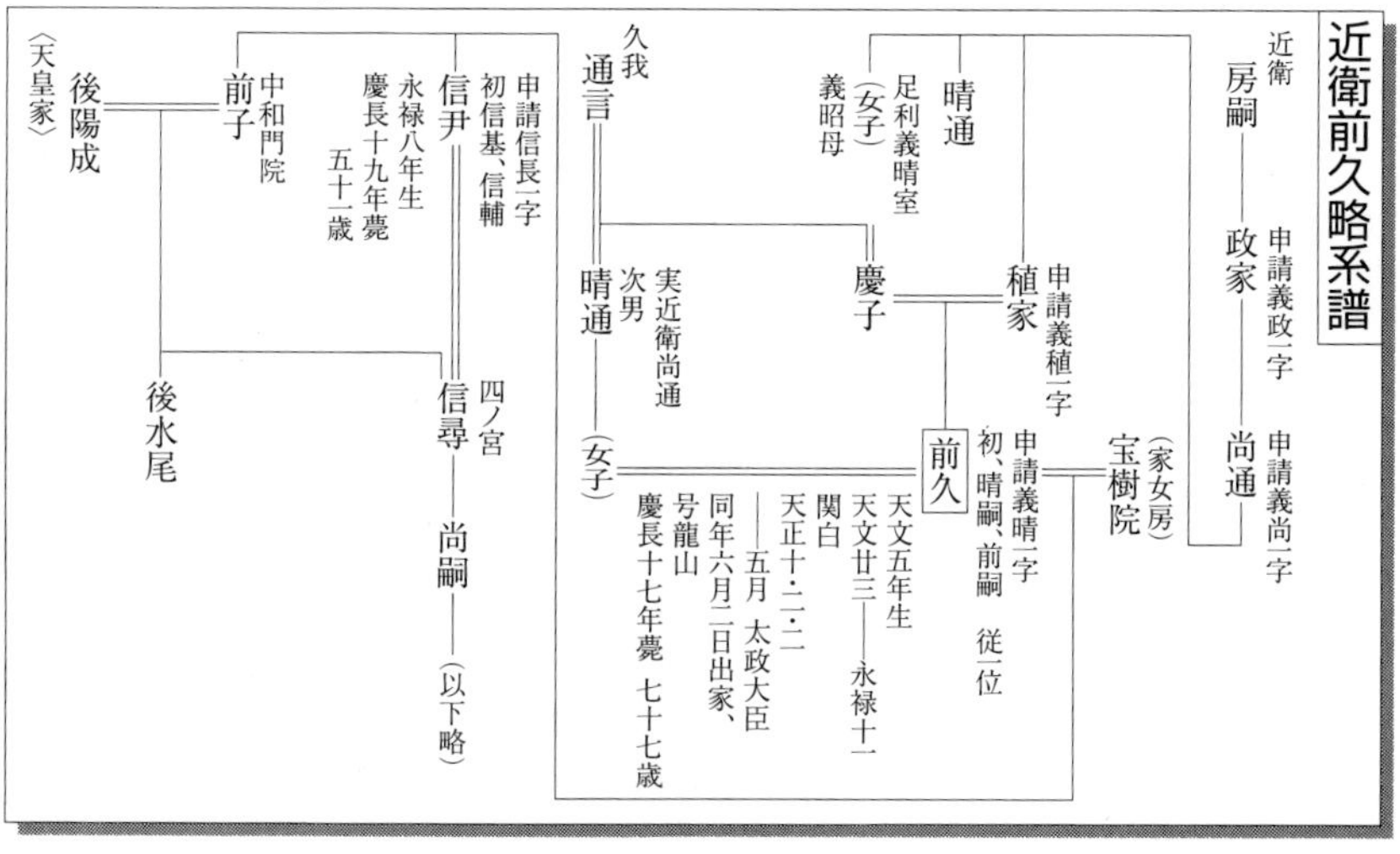

廷のために信長を利用しようとしたと思うんです。

立花 そういうふうに書いていらっしゃいましたね。

安部 ええ。いわば面従腹背といいましょうか。とにかく朝廷の復興を成し遂げるためには、信長を利用しなくちゃという意識だったと思うんですよ。信長の側も、前久は自分をそういうふうに見ているな、とわかっていたのではないでしょうか。

立花 ただ、時間的に、その天正十年三月の半ばぐらいから「変」を計画したのではちょっと遅いと思うんです。ですから、前久が盟主ではないんですね。

安部 では、そのへんは、どのように……?

誠仁親王の動向とその周辺

立花 誠仁親王が本能寺の変に関与したことは、動かせない事実だと思います。「変」のあと、光秀に勅使を遣わし、光秀は銀を五〇〇枚も献上しています。ですから、親王が光秀に信長を討たせた確率は大です。今までは、京都を押さえた人に朝廷は尾っぽを振ると言われてきましたけど、そうじゃないんです。「変」を前から準備した形跡がいくつかあるんですよ。

「変」前後に、いちばん動いたのは吉田兼見です。ほんとに怪しげな行動をするんです。光秀のところにも使者として行きます。その前に信長に世話になって、堂上衆《どうじょうしゅう》にもなれましたね。兼見の日記を見ますと、年中、京都奉

明智光秀画像 光秀(1528—82)と信長の出会いは永禄11年(1568)にさかのぼる。足利義昭の使者との口上で信長に謁見した光秀は、義昭を擁立して上洛することを説いたという。信長の家臣となった光秀は、丹波平定など武功を顕し、天正10年(1582)には柴田勝家・羽柴秀吉とほぼ同格の地位にあった。大阪府岸和田市・本徳寺蔵

行の村井貞勝のところに出入りしています。進物を届けたり、将棋をしたり。また、信長が貞勝を通していろいろな要求をしますと、取り計らっているんです。信長に恩になり、信長のために働いていた兼見が、信長を討った光秀のところへ、親しい関係にあったことは確かにしても、手を反《かえ》して勅使となって行きます。光秀が討たれると、今度は秀吉のほうに熱心に通って、所領を安堵《あんど》されたりしているんですね。

そういう非常に怪しい行動をした兼見が、天正十年五月三日、親王の推挙で位が上がっています。で、六月一日に信長のところへは表敬の挨拶にも行かないんですよ。そういうことから、誠仁親王や兼見は事前に計画していたと考えられます。

安部 なるほど。

立花 それから、斎藤利三《としみつ》がつかまったときの勧修寺晴豊《かじゅうじはれとよ》の言葉ですけど、「彼など信長打《うち》の談合の衆なり」と言っています。信長を討つ談合があったことを晴豊が知っていた。その談合は、光秀の家中で信長を討とうかどうしようかという談合じゃないんです。光秀と利三や公家を交えた談合であったと見るべきですね。

安部 なるほどそうか。おもしろいですね。

立花 それと、「変」後の六月七日、前久は嫡子の信基《のぶもと》や勧修寺晴豊らと祝宴を開いているんです。あの時期にですよ。ですから、光秀が山崎で敗れてから信孝《のぶたか》に追及されるわけですけど、前久と入道殿とが嵯峨へ逃げるんですよ。

『上杉本 洛中洛外図屏風』に描かれた吉田社　吉田兼見（当時は兼和で、天正14年に改名）は、洛東白川郷にある吉田社（現・吉田神社）の神官だが、従三位神祇大副兼右兵衛督という官位をもつ公卿であった。二条御所の小番衆を務めており、誠仁親王の近臣でもある。また、光秀の与力大名・細川（長岡）藤孝とは従兄弟の関係にある。山形・米沢市上杉博物館蔵

安部　その「入道殿」って、誰かわかっているんでしょうか。

立花　桐野作人さんの意見がいいと思うんです。晴豊のお祖父さんの尹豊《ただとよ》だろう、と。入道殿というのが晴豊の日記にしばしば出てきますし、「前内府《ぜんだいふ》入道殿」と『御湯殿《おゆどの》の上《うえ》の日記』にもあります。内大臣を経験して、晴豊の近辺にいる出家の人というと、尹豊がちょうど合うんです。その尹豊も一枚加わっていた様子なんですね。そうすると、親王、前久、兼見、尹豊、晴豊ら公家の集団が、何か怪しい動きをしていたということになるでしょう。

安部　そうですね。それに、親王の奥さんは勧修寺家の出身ですからね。

立花　晴豊の妹晴子《はれこ》ですね。そこで、親王が盟主になって打倒信長運動を起こしたと、形式上はなってくるんです。もちろん前久も加わっていた。ところが、それだけではまだ基盤脆弱《ぜいじゃく》です、信長を討つとか、光秀を動かすにはですね。

　そのときの朝廷は、食料をはじめ禁裏《きんり》御領からの年貢の徴収など、信長に依存していましたから、経済的にも独立できていない。そういう人たちが信長を討つ下相談を短期間にできるかというと、まず不可能だと思います。京都には村井貞勝も頑張っていて、天皇と親王は禁裏と二条御所とに離されています。信長が二条御所を親王に与えたのは、親王を天皇から離して、それぞれ監視するということです。

安部　そうでしょうね。最近の研究では、二条御所移徙《わたまし》のときに五の宮が中心になっているので、形式的には五の宮に献上したのではないのかと言われてい

二条御所跡　信長は安土城を築き始めた天正4年（1576）関白二条晴良邸跡に居館を造営する。竣工は翌天正5年5月。その2年後、天正7年11月に、誠仁親王に与えている。宣教師ルイス・フロイスは「その邸は天下において安土についで比べるものがないほど美しく豪華」と評したほど壮麗だった。京都市中京区

ます。それに信長は五の宮を猶子《ゆうし》にしていますからね。その当時、五の宮はまだ幼い子どもですから、あくまで形式的なことかもしれないんですが。ただ、朝廷というのは、前例のないことはまったく許さないけど、一回でも前例をつくってしまうと、もう拒む理由がなくなるということがあるんです。信長が五の宮に二条御所を献上したのは、安土城へ移すための前例づくりだったのでは、という気もします。

立花　それもあるかもしれませんが、それはまた先々の話で、直接的には親王の監視という意味合いだったでしょう。御所を与えられて親王はとても喜んだというのが今までの考え方ですけど、そこに住むのはとても気持ちが悪いはずですよ。

安部　そうでしょうね。鳥籠に入れられるようなものですから。

立花　建物の中にどんな仕掛けがあるかわからない。信長がすでに二年ちょっと住んでいましたよね。武者隠しみたいな仕掛けをつくろうと思えばいくらでもつくれる。そんなところに親王は入らなきゃならないんですから。

安部　いつ殺されるか分からないですものね。

立花　そうなんです。それと、すっかり堅固なつくりにしておいて、何かのとき、そこに飛び込めば、親王を人質にして立てこもることもできる。それを実際にやったのが信忠ですね。二条御所は親王にとっては薄気味の悪い進物だったと思います。

安部　信長の許可がなければ、外へも出られないという状況だったでしょうから

近江安土城跡　信長の天下布武の居城。写真は発掘調査を経て復元された真っ直ぐのびる大手道の石段と石垣。左手が伝・羽柴秀吉邸、右手が伝・前田利家邸。滋賀県安土町

ね。

立花 そうですね。そして、天正七年（一五七九）には、禁裏《きんり》の庭の警護に関して公家から侍を供出させて、毎日交替で警護をさせるという制度をつくっているんです。

安部 それは信長側でつくったんですか。

立花 そうです。信長の息のかかった公家で、天皇のところに出入りする者を監視させる目的でしょうね。そして、左大臣推任から三職推任まで天皇に強要している。こういうことから、親王は非常に危機感とか恐怖感を持っていた、と考えられます。

安部 そうかもしれませんが、親王自身が動くことはほとんど不可能に近い状態です。二条御所にいる限り、どこに信長の耳と目が張りついているか分からないわけですから。そういう状況下で、仕掛けたのはどのへんだと考えればよいでしょうか。

立花 前久が甲州陣から帰ってきたのは天正十年四月の半ばですね。信長が安土に帰ってきたのは四月二十一日です。前久が甲州で、もし決心したとしても、京都に帰ってから「変」まで一ヵ月半しかありません。親王は親王で、やはり何か決意しているわけですが、発端は兼見に上階《じょうかい》昇級の推挙をした同年五月初めぐらいに遡れます。しかし、実行まで一ヵ月弱では親王もあわただしいですよね。そこで、親王でもない、前久でもない、何者かが密かに動いたと推測されます。

備後鞆ノ浦 将軍足利義昭は毛利氏の庇護を得て紀州由良から当地に移り、幕府再興を願いながら、諸大名に御内書を発給し続けた。変後もしばらく動かず、秀吉の時代、天正16年（1588）になってようやく帰洛する。広島県福山市

安部　たとえば足利義昭でしょうか。彼は鞆《とも》にいて毛利家の後ろ楯を得、策謀を巡らせていたのだろうと、藤田達生さんは多くの史料で跡づけていますけど。

細川藤孝と連衆および細川家文書

立花　足利義昭が率先して計画したとすると、まず親王や前久を動かし、光秀を動かさなきゃならないですね。それには第一、京からは遠過ぎます。また、毛利氏がその気にならなければいけません。ところが、毛利氏はそれと分かっていたはずなのに、本能寺の変直後、秀吉の大返《おおがえ》しを許したわけですね。ですから義昭を盟主とするのには、何としてもその説明ができないんですよ。

安部　それもそうですね。

立花　そこで、「愛宕百韻《あたごひゃくいん》」のことを考えてみましょう。発句《ほっく》「ときは今天《あま》が下しる五月哉《さつきかな》」（光秀）、脇句「水上《みなかみ》まさる庭の夏山」（行祐《ぎょうゆう》）、三句目が「花落つる池の流れをせきとめて」（紹巴《じょうは》）ですね。発句と三句目は有名ですが、脇句があまり注目されていません。これは、その一年ほど前、丹後宮津《みやづ》で細川藤孝《ふじたか》が詠んだ句「夏山うつす水の見なかミ」のひっくり返しです。宮津連句会の連衆《れんじゅ》も光秀、里村紹巴ら「愛宕百韻」とほぼ同じメンバーです。行祐がなぜ藤孝の句を意識したかということですが。

安部　藤孝も「愛宕百韻」に加わるはずだったんですね。

立花　そう。ところが、急用で来れなくなったという。で、藤孝の句を逆《さか》にして、その気持ちを行祐が代わりに表したのではないかと私は推理しました。

愛宕神社　光秀は変直前の5月27日愛宕詣でをし、翌日連歌百韻を行った。参詣の道筋は、亀山城→明智越え→水ノ尾の集落→神社と伝わっている（127頁参照）。桑田忠親氏によると、里村紹巴は、光秀が詠んだ発句の「下しる」の「し」の字を消して書き直し、最初「下なる」とあったものを何者かが「下しる」と変えたと、のちに秀吉に弁明したという。京都府右京区

藤孝も信長打倒計画の有力なメンバーであったと見ないといけないと思うんです。それと、天正十年（一五八二）六月九日付の細川氏宛てといわれている光秀の手紙がございますね。

安部　有名な細川家文書ですね。「変」のあと、光秀が一緒にやってくれと申し入れたら、藤孝はそんな不忠なことはできないと言ってきっぱり断り、元結《もとゆい》を切って剃髪した。光秀はこれを聞いて非常に腹を立てたけれども、よくよく考えてみればもっともなことだと考え直し、改めて協力を要請したという、あの手紙ですね。

立花　細川家には申し訳ないんですけれど、あの文書は花押《かおう》がちょっとおかしいのですね。光秀の本当の花押じゃない。私は『光秀文書目録』をつくるとき、光秀の花押を一二〇個ぐらい集め、その形の変化でもってその年次比定ができる表をつくりました。私の分類では天正七年の七、八月から十年の「変」までの間がⅦ型といって、細川家文書の形はそこに分類できます。一応、花押の形はそうであるけれど、ほかでは絶対見られない筆の太さがそこに現れているんですね。光秀が書いたものではないと思います。私は非常に藤孝が怪しいと睨《にら》んでいます。では、いつから怪しくなるか。さきほど申し上げた天正九年四月、宮津で連歌を巻いたときから計画が起こされたのではないかと思うんです。

安部　藤孝は一説には、足利義晴《よしはる》（十二代将軍）の子どもだと言われているぐらいですからね。しかも、義輝の近臣だったわけでしょう。

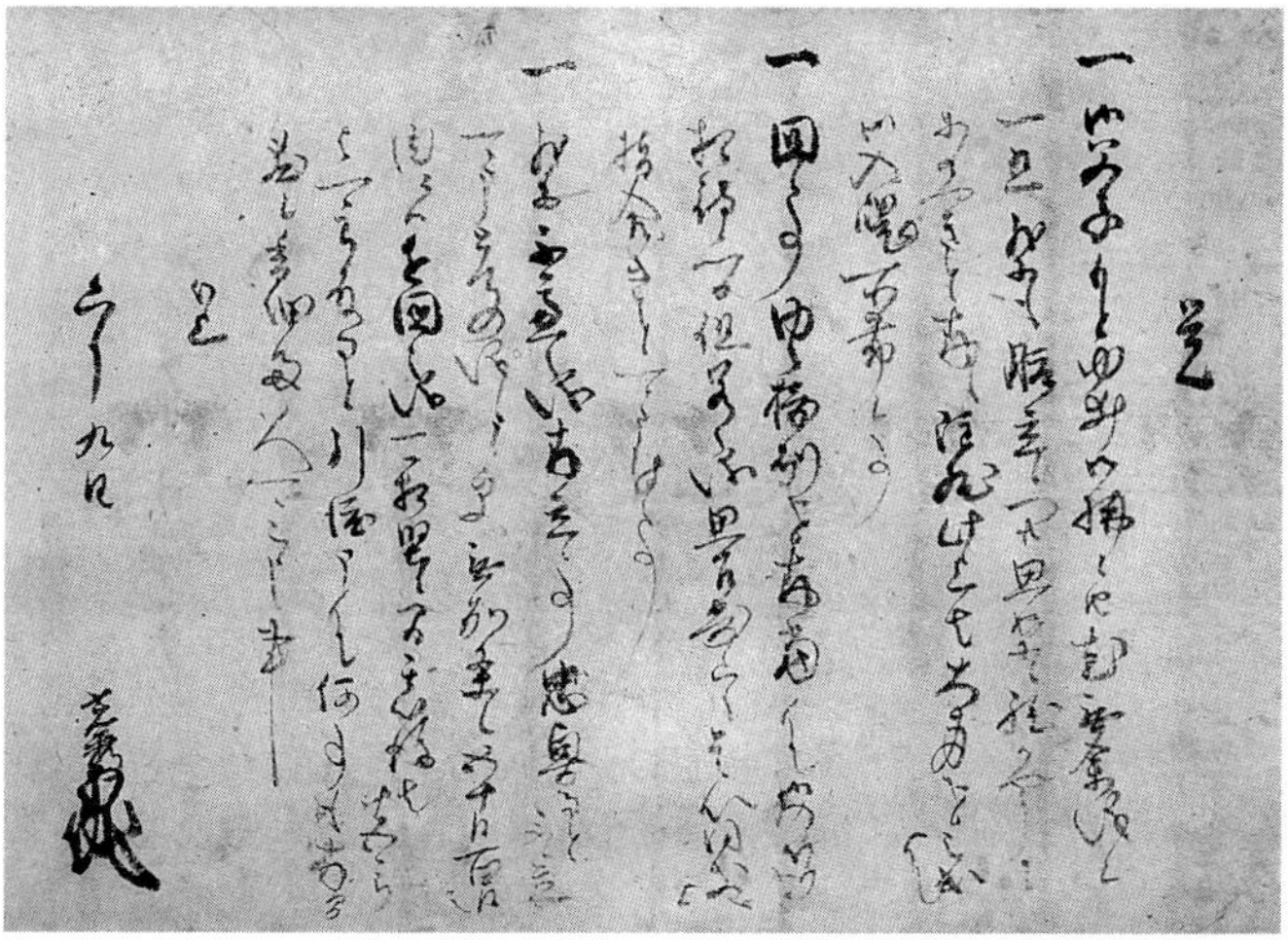

明智光秀自筆書状
天正10年（1582）6月9日付。江戸時代、肥後細川家に伝存した文書。内容から、この日以前に光秀から藤孝あてに連絡があり、返書を認めていることがわかる。結局、藤孝・忠興父子は動かなかった。144頁に釈文を掲載した。東京・永青文庫蔵

立花　ええ、そうですね。藤孝の息子（忠興《ただおき》）のところに、光秀の三女玉《たま》子《こ》が嫁にいっています。そうすると、光秀は、藤孝と一緒でなければ、信長を討つなんて大それたことはできないはずなんです。もし藤孝が信長側に立っているならば、光秀は玉子を犠牲にしなきゃならない。玉子が人質に取られている格好ですね。ですから、藤孝を抱き込まなければ、光秀は蜂起《ほうき》できなかったと言ってもいいんですよ。

安部　細川家の文書が怪しいというのは、内容的にもですか。

立花　内容もとても弱々しい。あの場合の光秀にはそぐわないですね。もっと強圧的になっていいはずです。「愛宕百韻」にも同席して戦勝を祈るはずだった。それが来なかった。いったいどういうことかと、怒るのが本当ですよ。ああいう場合の書簡は祐筆《ゆうひつ》に書かせるはずはないんですのに。筆跡も光秀のとは違うんです。光秀の自筆は、もっと流れるような、すごく達筆なんですね。細川家の光秀の文書は、ちまちまとした筆跡です。とにかく、怪しいのは藤孝です。本能寺の変では、藤孝も光秀を裏切るというか、初めから騙《だま》すつもりだったのではないか。「変」は実行者の光秀が騙された事件だと思うんです。

安部　そうなんですか、これはまた刺激的な……。利用されるだけ利用されて、下から梯子《はしご》をはずされたというような？

立花　そうです。それから、高山右近《うこん》とか、筒井順慶《じゅんけい》とか、中川清秀《きよひで》も、光秀の与力《よりき》としてつけられていて、当然、光秀と軍事行動を一緒にす

細川幽斎銅像　当時、幽斎（1534—1610）は長岡藤孝と名乗っていた。光秀の与力大名として丹波・丹後地方の平定に従った功により、天正8年（1580）8月に丹後国を拝領し、宮津に築城した。変報を得て、子の忠興とともに元結いを下し、幽斎玄旨と号する。京都府舞鶴市・田辺城資料館蔵

るはずの人がみんな背いたわけですね。これは今まで、光秀の誤算だという
ことになっていて、そこまで見通せなかった光秀が愚かだったと、それで片
づけられているんです。光秀ほどの……あの人は教養もあるし、性格はちょ
っとわからないんですけど、頭の切れる、実行力のある人なんですね。そん
な人がそこまで読めないで、あんな大事件を起こすはずがありません。

安部　そうすると、やはり藤孝がフィクサーとして動いたんじゃないか、と。

立花　そうなんです。それに、秀吉の大返しにしても、あれは素早過ぎると皆さんおっしゃいますね。だから、秀吉もある程度知っていたのではないか。藤田達生さんは、本願寺から知らされたとか、藤孝が知らせたんじゃないか、とおっしゃいます。ひょっとすると、これはまだまったく私の推測ですけど、光秀は、秀吉も一緒にやるから、というようなことを言われていたのではないでしょうか。

安部　ぼくも、秀吉が何か関わっていたような気がしてなりませんが……。

立花　でも、秀吉が黒幕かというと、それもおかしいんですね。あんな遠いところで、四方八方手を尽くせるはずがない。ほかに何者かがいたんじゃないでしょうか。

安部　それは、藤孝ともまた違う……。

立花　藤孝も入っていたでしょうが、それは何者か……。

信長をめぐるイエズス会

丹後田辺城跡　若狭への押さえであろうか、宮津築城と同時ぐらいに築かれている。変後、細川（長岡）幽斎の隠居城となる。後年、関ヶ原の合戦のとき西軍に囲まれたが、古今伝受のこともあり勅命を受けて開城したのはこの城でのこと。写真は城跡に復元された城門と櫓（彰古館）。右に見える石垣は天守台。京都府舞鶴市

安部　信長の全国制覇にイエズス会が相当深く関与してたんじゃないかとお書きになっておられますけど、その方面でもやはり関係があるということですか。

立花　ええ。フロイスの日本での書簡がございます。フロイスが日本暦で天正十年十月ごろに書いた手紙があるんです。「変」の四ヵ月ほどあと、まだ秀吉が天下を取るとは、はっきり決まっていない、混沌としている時期に書いたものです。イエズス会の総長に宛てて「変」の経緯をこまごまと報告しています。すごく有名な話ですけど、信長が自分を神体として崇《あが》めさせるようになったと、そういうくだりがあります。信長の悪い評価を一生懸命しているんです。こき下ろしています。

安部　それまでは、信長と蜜月時代がありましたよね。

立花　そうです。永禄十二年（一五六九）の四月以降ですね。天正九年にはイエズス会巡察師《じゅんさつし》ヴァリニャーノに馬揃《うまぞろ》えを見せたり、安土城天主閣を提灯《ちょうちん》でライトアップさせて送別会をしたり、一貫して信長は宣教師を保護し、理解し、教義にも興味を持ち、土地も与え、教会も造らせた。九州のキリシタン大名と同じことをやっていたと言えます。

安部　フロイスの手紙の性格ですけど、議事録みたいなものですか。

立花　なぜ書かなきゃいけないかというと、イエズス会本部に自分の活動の報告をするわけです。それとともに、日本各地に散らばっている宣教師たちがそれぞれなした体験を基にして次の行動を決めていきます。その時々の共通認識をつくって、「変」に関しては、こういういきさつで起こって決着したと

一五八二年の日本年報追加
（『イエズス会日本年報 上』）

一五八二年十一月五日（天正十年十月二十日）付、口ノ津発、パードレ・ルイス・フロイスが信長の死につきイエズス会総会長に贈りたるもの

（前略）安土山の寺院には神体はなく、信長は己自らが神体であり、生きたる神仏である。（中略）或人がボンサンbonçãoと称する石を携へて来た時、彼は寺院の最も高き所、諸仏の上に壁龕を造らせ、ここにその石を置いた。而して領内の諸国に布告し、市町村においては男女貴賤悉く彼の生れた五月の日にかの寺院に来って同所に納めた己の神体を拝むことを命じた。諸国より集った人数は非常に多く、ほとんど信ぜられざるものであった。信長がかくの如く驕慢となり、世界の創造主また贖主であるデウスのみに帰すべきものを奪はんとしたため、デウスはかくの如く大衆の集るを見て得たる歓喜を長く享楽させ給はず、安土山においてこの祭を行った後十九日を経て、その体は塵となり灰となって地に帰し、その霊魂は地獄に葬られたことはつぎに述ぶるであらう。

（以下略）

心得なさいと、宣教師たちにも知らしめる文書と見るべきです。これは松田毅一さんが書いていらっしゃることですが。

安部　それを同時に本国に報告するということですね。

立花　ええ。そこで、フロイスが何を言ったかというと、デウスのおかげで信長は全国制覇をここまで遂げられたのに、自分の力だと錯覚して傲慢になった。だからデウスは、信長が自分を拝ませるようになって、命を十九日しか与えなかった、と記しています。ということは、フロイスはその「変」にイエズス会が関与していたと言っているに等しい。信長の全国制覇のために、鉄炮《てっぽう》の技術も教え、貿易で莫大な利益も与え、宣教師が集めた情報も、鉄甲船をつくる技術も、諸々便宜を図ったと考えられます。

安部　火薬にしても国産の火薬はなかなかつくりにくかったわけですから、たぶん中国（明《みん》国）産の硝石《しょうせき》を宣教師連中が握ってたはずですね。

立花　それは全部輸入に頼っていたんです。ですから、宣教師の力なくして信長は戦争に勝てなかった。あんなに勝利を得た理由は、いろんなことが言われていますけど、まず海外技術のお陰です。それなのに、信長はイエズス会の言うことを聞かなくなった。聞いていると、全国制覇し布教して、挙げ句に中国大陸まで行かなければならないことになるんです。フロイスのほうではそう言っているんです

『南蛮寺扇図』　信長の許可を得て京都に建てられた南蛮寺を描いたもの。本能寺から２街区ほどしか離れておらず、６月２日の早朝には、修道士や信徒がミサのため集まってきて、なりゆきを心配したという。神戸市立博物館蔵

『南蛮屏風』に描かれた宣教師と南蛮船　東京・サントリー美術館蔵

から。信長の課題として、フロイスら宣教師たちは彼にそのことを義務づけていたんです。

信長はそこまでする気がない。途中でいやになったか、初めからその気がなかったか、とにかく言うことを聞かなくなった。非常に宣教師側は怒って、信長を討つために何か画策した――その結末を総長にも全宣教師にも知らせたという書簡なのですね。

安部 そうですか。ぼくは実はその書簡を見ていないので……。

立花 ええ、松田毅一さんの訳でありますよ。何か細かなところでちょっと訳が違うという話ですけど、大事なことはそれでわかります。『一六・七世紀イエズス会日本報告集』が、同朋舎出版から出ています。

安部 なるほどねえ。それが定説になったら、信長の評価とか解釈はまったく違ったものになります。

立花 そうなんです。あのころ、日本は危なかったと思いますよ。スペイン、ポルトガルの植民地化政策の毒牙にかけられんばかりだったんです。私たちは、当時のイエズス会の怖《こわ》さを、もっと認識すべきですね。

安部 宣教師はいいことしかしてないんだ、という感覚ですものね。だけど、ほんとは征服者の手先で、武器商人で、人買いでもあるわけじゃないですか。

立花 実際、中・南米では、そうやって侵略しています。デマルカシオン（境界画定）といって、あるところから東はポルトガル、西はスペインというような取り決めですね。日本はポルトガルのほうに入っていたわけなんです。と

ところが、本能寺の変の二年前に、スペイン国王がポルトガルを併合してしまって、一緒になっちゃいますけどね。そういうふうに両国が争ったわけです。

それから、イタリアでは、ローマ帝国以来、侵略し、統治するという伎倆を、紀元前から積み重ねています。専制君主になって、どうすれば統治できるかというノウハウがすっかりできているんですよ。そういうのをみんな頭に入れて、ヴァリニャーノが安土まで来た。安土での布教状況を見て、今後の方針を宣教師に与えて帰る、そういう役目であるわけですが、安土はかなり布教の拠点になっていた、と見なきゃいけないですね。信長はヴァリニャーノを下へも置かない扱いをしました。

安部　藤孝の奥さんはキリシタンですね。藤孝もそうだったのでは、と思います。で、彼がそっち側に同盟する可能性はわかるんですが、朝廷とはどうつながるんですか。

立花　前にお話したように、朝廷は信長に元服費用の調達をはじめ、禁裏修理、建築費用の調達、御料所回復などを請け負わせます。信長はその綸旨をもらって京に出てきましたね。そのときから、すでに信長はイエズス会と結ばれていた、と推測できます。

安部　非常に興味のあるお考えですけど、イエズス会がもし黒幕としてですよ、藤孝がそれに絡んでいるとすると、彼は二面作戦を取っていたんでしょうか。藤孝はいわゆる旧室町幕府勢力です。しかも朝廷を巻き込む役を果たしている。だけど、朝廷はキリスト教には拒否反応を持っているわけじゃないです

安土のセミナリヨ跡　信長の許可によって安土の城下に建てられ、畿内での布教の中心になったという。「ダイウス」という地名から跡地と推定されている。滋賀県安土町

か。

立花　もし藤孝が加わったとしても、光秀の気持ちの中では、やはり天皇は利用する、義昭もある程度利用する。それを担いで信長を倒すけれども、あとは自分の方向を打ち出すというのが本音ではなかったかと思いますよ。

こういった話は、私は研究者ですから、論証しなければ話してはいけないと、なるべく抑えていたんです。でも、十年ぐらい前から、私には今お話したような考えが芽生えていますが、それを否定する材料は現れなくて、むしろ事実とみなしたことで説明のつく事柄が多くなる一方なんです。

安部　お話をうかがって、本能寺の変の重層性、それは単なる事件ではなく、光秀と信長だけの問題でもなく、さまざまな要素が絡まっているということがわかりました。日本のターニング・ポイントでもあったわけですね。

立花　末端だけ見て、ああだこうだと言っていたのではきりがないんですね。本能寺の変は、イエズス会にとっては要するに首のすげ替えだったんです。

安部　お話のような文脈でいうと、一向一揆対信長という構図もまた違って見えます。

立花　信長には、仏教弾圧をしなければならない、して見せる必要があったんですね。

安部　なるほど。目の覚《さ》めるようなお話をうかがいました。こうした視点を取り入れた新しい信長像が構築できればよいのですが、時間がかかりそうですね。でも、ぼくには刺激的で貴重なお話でした。どうもありがとうございました。

ドキュメント　本能寺の変

天正十年(一五八二)六月一日の夕方に、丹波亀山(京都府亀岡市)を出発した明智光秀軍は、未明に老ノ坂を越えたあと桂川を渡って京都に乱入し、上洛していた主君・織田信長と信忠父子を襲撃した。襲殺された信長父子と、謀叛を起こした光秀を中心に、変の顛末を詳しく紹介する。

作家　**桐野作人**

安土城跡　発掘調査によって石垣がめぐらされた壮大な城郭が姿を現した。滋賀県安土町

信長と光秀の確執？

織田信長が武田勝頼《かつより》父子を討ち果たして甲州《こうしゅう》から安土に帰陣したのは天正十年(一五八二)四月二十一日のことである。

それから一月も経たない五月十七日前後、備中《びっちゅう》高松城で毛利方と対陣していた羽柴秀吉から信長の親征を求める急使が到着した。信長はその要請に応じて出陣を決した――というのが定説である。

しかし、信長の出陣はそれ以前に決定していた。信長が同年五月七日付で三男神《かん》戸信孝《べのぶたか》に与えた朱印状がある。その内容は四国の国分《くにわ》け案であり、讃岐《さぬき》国を信孝に、阿波《あわ》国を三好康長《みよしやすなが》に与え、残りの伊予《いよ》・土佐については「信長淡州《たんしゅう》(淡路国)に至って出馬の刻《きざみ》、申し出《い》ずべきの事」とあった。つまり、信長は四国攻めのために淡路島まで出陣するつもりでいたのだ。

また一方、『信長公記』には「中国の歴々討果《うちはた》し、九州まで一篇《いっぺん》に仰せ付けらる

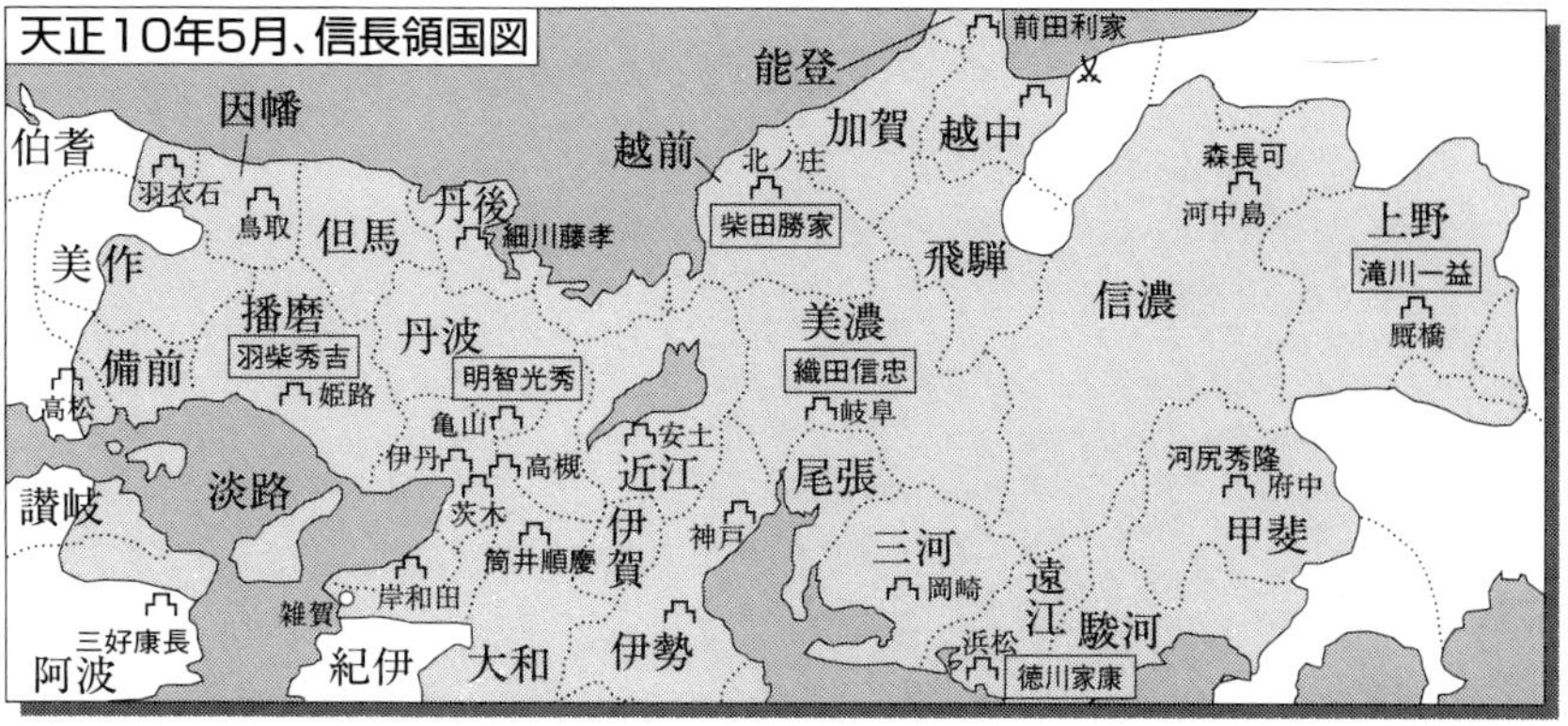

天正10年5月、信長領国図

べきの旨上意《じょうい》にて」とあることから、信長の出陣目的が中国平定のみならず、四国・九州まで射程に入れた西国全般の平定をめざしていたことが明らかになってくる。

これより先、信長は甲州出陣により武田勝頼を滅ぼして、旧武田氏領の知行割《ちぎょうわり》を行ったのみならず、滝川一益《かずます》を「関東八州の御警固」と「東国の儀御取次《おとりつぎ》」を命じて、奥州を含めた東国全体の仕置《しおき》を完成させていた。そして今度の西国への出陣は、信長がめざす天下一統（軍事的全国統一）が最終段階に入ったことを示していた。ところが、そのとば口において、明智光秀の謀叛《むほん》が引き起こされたのである。光秀はいかなる理由から、信長の政策ひいては存在そのものを否定しようとしたのであろうか。

信長の出陣直前の出来事で興味深いのはやはり、光秀が徳川家康接待役を免じられた一件であろう。家康は甲州陣の軍功により駿河《するが》一国を与えられたので、その御礼のために穴山梅雪《ばいせつ》を伴って安土を表敬訪問した。信長は二人が安土に逗留する五月十五日から三日間、その接待役を光秀に命じた。光秀は「京都・堺《さかい》にて珍物を調《ととの》へ、生便敷《おびただしき》結構にて」と呼ばれるほど接待準備に奔走した。

十七日、光秀は信長から接待役を免じられて、代わりに中国出陣を命じられる。これが任務替えによる自然なお役御免なのか、二人の確執による罷免なのかどうか不明である。

従来、この一件については、信長が接待の不手際を理由に罷免したために、光秀が面目を潰《つぶ》されて憤慨したという俗説があったが、近世軍記物のまことしやかな創

織田信忠画像　信長の嫡男で、織田家当主（美濃岐阜城主）。安土を訪れた遠州浜松城主の徳川家康の護衛として入洛したが、父の上洛の報を得て京にとどまり、妙覚寺（当時は二条御所に隣接）を宿所とした。滋賀県立安土城考古博物館蔵

作として斥《しりぞ》けられてきた。[1] しかし、イエズス会宣教師ルイス・フロイスはその著作で、信長が密室において口答えした光秀を二、三度足蹴《あしげ》にしたと記している。この一件を再検討すべきだという意見もある。[2]

信長が上洛する直前、まだいくつか出来事があった。五月二十五日、神戸信孝は伊勢から安土に上って信長に会い、四国渡海の挨拶をしている。信孝は阿波・讃岐に勢力をもつ三好一門の長老格、三好康長（河内半国守護）の養子という形で四国支配を行う手筈になっていた。信孝は信長とその一門・譜代の「安土衆」から出陣のはなむけに人夫・馬・兵粮《ひょうろう》・黄金などを贈られて「一夜に大名に御成候《おなりそうろう》」といわれるほど恵まれた形で出陣した。二十七日、信孝は一万五千ほどの軍勢を率いて安土を発し、二十九日に摂津《せっつ》住吉に着陣した。

五月二十七日には、信長側近の堀秀政《ひでまさ》が稲葉貞通《さだみち》（美濃曾根城主）に宛てて、稲葉氏のもと家来で光秀に仕えていた那波直治《なわなおはる》を再び稲葉方に帰参させるよう取り計らう書状を送っている。これに「上意を以てお返し成され候」とあるから、信長の意向に基づく沙汰なのは明らかである。『稲葉家譜』によれば、直治だけでなく斎藤利三《としみつ》も稲葉家を致仕《ちし》して光秀に仕えたので、稲葉方では二人とも帰参させるよう信長に訴えていた。この訴訟に対して、信長は直治だけを帰参させる裁定を下したわけである。

利三は光秀の宿老であり、本能寺の変で主導的な役割を果たした痕跡があることから、政変直前の出来事だけに、この問題が影響を及ぼしているとも考えられる。

森乱の自筆書状
年未詳5月6日付。森蘭丸として知られるが、みずからは「森乱」と署名している。千葉・館山市立博物館蔵

本能寺の信長

さてこの前後、嫡男の三位《さんみ》中将《ちゅうじょう》信忠《のぶただ》は安土での徳川家康・穴山梅雪の饗応に加わり、十九日の惣見寺《そうけんじ》での猿楽興行にも列席した。そして二十一日、家康・梅雪一行とともに軍勢を率いて上洛している。おそらく二人の警固役も兼ねていたのだろう。上洛してからの信忠は朝廷や公家衆と親しく交流している。禁裏《きんり》・二条御所との間で贈り物を交換し合い、二十六日には清水寺の能興行を家康・梅雪とともに見学した。

翌二十七日、信長の近日中の上洛を知った信忠は森乱《らん》に書状を出し、堺遊覧を取り止めて、信長を京都で迎える旨伝えている。信忠のこの方針変更が自身の命運を決することになった。なお、信忠とともに上洛した家康・梅雪一行は二十九日、堺へ下向した。

いよいよ信長が上洛する。五月二十九日、信長は安土城の留守衆（本城・二の丸）を定めてから上洛の途についた。付き従うのは小姓《こしょう》衆二、三十人ばかりだったという。折からの雨の中、公家衆は信長を出迎えようとわざわざ山科《やましな》で待ち受けていたが、森乱に「御迎無用」と通告されて京へ引き返した。信長は申《さる》の刻（午後四時頃）、入洛して四条坊門《ぼうもん》通西洞院《にしのとういん》の本能寺に入った。

翌六月一日、信長に拝謁しようと公家衆が本能寺に群参した。信長は公家衆からの進物を断った。甘露寺《かんろじ》経元《つねもと》（権大納言）と勧修寺《かじゅうじ》晴豊《はれとよ》（権中納言）が勅使《ちょくし》と親王使となって信長と対面している。本能寺に出向いた公家衆は近衛《このえ》前久《さきひさ》父子をはじめ、

本能寺跡　秀吉の時代に、現在地に移転したため、遺構はない。京都市中京区

摂家《せっけ》・清華《せいが》など四十数人に上った。

信長は上機嫌だったらしく、公家衆に甲州攻めの様子を物語って聞かせるとともに、「四日に西国に出陣するが、いくさは造作もないことだ」と語っている（『晴豊公記』）。

本能寺を訪れたのは公家衆だけでなく、「僧中《そうちゆう》」や「地下《じげ》」もいた（『言経卿記』）。「僧中」とは囲碁棋士の寂光寺本因坊の僧侶日海と利玄坊（鹿塩利賢とも）と思われる。二人は信長の前で御前対局を行ったが、珍しい「三劫《さんこう》」となって打ち止めになった（『爛柯堂棋話』）。

「地下」に相当するのは、博多商人の島井宗室《そうしつ》（宗叱）かもしれない。彼はこの年正月から堺商人天王寺屋道叱《どうしつ》の招きで上方《かみがた》に来ているのはたしかである。彼の出席は一次史料では確認できないが、信長の右筆《ゆうひつ》 楠《くすのき》 長諳《ちようあん》が六月一日付で、宗室に宛てた『御茶湯道具目録』が存在する（『仙茶集』）。これによれば、信長が三十八種の茶道具の名物を安土から本能寺に運び込んでいるのが確認できる。この目録から、信長が宗室を本能寺に招こうとしていたようにみえる。とすれば、来るべき九州陣での協力を得るためかもしれない。

一説によれば、本能寺の変に遭遇した宗室は「弘法大師真蹟《しんせき》千字文」の掛軸を引ったくって持ち帰ったというが、真偽のほどは定かではない（『嶋井文書』）。

この日、本能寺で小さなさざ波のような出来事があった。公家衆との談話のなかで、当年十二月の閏月《うるうづき》問題が再び持ち上がったのである。京暦（宣命暦）では来年正月の次に閏月を勘していたが、東国の三島暦などでは当年十二月に閏月を入れる

近江坂本城跡　明智光秀（1528—82）は元亀2年（1571）に近江滋賀郡を与えられて比叡山のふもと坂本の地を選んで築城した。湖岸に立地したこともあり、城跡もはっきりしない。近年は公園として整備され、市民の憩いの場になっている。滋賀県大津市

という暦法の食い違いが、この年正月末から二月初旬にかけて表面化し、信長が陰《おん》陽頭《みょうのかみ》土御門《つちみかど》久脩《ひさなが》と「濃尾之暦者」を安土で対決させたことがあった。このときは「十二月閏なき分也《なり》」と京暦の勝利で決着したが、四か月後、信長が蒸し返したのである（『晴豊公記』『兼見卿記』）。

晴豊など公家衆は前言を翻《ひるがえ》した信長に「いわれざる事也、これ信長むり（無理）なる事也」と反発した（『晴豊公記』）。

京暦の不正確さはたびたび問題になっていたが、じつは六月一日は日蝕だった。京暦がこれを予測できずにいたので、その不備を信長が指摘したという見方もできる。

「不慮謀叛」——光秀の動向

五月十七日、信長に家康接待役の代わりに中国出陣を命じられた光秀は居城の坂本に帰った。それからしばらく光秀の動向は不明だが、二十六日、坂本を発した光秀は丹波亀山に入った。亀山は光秀の丹波支配の拠点である。

翌二十七日、光秀は霊峰愛宕山《あたごやま》に登った。嫡子光慶《みつよし》を同行していたと思われる。愛宕山は神仏習合による修験道場の山であり、祭神が愛宕権現太郎坊、本地仏《ほんじぶつ》が勝《しょう》軍《ぐん》地蔵だった。光秀は愛宕権現の社前で、二、三度鬮《くじ》を引いたという。鬮を引く行為は吉凶や勝敗を占う呪術の一種である。これも戦勝祈願のひとつであろう。

光秀はその夜、愛宕山に宿泊した。宿は不明だが、永年の知友である行祐《ぎょうゆう》法印《ほういん》が住持をつとめる威徳院西坊《にしのぼう》だったと思われる。

丹波亀山城跡　光秀は天正３年（1575）６月から丹波攻めに尽力し、同８年８月に平定の功によって丹波を与えられ、亀山に築城した。江戸時代も大名の居城として存続したが、現在、城跡は大本教の本部で、天守台は「禁足地」となっている。京都府亀岡市

二十八日、有名な愛宕百韻《あたごひゃくいん》が開かれた。主賓は光秀、宗匠《そうしょう》は当代一流の連歌師といわれる里村紹巴《じょうは》、家主の行祐など連衆《れんじゅ》（詠み手）は九人だった。

　ときは今あめが下知る五月哉《さつきかな》

あまりに有名な光秀の発句《ほっく》である。謀叛の決意表明とみて間違いあるまい。

愛宕百韻があったのは信長が上洛する前日である。信忠も遅くとも二十七日までに信長上洛の日程を承知していたので、当然、光秀もその日取りなどは把握していたはずである。

それから挙兵までの動向を『川角太閤記《かわずみたいこうき》』によって再現する。

百韻の懐紙を愛宕権現に奉納して下山した光秀は翌二十九日、玉薬《たまぐすり》や長持《ながもち》など荷物百荷を西国に向けて送り出した。明らかに謀叛の偽装工作である。

六月一日、信長が本能寺で公家衆と歓談していた頃、光秀はついに行動を起こした。申《さる》の刻（午後四時頃）、家中の物頭《ものがしら》に対して「森乱より飛脚があり、中国出陣の馬揃《うまぞろ》えをご覧になる。早々人数を召し連れて上洛するようにとの上意である」と告げたのである。

明智軍は酉《とり》の刻（午後六時頃）には亀山の東の柴野（現・野条カ）に達した。光秀は自《みずか》ら軍団を三つに分け、その総数を斎藤利三に尋ねたら「一万三千は御座《ござ》あるべし」と利三が答えた。光秀が明智秀満《ひでみつ》など五人の宿老を呼び寄せて、謀叛の決意を打ち明けたところ、「目出たき御事」であると賛意を表し、「明日よりして上様と仰《あお》ぎ奉《たてまつ》るべき事、案の内に候《そうろう》」と応じたという。

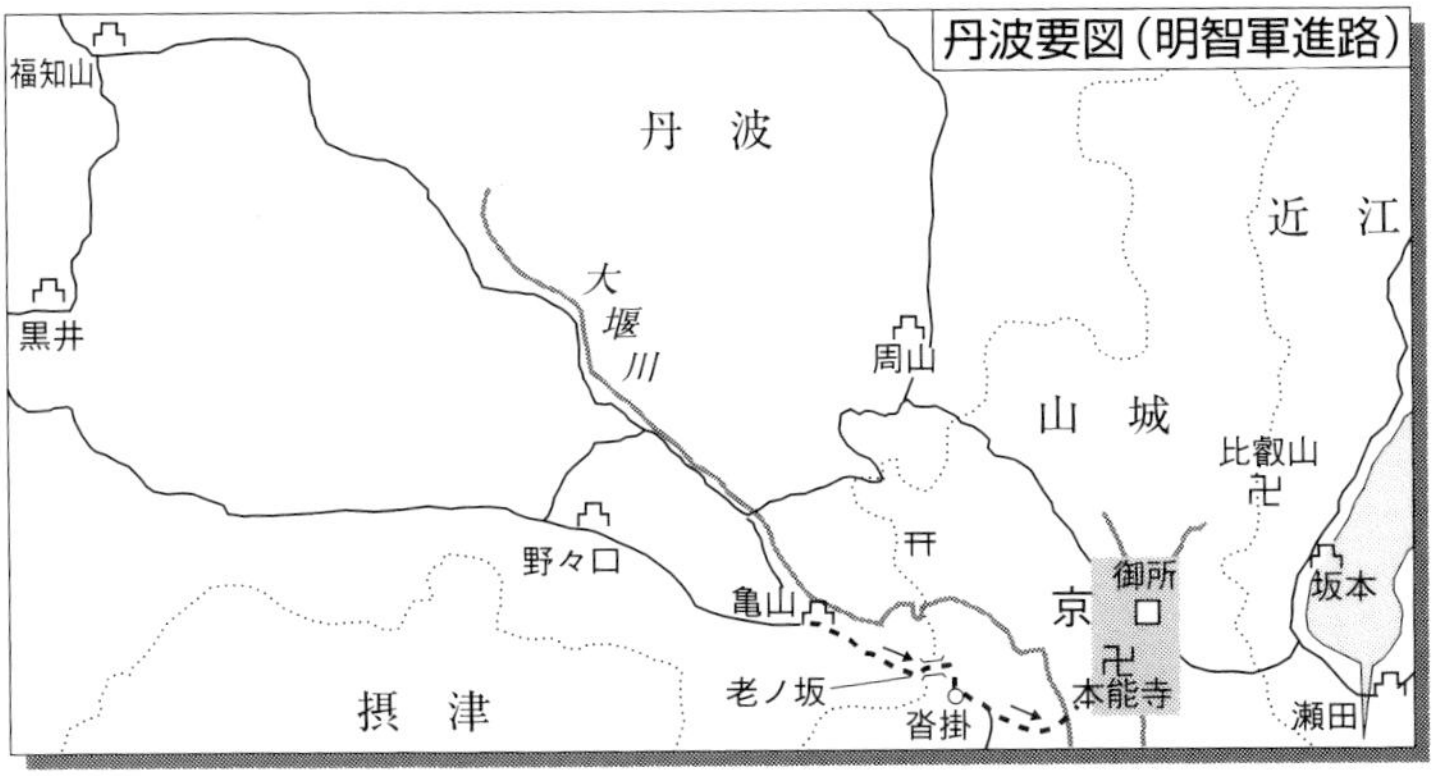

丹波要図（明智軍進路）

明智軍は国境の老ノ坂《おいのさか》を越え、沓掛《くつかけ》の在所で腰兵粮を使い、腹ごしらえをした。光秀は馬廻《うままわり》の天野源右衛門を呼び出して、味方や近在の住人で本能寺に注進に及ぶ者があったら容赦なく斬り捨てるよう命じた。

先駆けした源右衛門が洛中の入口である七条口に達したところ、東寺近辺の瓜畠で農作業する百姓たちがいた。彼らは物々しい騎馬武者たちを見て蜘蛛の子を散らすように逃げ出した。源右衛門はそれを見逃さず、光秀の軍令に忠実に、二、三十人を斬り捨てた。

光秀率いる本隊が桂川にさしかかると、新たに触れが発せられた。

――馬の沓《くつ》を切り捨てよ。

――徒立《かちだ》ちの者は新しい足半《あしなか》（かかと部分がない草鞋《わらじ》）を履《は》け。

――鉄炮《てっぽう》の者は火縄を一尺五寸（約四十五センチ）に切り、その口に火をつけて五つずつ火先を逆さまにして下げよ。

こうして臨戦態勢をととのえた明智軍は洛中に乱入した。

「是非に及ばず」――信長の自害

卯《う》の刻（午前六時頃）、下京《しもぎょう》の西北にあたる四条坊門通西洞院の本能寺は立錐の余地もなく明智軍に取り囲まれた。

明智軍は境内に向けて鉄炮を撃ち込んだ。ただならぬ喧噪《けんそう》に、夜半過ぎに就寝した信長も目を覚まして叫んだ。

「これは謀叛か。如何なる者の企てぞ」

信長・信忠父子の墓　阿弥陀寺の清玉上人は、明智方の軍士をいつわって二条御所の信忠の遺骨も持ち出し、埋葬したという（「信長公阿弥陀寺由緒之記録」）。京都市・阿弥陀寺

そば近くにいた森乱が無念そうに答えた。

「明智が者と見え申し候」

「是非《ぜひ》に及ばず」

と信長がうめくようにつぶやいた。

以上は『信長公記』の有名な一節だが、異説もある。『三河《みかわ》物語』によれば、「上之助《じょうのすけ》がべつしんか」（城介が別心か）と信長は叫び、近くの妙覚寺《みょうかくじ》に宿泊していた嫡男信忠の謀叛を疑ったという。

またイスパニア商人アビラ・ヒロンの記録は「何でも噂《うわさ》によると、（信長は）口に手をあてて、余自ら死を招いたなと言った」とあり、「是非に及ばず」よりリアルである（『日本王国記』）。

信長は気を取り直すと、弓をとって御殿に乗り入れて境内に乱入してきた明智軍と戦った。しかし、二、三回弓を引いただけで弦《つる》が切れてしまった。次に鑓《やり》を取って戦ったが、肘《ひじ》に鑓疵《きず》をうけて退いた。もはやこれまでと覚悟した信長は女房たちが付き従ってくるので、「女は苦しからず。急ぎ罷り出でよ」と避難を命じた。

この頃には御殿に火が懸かっていた。信長は最後の姿を敵に見せるのを嫌い、殿中深く入り、内からも納戸《なんど》の口を締めたのち、従容《しょうよう》と自害して果てた。稀代の英雄、四十九歳の最期だった。

二条御所合戦――信忠の最期

三位中将信忠は本能寺から北東に六、七町（約六百〜七百メートル）ほど離れた衣《ころも》

森乱兄弟の墓　乱の長兄・長可は遠く信濃河中島にいたため無事だった（後年、小牧長久手の戦いで討死）が、弟二人、坊と力も小姓衆で、乱とともに本能寺で討死した。京都市・阿弥陀寺

棚押小路《だなおしこうじ》の妙覚寺に宿泊していた。本能寺が囲まれたとき、妙覚寺にはまだ明智軍が攻め寄せていなかった。

父信長が襲撃されたのを知った信忠は本能寺に駆けつけようとしたが、そこへ京都奉行の村井貞勝《さだかつ》父子がやってきて、本能寺が落去《らっきょ》し、信長のいた御殿も焼け落ちたことを知らせ、「二条御所は御構《おかまえ》よく候、御楯籠《おたてこも》り然《しか》るべし」と進言した。

二条御所は妙覚寺の東隣にあり、もとは信長の京都屋敷として造営されたが、天正七年（一五七九）十一月、信長は誠仁《さねひと》親王にこの屋敷を譲渡した。以降、二条御所とか下御所《しものごしょ》と呼ばれていた。

信忠は二条御所に立てこもって最後の一戦を決意した。それにしても、信忠は洛中を脱して安土か岐阜に脱出しようと思えば、その時間的余裕があった。なのに、なぜそうしなかったのだろうか。

一説によれば、安土に避難することを進言した近臣に対して、次のように答えた。

「これほどの謀反を企てる奴輩《やつばら》が、どうして洛中の出入口へ手を回さないでいるものか。途中で果てるのは無念だから、いたずらに移動すべきでない」（『当代記』）

信忠は逃げる途中で見苦しい最期を遂げるのを恐れたのである。

信忠は五百ばかりの手勢を率いて二条御所に移った。ほどなくして、御所にも明智軍が押し寄せてきた。

しかし、御所内には誠仁親王一家と当番の小番衆《こばんしゅう》など公家衆九人がいて、突然合戦に巻き込まれてしまった。信長に擁立されたという意識が強い親王も一時は悲観的になり、切腹しようとしたほどである（『イエズス会日本年報』）。このとき、村

二条御所跡　京都市立龍池小学校の敷地だったが、現在は廃校となってしまった。校名の「龍池」は二条御所にあった池にちなむものか。京都市中京区

井貞勝が親王主従へ御所外へ退去するように勧め、また明智方との間に一時休戦が成立したので、親王一行は無事御所外に出て禁裏へ避難することができた。

それから最後の合戦が始まった。御所にこもった信忠方は激しく抗戦した。「素《す》膚《はだ》に帷《かたびら》一重」にもかかわらず、門を開いて打って出た信忠方は一時、寄手を三度も撃退したほどである[3]。

しかし、多勢に無勢。大手門を突破された信忠方は御殿に追いつめられた。このとき、信忠は腹巻をつけて、弟信房《のぶふさ》（信長五男御坊）とともに奮戦した。

「信忠一番に切つて出て、面《おもて》に進む兵十七、八人これを切り伏す」（『惟任謀反記』）

多少誇張もあろうが、信忠が陣頭で獅子奮迅の活躍をしたことが察せられる。一説によれば、明智方では大将の一人、明智治右衛門が鉄炮で深手を負い、「究竟《くつきよう》の兵百余人」が討死したので、先手衆がいったん退き、「二陣の寄手」と入れ替わったという（『明智軍記』）。

信忠方の抗戦に手を焼いた明智方は御所の北隣にある近衛前久邸の屋根の上に登って、そこから「御構を見下し、弓・鉄炮を以て打入れ」たので、さしもの信忠方にも多数の死傷者が出て、信忠ももはやこれまでと覚悟し、鎌田新介に介錯《かいしやく》を命じて自害した。享年二十六歳の若さだった（『信長公記』）。

本能寺と二条御所の戦闘が終わったのは辰《たつ》の刻（午前八時頃）だった。

光秀の安土占領と吉田兼見の下向

光秀は洛中に潜む残敵掃討を終えると、大津に向かった。途中、未《ひつじ》の刻（午後二

近江瀬田橋　古代より「瀬田の唐橋」で知られており、田原藤太（藤原秀郷）ムカデ退治の伝説の地でもある。信長は天正3年（1575）7月、瀬田橋の架け替えを命じて長さ180間、幅4間の大橋を築かせたという。滋賀県大津市

時頃）、粟田口《あわたぐち》あたりで光秀は吉田兼見と対面している。兼見の要件は「在所の儀万端頼み入るの由」というものだった。おそらく知友の光秀に早々と禁制《きんぜい》の発給を求めに行ったのであろう（『兼見卿記』別本）。

大津まで押し出した明智軍だったが、勢多《せた》城主の山岡景隆《かげたか》・景佐《かげすけ》兄弟が味方するのを拒絶して瀬田橋を焼いてから甲賀郡に退去した。このため、明智軍はその日のうちに瀬田川を渡れず、光秀もいったん坂本城に入った。

安土城に凶報が届いたのは当日巳《み》の刻（午前十時頃）だった。城中の留守衆は浮き足だち、城下も動揺した。留守衆の一人である山崎片家《かたいえ》は屋敷を焼いて自領に退去するありさまだった。城下のセミナリオにいたイエズス会関係者二十八人も翌三日朝、琵琶湖に浮かぶ沖島に避難しようとしたが、途中城下で盗難に遭いながらの逃避行となった。二の丸御番衆だった蒲生賢秀《がもうかたひで》は三日、信長の妻子を警固して自領の日野に移った。賢秀から安土城を託されたのは同城の普請奉行だった木村次郎左衛門である。

明智軍が瀬田川を押し渡ったのは四日である。光秀が安土に入城したのは翌五日だといわれるが、四日説もある。[4]

安土を退転した山崎片家は光秀に味方して、四日に佐和山城（丹《に》羽《わ》長秀《ながひで》居城）に入った。また羽柴秀吉の長浜城は斎藤利三が占領した。そのほか、阿閉貞征《あつじさだゆき》父子（近江山本山城主）はじめ池田景雄《かげお》・後藤高治《たかはる》・久徳左近兵衛《きゅうとくさこんひょうえ》・小川祐忠《すけただ》・京極高次《きょうごくたかつぐ》など近江の国衆、若狭衆の武田元明《もとあき》（もと若狭守護）らも光秀に味方したので、光秀は難なく近江平定を成し遂げた。

近江佐和山城跡(右)　変当時は重臣・惟住（丹羽）長秀の居城。長秀は四国渡海のため摂津表にいた。この城は、のちに石田三成の居城となり、関ヶ原の戦い後、徳川の譜代大名・井伊直孝が封ぜられたが、彦根に新城を築いたため廃城となる。滋賀県彦根市

丹後宮津城跡　天正８年（1580）に丹後を与えられた細川（長岡）藤孝が居城として築いた。江戸時代も大名の居城として存続するが、市街地にあるため地上の遺構はない。京都府宮津市

美濃でも、信長に改易されていた美濃三人衆の一人、安藤守就《もりなり》父子が光秀に呼応して挙兵し旧領の本巣《もとす》郡北方《きたかた》城を占領した。しかし、北方を領する稲葉一鉄《いってつ》父子が反撃に出たために安藤父子は討死《うちじに》した。このほか、光秀は六月二日付で西尾光教《みつのり》（美濃野口城主）に「父子悪逆天下の妨げ討ち果し候」と信長父子成敗を伝えたうえで大垣城奪取を勧めているが、光教は応じなかった（『武家事紀』）。このように、美濃における光秀方の勢力はそれほど拡大しなかった。

光秀は数日のうちに近江平定を成し遂げたが、その象徴的な出来事は朝廷の使者を安土城に迎えたことである。六月七日申の下刻（午後五時頃）、使者の吉田兼見は安土に下向して光秀と対面した。兼見は「京都の義《(儀)》別義《(儀)》無きの様」という誠仁親王の指示を伝え、緞子《どんす》の巻物などを光秀に贈った。兼見はこのとき光秀と「今度謀叛の存分雑談《ぞんぶんぞうだん》」したと日記に書いている（『兼見卿記』別本）。

光秀の孤立化と秀吉の東上

光秀が安土から上洛の途についたのは六月八日と思われ、翌九日に入洛した。この前後、羽柴秀吉が西国から上洛するという風聞が上方《かみがた》に流れていたので、その対応に迫られたためであろう。

この日未《ひつじ》の刻（午後二時頃）、光秀は旧知の公家で吉田社の神主である吉田兼見宅に立ち寄った。兼見宅は洛東白川郷にあった。

光秀は朝廷の使者派遣について兼見に礼を述べるとともに、朝廷や五山に銀子《ぎんす》を進上すると申し出た。天皇と親王に五百枚、五山と大徳寺に百枚ずつ、兼見にも五

十枚という内訳である。とくに寺院に対しては信長の供養料という名目だった。

小座敷に逗留した光秀は晩になって夕食をとった。これには兼見のほか連歌師の紹巴・昌叱《しょうひつ》・心前《しんぜん》が相伴《しょうばん》した。食事ののち、光秀は旧知の友人たちに見送られて下鳥羽《しもとば》に出陣した。

本能寺の変ののち、洛中では火災のために焼け出された避難民が禁裏御所に押しかけて「小屋懸《がけ》」するほどの異常事態が続いた（『晴豊公記』）。それまで朝廷の苦境に無関心だった光秀が銀子進上という形で一転して朝廷に接近する姿勢を示したのは、自身の孤立化と無関係ではないだろう。

光秀は九日付で、姻戚で与力《よりき》大名の細川藤孝《ふじたか》（丹後宮津城主）に宛てて、但馬・若狭二ヵ国を与えることを条件に合力を求める自筆書状を送ったが、細川父子はそれに応じなかった（『細川文書』）。

また同じ与力大名で筒井順慶《じゅんけい》（大和郡山城主）も一時は光秀に軍勢を送るなど協力していたが、この日、光秀との河内出陣の約束を反故にして居城に塩や米を運び籠城支度を始めていた。このように、配下の大名の間でも光秀に離反する動きが広がっていた（『多聞院日記』）。

一方、反光秀の織田方の動きが活発になっていた。泉州岸和田《きしわだ》で政変の知らせを受けた神戸信孝は麾下《きか》の軍勢が四散したものの、大坂城に入って丹羽長秀と結び、五日、光秀の女婿である津田信澄《のぶずみ》（信長の甥）を謀殺して気勢をあげた。また摂津《せっつ》の中川清秀《きよひで》（茨木城主）や高山重友《しげとも》（高槻城主）に対する光秀の工作も不発で、池田恒興《つねおき》（伊丹城主）とともに、信孝や秀吉に呼応する動きをみせていた。

明智藪　山崎の戦いで秀吉軍に敗れた光秀は、近江坂本城に向かい敗走するが、山科・小栗栖の辺りで〝落武者狩り〟にあい、命を落としたという。京都市山科区小栗栖

そうしたなか、政変を知ってからわずか一日ほどで毛利氏との和睦を成立させた羽柴秀吉は山陽道を引き返し、九日には姫路を発して摂津《せっつ》尼崎あたりに達していた。二万ほどの軍勢を率いる秀吉が畿内に姿を現せば、反光秀連合軍の中核になるのは明らかだった。

「五十五年の夢」――光秀の敗死

光秀は河内《かわち》出陣のためか、鳥羽《とば》街道から山崎・石清水《いわしみず》八幡・洞《ほら》ヶ峠の一帯に進出していたが、十一日、羽柴勢上洛近しと知って下鳥羽に帰陣し、淀《よど》城の修築を始めて迎え撃つ準備にかかったが、すでに後手に回っていた。

十二日、秀吉は摂津富田《とんだ》に着陣し、池田恒興《つねおき》・中川清秀・高山重友ら摂津衆、丹羽長秀らと合流した。機を見るに敏な堺衆の天王寺屋宗及《そうぎゅう》らはさっそく陣中見舞いとして秀吉を訪問するなど、人心や時流が大きく変わりつつあった（『宗及茶湯日記他会記』）。

この日、光秀は紀州雑賀《さいか》衆の土橋平尉《つちはしへいのじょう》（平丞）に返状を出している。平尉は親信長派だった鈴木孫一《まごいち》派を放逐して雑賀五搦《ごからみ》と根来《ねごろ》衆を掌握しており、毛利氏や長《ちょう》宗我部《そかべ》氏とも結んでいた。そして光秀とも通じようとして書状を送ってきた。

光秀の返状には「上意馳走《じょういちそう》申し付けられて、示し給《たま》ひ快然に候、然《しか》して御入洛《ごじゅらく》の事は即ちお請け申し上げ候」という一節があった（『信長文書』）。つまり、備後《びんご》鞆《とも》にいる将軍足利義昭《よしあき》の命を奉じて、その上洛を承諾するという趣旨だった。

光秀は孤立を極めるなかで、ようやく足利義昭との連携を決断したのである。し

丹波福知山城跡　光秀の築城になり、重臣の明智秀満（光春とも、1537—82）が守城した。秀満は変後、近江安土城を守っていたが、山崎の戦いで明智方が敗戦したという報に接して脱出し、坂本城に入った。秀吉軍に攻囲されるに及んで城に火を放ち、自害した。福知山城は江戸時代も大名の居城として続いた。近年、天守閣などが復元され、桜の季節など美しい後景となっている。石垣は創建当時と同じ「穴太積み」工法で積み直されている。京都府福知山市

かしながら、義昭を庇護する毛利氏は秀吉との和睦を選択したので、義昭との連携は何らの実効力を生み出さなかったし、何より秀吉の東上が実現したからには手遅れだった。

翌十三日巳《み》の刻（午前十時頃）、秀吉は神戸信孝と合流したのち山崎表《おもて》に押し出した。明智軍は光秀が御坊塚に本陣を置き、斎藤利三・柴田勝定《かつさだ》らを先手として布陣した。一説によれば、明智方一万六千余人、羽柴方四万余人という（『太閤記』）。

合戦は雨中で激しく戦われたが、人数と勢いに優る羽柴方が圧倒したので、明智方は総崩れになった。光秀自身は近くの勝龍寺《しょうりゅうじ》城に逃げ込んだ。深更、光秀は羽柴方の重包囲のなか、城を脱出して坂本城をめざしたが、山科《やましな》あたり（のち小栗栖《おぐるす》とも）で百姓に討ち取られた。

安土城を守っていた明智秀満《ひでみつ》は敗報を聞いて坂本城に戻り、光秀の妻子とともに城に火をかけて果てた。

光秀の謀叛は空しく悲惨な結末となった。世情では「天罰《てんばつ》眼前の由」と光秀の敗北を評した（『兼見卿記』正本）。

【註】

（1）たとえば、『織田軍記』巻二十三（通俗日本全史、早稲田大学出版部）がある。
（2）桑田忠親『明智光秀』（講談社文庫、一九八三）
（3）『惟任謀反記』（『天正記』所収、『太閤史料集』、桑田忠親校注、人物往来社）、『蓮成院記録』（増補続史料大成、『多聞院日記』五所収、臨川書店）
（4）五日説を採るのは『兼見卿記』同日条、四日説はイエズス会関係史料や『多聞院日記』六月五日条（増補続史料大成、竹内理三編、臨川書店）。四日説が自然か。

『本城《ほんじょう》惣《そう》右《え》衛門《もん》覚書《おぼえがき》』より（本能寺の変の部分）

編集部

天理大学附属天理図書館所蔵のこの史料は、明智光秀の軍勢に加わった武士・本城惣右衛門が、はるか後年、八十歳か九十歳をむかえた寛永十七年（一六四〇）頃にしたためた覚書の一部である。京に乱入した明智軍の一兵士・惣右衛門は、討つ相手を徳川家康と思っていたこと、本能寺がどこにあるか知らなかったことなど、興味深い〝事実〟が記されている。

の、口《(野々)》

一、あけち《(明智)》むほん《(謀叛)》いたし、のぶなが《(信長)》さまニはら《(腹)》めさせ申候時、寺《ほんのふぢ》へ我等よりさき《(先)》へはい入申候などゝいふ人候ハゞ、それハミなうそにて候ハんと存候。其ゆへハ、のぶながさまニはらさせ申事ハ、ゆめ《(夢)》ともしり不申候。其折ふし、たいこさま《(太閤)》びつちう《(備中)》ニ、てるもと《(輝元)》殿御とり相ニて御入候。それへ、すけ《(助)》ニ、あけちこし申候由申候。山さき《(崎)》のかたへとこゝろざし候へバ、おもひのほか、京へと申候。我等ハ、其折ふし、いへやす《(家康)》さま御じやうらく《(上洛)》にて候まゝ、いゑやす〔さ〕まとばかり存候。ほんのふ《(本能)》寺といふところもしり不申候。人しゆ《(衆)》の中より、馬のり《(乗)》二人いで申候。たれ《(誰)》ぞと存候へバ、さいたう《(斎藤)》くら《(内蔵)》介殿しそく《(子息)》、こしやう《(小姓)》共ニ二人、ほんのぢ《(本能寺)》のかたへのり被申候あいだ、我等其あと二つき、かたはらまちへ入申候。それ二人ハきた《（北）》のかたへこし申候。我等ハミなみ《（南）》ほりきわ《（堀際）》へ、ひがし《（東）》むきニ参候。ほん《（本）》道へ出申候。其はし《（橋）》のきわニ、人一人い《（居）》申候を、其ま丶我等くび《（首）》とり申候。それより内へ入候へバ、もん《（門）》ハひらいて、ねずミほどなる物なく候つる。其くびもち候て、内へ入申候。さだめて、弥平次殿ほろ《（母衣）》の衆二人、きたのかたよりはい入、くびハうちすてと申候ま丶、だう《（堂）》の下へなげ入、をもて《（表）》へはいり候へバ、ひろま《（広間）》ニも一人も人なく候。かや《（蚊帳）》ばかりつり候て、人なく候つる。くり《（庫裏）》のかたより、さげがミ《（髪）》いたし、しろ《（白）》ききる物き候て、我等女一人とらへ申候へバ、さむらいハ一人もなく候。うへさま《（上様）》しろききる物めし候ハん由、申候へ共、のぶながさまとハ不存候。其女、さいとう蔵介殿へわたし申候。ねすミ《（鼠）》もい不申候つる。御ほうかう《（奉公）》の衆ハ、はかま・かたぎぬにて、も丶だちとり、二、三人だう《（堂）》のうちへ入申候。そこにてくび《（首）》又一ッとり申候。其物ハ、一人おく《（奥）》のま《（間）》より出、おび《（帯）》もとりミいたし不申、刀ぬき《（抜）》、あさぎ《（浅黄）》かたびらにて出申候。其折ふしハ、もはや人かず入申候。それヲミ、くずれ申候。我等ハかやつり申候かげへはいり候へバ、かの物いで、すぎ《（過）》候ま丶、うしろよりきり《（切）》申候。其時、共ニくび以上二ツとり申候。ほうびとして、やり《（鑓）》くれ被申候。の丶口さい《（西）》太郎坊ニい申候。

＊翻刻にあたり、意味をとりやすくするためにあえて濁音を用いた。

「本城惣右衛門覚書」について

若い頃、明智側の将兵として本能寺の変に参加した老武士が、晩年にしたためた「覚書」がのこっていた。この「覚書」に記される「信長襲撃」の顛末には、通説と異なる箇所が幾つかある！
48頁に釈文を掲載した貴重な史料の虚実や背景を、分かりやすく解説する。

歴史研究家　和田裕弘

はじめに

本能寺の変における信長の最期の場面については、従来は〈信長（公）記〉や宣教師ルイス・フロイスの記述が基本文献として用いられてきた。この他、軍記物や家譜・家記などにも記されているが、ともに伝聞・風聞を記したものであり、いま一つ信憑性に欠ける。

ここに紹介する、「本城惣右衛門《ほんじょうそうえもん》覚書」（以下「覚書」）は、本能寺の変に参加した光秀家臣の唯一の書上げといわれ、非常に珍しい記録である。

過去、この記録は昭和五年に当時の所蔵者（林若樹氏）によって、月刊「日本及日本人」昭和五年一月一日号に「一野武士の告白（本城惣右衛門覚書）」と題して紹介されたのが嚆《こう》矢《し》。林氏も序文に「未だ世に公《おおやけ》にせられない文書と思ふ」と記し、「覚書」についての私見を展開している。その後、同記録の所蔵は弘文荘に移り、弘文荘待賈古書目第十三号（昭和十四年）に「本城惣右衛門自筆覚書　寛永十七年草」として紹介され、巻首と巻末の写真二葉が掲載された。以後、曲折を経て、昭和四十一年には天理大学附属天理図書館の所蔵となり、現在に至っている。

「本城惣右衛門覚書」の概要

巻子本《かんす》一巻で、文字数にして五千字程度。もともと題箋《だいせん》はなく、奥書に「十七年八月吉日　本城惣右衛門　有介（花押）」の署名があることから、便宜上付けられたに過ぎない。

自《みずか》らの戦場体験を素朴な文体で綴ったもので、宛名は本城藤左衛門・同金左衛門・同勘之丞の三名。子孫、あるいは近親者と思われるが、詳しいことは分からない。

寛永十七年（一六四〇）といえば、関ヶ原の合戦からでも四十年を経過し、島原の乱も終息し、漸く戦国の遺風も失われつつある時代である。小瀬《おぜ》甫庵《ほあん》の〔信長記〕〔太閤記〕をはじめとした軍記物が流布し、また翌寛永十八年には徳川家光によって大名・旗本諸家の系譜集〔寛永諸家系図伝〕の編纂が命じられるというように、系図・家譜を含め先祖の武功談がもてはやされ始めた時でもある。こうした時代背景のなかで「覚書」は記された。

「覚書」による惣右衛門の履歴を追うと、彼は丹波の地侍《ぢざむらい》で、明智光秀の丹波侵攻時には、赤井五郎（忠家）に属して敵対していたが、丹波最後の牙城ともいえる波多野《はたの》秀治《ひではる》らの籠もる八上《やがみ》城（兵庫県篠山市）が落城した天正七年（一五七九）六月以降は光秀方に属し、本能寺の変の時には本目《ほんめ》城（園部町）の野々口《ののくち》西蔵坊（初名は式部坊、山伏の先達）麾下《きか》で本能寺に一番乗りした。

光秀敗死後も西蔵坊（堀尾吉晴《ほりおよしはる》傘下）麾下として天正十一年の伊勢亀山攻めに従軍。その後、桑山重晴《しげはる》に属し、天正十三年の紀伊国一揆《いっき》の時には、羽柴秀長《ひでなが》に従い、龍神城攻略に参加。関ヶ原合戦では、増田長盛《ましたながもり》に属して伏見城攻めに加わったが、戦後、牢人。最後は大坂夏の陣。藤堂高虎《とうどうたかとら》異母弟の与右衛門高清《たかきよ》に仕えていたが、高清が命令違反して高虎から逐《お》われたため（高清は参陣して奮戦したが、戦後罰せられた。のち許されて伊賀上野城城代）、松倉重政《しげまさ》を頼った。

主を転々と替えているが、いずれも丹波に関係した大名であり、主筋の赤井悪右衛門や朋輩《ほうばい》の吉積五右衛門など藤堂高虎に仕えた丹波衆も多い。

寛永十七年には、八、九十歳と自ら記しているので、九十歳なら天文二十年生まれ、八十歳でも永禄四年生まれとなり、本能寺の変の時には、二十二歳、あるいは三十二歳になる。

丹波の本城（本庄、本荘）氏は、「丹波七頭」の第一といわれる丹波の豪族で、古くは南北朝の頃に本荘平太・平三が見え、〔太平記〕にも活躍が記されている。その後、応仁の乱の時にも内藤備前守に属して上洛した「本庄」氏が〔応仁記〕に登場する。天正七年に波多野氏が滅ぶまでの本庄の嫡《ちゃく》流《りゅう》は本庄平太郎重氏だった〔丹波由来記〕というが、詳しいことは分からない。

惣右衛門の時代の本庄氏には、本庄左京亮長正（赤井時家弟）をはじめ、藤堂家に仕えた本庄新五郎、同与左衛門らがいる。また、後に酒井氏を名乗った本庄氏もいる〔丹波志・籾井家日記〕。信憑性のある記録では、天文六年（一五三七）の幕府奉行人奉書中に芦田兵衛大夫与力《よりき》の本庄彦五郎〔久下文書〕が見える。

　惣右衛門その人を探る手がかりは少ないが、藤堂高虎の一代記〔高山公実録〕に、高清の与力としてその名が見える。知行は二百五十石。大坂の陣に関する項で、光秀臣だった荻野鹿之助（五百石）らとともに、高清与力七人衆の一人として参陣している。与力衆七人の中には本荘苗左衛門（百石）という者がいるが、覚書の宛名にある藤左衛門のことかも知れない。また、山鹿素行《やまがそこう》の〔武家事紀〕にも、大坂夏の陣で松倉重政麾下で活躍した本庄富士右衛門という者が登場する。松倉氏に属して本庄を名乗り、しかも惣右衛門と一字違いのこの富士右衛門は、惣右衛門その人、少なくとも一族ではないかと思われる。

「覚書」の信憑性については、老齢になってからの記述でもあり、記憶違いなどもあるかも知れないが、概《おおむ》ね信頼できると思われる。丹波国内の戦歴については、細かな戦闘は他の記録で傍証できないものもあるが、明智軍の侵攻などは〔信長（公）記〕などでも確認できる。本能寺の変後の事歴については他の記録も多く、事実だと思われる。

「覚書」は、一つ書《がき》形式で自らの戦場体験を記し、自らの素性に関しては「悪《あ》しく育ち候《そうろう》て、昔は山賊、強盗ばかりにて暮し申し候。殺し申す女子供、山賊などにて切り申し候事、数覚え申さず候」と述懐し、地獄行きは定まっているが、臆病はしないと言い切っている。また「首の座敷へ直り申すほどの事、十六七度」と数々の修羅場を乗り越えて来たことを自負心を持って書き残している。

惣右衛門の記す本能寺の変

　本能寺の変の場面の記述は翻刻の通りだが、通説とは些《いささ》か様相が異なる。「覚書」を記した寛永十七年頃には、すでに本能寺の変は各種軍記物などで歴史的事件となっていたと思われるが、通説とは異なる記述をすることで惣右衛門は戸惑いを見せながらも、我々よりも先に本能寺へ突入したという者がいれば、それは「みなうそ」と強い言葉で否定する。

「覚書」で最も注目すべき記述は、本能寺を襲う目的が信長とは知らなかったということだろう。これは意外でもあるが、言われてみればなるほどと思うことでもある。早い段階で信長を討つということになれば、信長に恨みのある丹波勢はともかく、信長と多少でも縁のある者や恩賞目当てに密告する者が出るのも当然予想されるし、また従軍する兵が四散することも十分に考えられる。また、この時家康が上洛していたので、惣右衛門らは家康を襲うものと早合点したようだ。フロイスの報告書にも、光秀の家臣らは家康を襲撃するのかも知れないと考えた、と伝えている〔イエズス会日本報告集〕。

家康は、武田征伐の功を賞され、駿河《するが》一国を拝領したお礼言上のため、五月十五日に安土へ着き信長の歓待を受けた。二十一日には、信長の勧めで京都・大坂・堺を見物することとなり、信忠《のぶただ》と一緒に上洛。二十九日まで京都見物し、この日、案内役の長谷川秀一《ひでかず》らと堺へ下向した。二十九日晩には、堺代官の松井友閑《ゆうかん》の供応を受け、翌六月一日には、朝会を今井宗久《そうきゅう》宅で過ごし、昼間は津田宗及《そうぎゅう》宅、夜は松井友閑邸で茶の湯の馳走を受けた〔宇野主水日記〕。夜会なので、この日は友閑宅で泊まったであろう。少なくとも堺に滞在していたことは確かだと思われる。つまり、惣右衛門らが急襲した六月二日未明の本能寺には、家康一行はいなかったことになる。家康が上洛しているという情報は知っていたが、すでに堺に下向していたという情報を惣右衛門らが知らないのは当然だろう。いや、惣右衛門だけでなく、当の光秀自身もおそらく知らなかったのではないか。信長の上洛に合わせて、家康も京に留まっていると考えるほうが自然なので、あわよくば信長父子とともに家康も襲撃できると考えていたかも知れない。

次に、「本能寺というところも知り申さず」というのも、これまた至極当然のことと思われる。

当時の本能寺は、周知のように現在の本能寺とは違い、下《しも》京《ぎょう》六角・四条坊門と油小路・西洞院《にしのとういん》に囲まれた二町四方に所在していた。本能寺といえば、信長の定宿のイメージがあるが、実際に信長が本能寺に宿泊したのは数えるほどである。信長は永禄十一年（一五六八）、足利義昭《よしあき》を奉じて上洛して以来、東寺、清水寺、妙覚寺《みょうかくじ》、半井驢庵《なからいろあん》宅、明智光秀宅などを宿所としていたが、三好《みよし》三人衆らの反攻を攻撃するために上洛した元亀元年（一五七〇）八月二十三日、初めて本能寺に宿泊。この時気に入ったのか、同年十二月には、本能寺に対して「定宿《じょうやど》たるの間、余人の寄宿は停止《ちょうじ》の事」で始まる禁制《きんぜい》を下し、信長の専用宿舎として指定した。

しかし、その後信長が本能寺を宿舎とした記録はなく、宿所に当てられたのは相国寺《そうこくじ》や妙覚寺が多く、特に天正五年（一五七七）以降は、自らの邸宅として営んだ二条御新造が拠点になっている。その後、天正七年に二条御新造を誠仁《さねひと》親王に譲ってからは妙覚寺を利用しているが、定宿の必要性を感じたのか、再度本能寺に手を加えた。天正八年二月に上洛した時、「所司代」の村井貞勝《さだかつ》に改造を命じた。この工事は結構大がかりなもので、付近の民家を退去させて四方に堀を巡らし、内側には土居を築いて木戸を設置、本堂、客殿、庫裏、奥書院などを建て、厩も備えた小城郭ともいえる構えにした。翌天正九年二月二十日に上洛した時、十一年振りに本能寺を宿舎としたが、その後、この本能寺の変が起こる天正十年五月二十九日の上洛まで使用されていない。

　惣右衛門の履歴から考えると、信長が本能寺へ宿泊したことは知らなかったであろうし、当然、本能寺がどこにあるかも知らなかっただろう。そもそも上洛したことすらなかったのではなかろうか。軍勢の中で本能寺の場所を知っているものが少ないこともあり、斎藤利三《としみつ》の子息らが道案内したのだろう。利三の男子は、山崎の合戦で討死した甚平利康《としやす》（十九歳）、のち加藤清正に仕えた佐渡守《さどのかみ》（十六歳）、小西行長に仕えた又兵衛など七人（一人は夭折）が系図類に見えるが、この時先頭を駆けた子息が誰であったかは分からない。

　惣右衛門らは千本通辺りを北上し、四条通辺りで道を東向きに取った。利三の子息らはそのまま北上して北側から本能寺を目指した。惣右衛門らは南の堀際を進み、本道に出たところの橋で、惣右衛門は一人を討ち取った。本能寺は周りに堀を巡らしてあったので、橋の番兵だろう。

　本能寺の正門（南側）は簡単に開き、境内に入ったが、鼠もいないほど閑散としていた。北側からは明智秀満《ひでみつ》の母衣《ほろ》衆が入り、「首は打ち捨て」と指示があったので、惣右衛門は取ったばかりの首を堂（本堂）の下へ投げ入れた。本堂へ入り込んだが、広間には誰もおらず、蚊帳《かや》が吊《つ》ってあるだけだった。

　その時、庫裏から下げ髪をした白い着物の女性が現れたので捕らえてみると、その女は「上様は白い着物を召している」と情報提供したが、その時には「上様」が信長のことだとは思い至らなかった。奉公衆《ほうこうしゅう》の一人が浅黄帷子《あさぎかたびら》姿で帯もせずに、刀を抜いて出てきたが、襲撃軍の人数が入り乱れているのを見て崩れ立ち、惣右衛門は蚊帳の後ろに隠れていてこの者を後ろから討ち取った。江戸時代の武士道では「卑《ひ》怯《きょう》」とも思える振る舞いだが、何の臆面《おくめん》もなく記している。

　首は打ち捨てだったが、恩賞として鑓《やり》を拝領した。「首は打ち捨て」の指令が出たのにもかかわらず、一人目の首をわざわざ堂の下へ投げ入れたのは、戦闘後に必ず恩賞があるに違いないという惣右衛門のしたたかな計算があってのことだろう。それにしても首二つの恩賞が鑓というのは些《いささ》か少なすぎよう。以上が惣右衛門の記す本能寺の変だが、従来のイメージとは大きく異なる。

信長軍は戦闘らしい戦闘もなく、全滅したのだろうか。太田牛一《ぎゆういち》の〔信長（公）記〕は、伝聞を記したものだが、自筆の池田家本にはこの時居合せた女性がこの顚末《てんまつ》を見ており、それを聞き取ったとしているので、同書に記すような戦闘があったと思われる。同書によると、表御堂《おもてみどう》（本堂）の番衆は御殿（奥書院）で戦っている。惣右衛門らは抜け殻の表御堂へ討ち入ったので、人っ子一人いなかったのだろう。信長の寝所である北側の奥書院辺りで戦端が開かれ、変を知った表御堂の家臣らが奥書院に駆けつけて戦闘になった。

つまり、惣右衛門らは南側から最初に突入したのだが、すでに戦闘は奥書院で始まっていたのではなかろうか。斎藤利三の子息らが北側に向かったことも考え合せると、北側部隊は「（信長殺害のための）特別な任務を帯びた者」〔フロイス日本史〕をはじめとした精鋭部隊と思われ、襲撃の目的や本能寺の所在も知らない惣右衛門らの軍勢とは軍隊の質が違っていたような気がする。

信長最期の場面は、〔信長（公）記〕では、初め弓で戦い、弦《つる》が切れたので鑓《やり》に持ち換えて戦闘したが、肘《ひじ》に傷を受け、殿中奥深く入って自害。フロイスの記述は、手と顔を洗い終えて手拭《てぬぐい》で清めていたところ、背に矢を射かけられたが、これを引き抜き、長刀《なぎなた》で暫く戦ったが、腕に銃弾を受けたので自室に退いて戸を閉めたという。鑓と長刀の違いがあるが、暫く戦って腕（肘）に傷を受けて引き下がったというところは符合する。安田作兵衛（のち天野源右衛門）、あるいは四方田某（四王天政実とも）が鑓を付けたとか、並河金右衛門が首を取ったなど諸説あるが真偽のほどは不明。また、阿弥陀寺の清玉《せいぎよく》上人が信長らの遺骸を葬ったとも伝える〔信長公阿弥陀寺由緒之記録〕。異説として、原隼人佐、同志摩守清安（のち数原清庵）父子が火中から信長の首を取り出し、駿河国《するが》富士郡北山村の本門寺に持ち帰り埋葬した〔原家記〕というのもある。この他にも、中間体《ちゆうげんてい》のものが信長の遺骸を肩に掛けて裏門から出ていったという言い伝えも残されている〔筱舎漫筆〕。これらは全《すべ》て伝説の域を出ないものであり、実際には光秀軍に攻囲された信長は、衆寡敵せずと諦観し、猛火の中で、最期の姿を見せないように殿中深く入って自害したと思われる。

おわりに

思えば、惣右衛門が仕えた武将のほとんどが滅亡、あるいは没落している。「覚書」に登場する同じ丹波衆の山口駿河《するがの》守《かみ》（直友）や荻野河内守《かわちのかみ》（永道）らが家康などに仕えて出世しているのと比べ、自らの主君運の無さ、戦国の無情を感じたことだろう。覚書を記したのは寛永十七年八月だが、この月十五日には最後に仕えたと思われる藤堂高清が没しているので、これが執筆のきっかけになったのではなかろうか。そして、その後の惣右衛門の行方は杳《よう》として知れない。

京都市上京区・阿弥陀寺

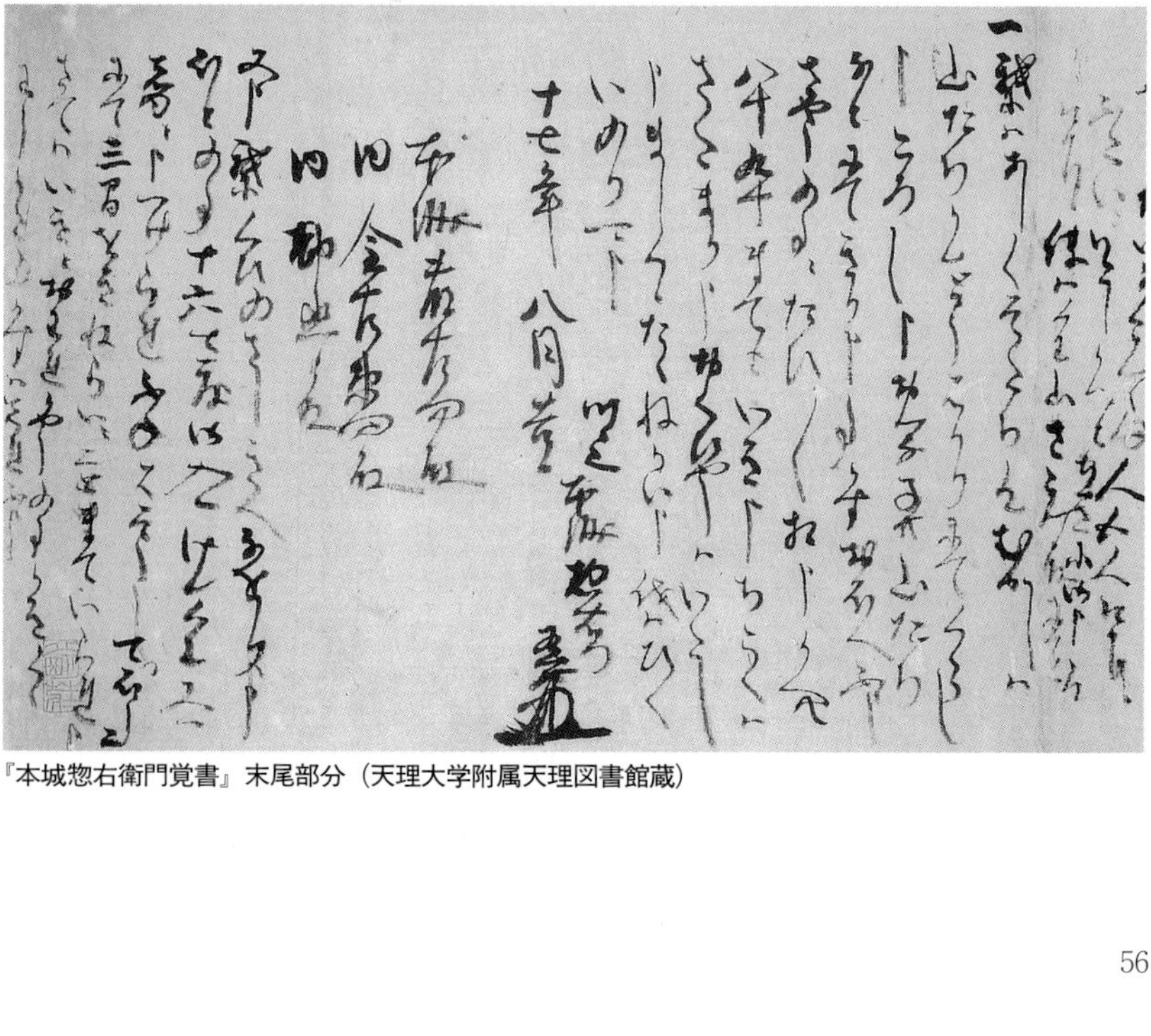
『本城惣右衛門覚書』末尾部分（天理大学附属天理図書館蔵）

織田信長と朝廷との不思議な関係

信長をめぐる朝廷の群像

朝廷のある京都で全国制覇をめざす織田信長が襲殺された。朝廷は、この事変と無関係なのか？史料の丹念な読み直しを踏まえて、信長と朝廷との関係が従来の理解と違うことを論証し、天皇・親王と一部の公家が関与していたことを解き明かす。

歴史研究者
博士（人文科学）
立花京子

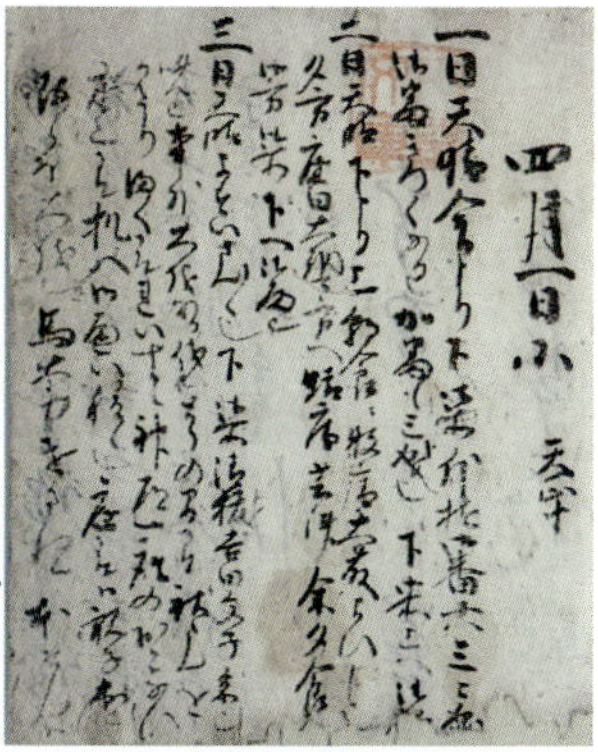

「天正十年夏記」 題箋から「日々記」とも。公家・勧修寺晴豊の日記。彼の日記としては『晴豊公記』が知られているが、これはその残闕。この点から『晴豊公記』とも。東京・国立公文書館蔵

はじめに

正親町《おおぎまち》天皇の膝元京都において、本能寺が襲撃されて前右大臣織田信長が討死《うちじに》した。信長の嫡子織田城介《じょうのすけ》信忠《のぶただ》は誠仁《さねひと》親王の二条御所に乱入して立てこもったため、親王一家の運命も危うくみえたが、親王らはからくも脱出し、その後信忠も討死した。天下を震撼させていた、時の専制君主が父子そろって弑殺されたという名高い本能寺の変は、朝廷にとっては至近距離の場において勃発した大事件であった。が、それぱかりでなく天皇・親王と一部の公家は信長を首尾よく討ち取った明智光秀と、変直後にはきわめて親密な関係にあったことが「兼見卿記《かねみきょうき》」[1]「天正十年夏記」[2]（以下、「兼記」「夏記」と略記する）から判明する。朝廷が信長を亡きものとする変に関与していたことは確かであった。

しかし、本能寺の変の真相はまだ雲の彼方にあるといってよい。本稿では、急がば廻れの諺《ことわざ》通りに、まず朝廷と信長との上洛以前からの関係、およびその意味を

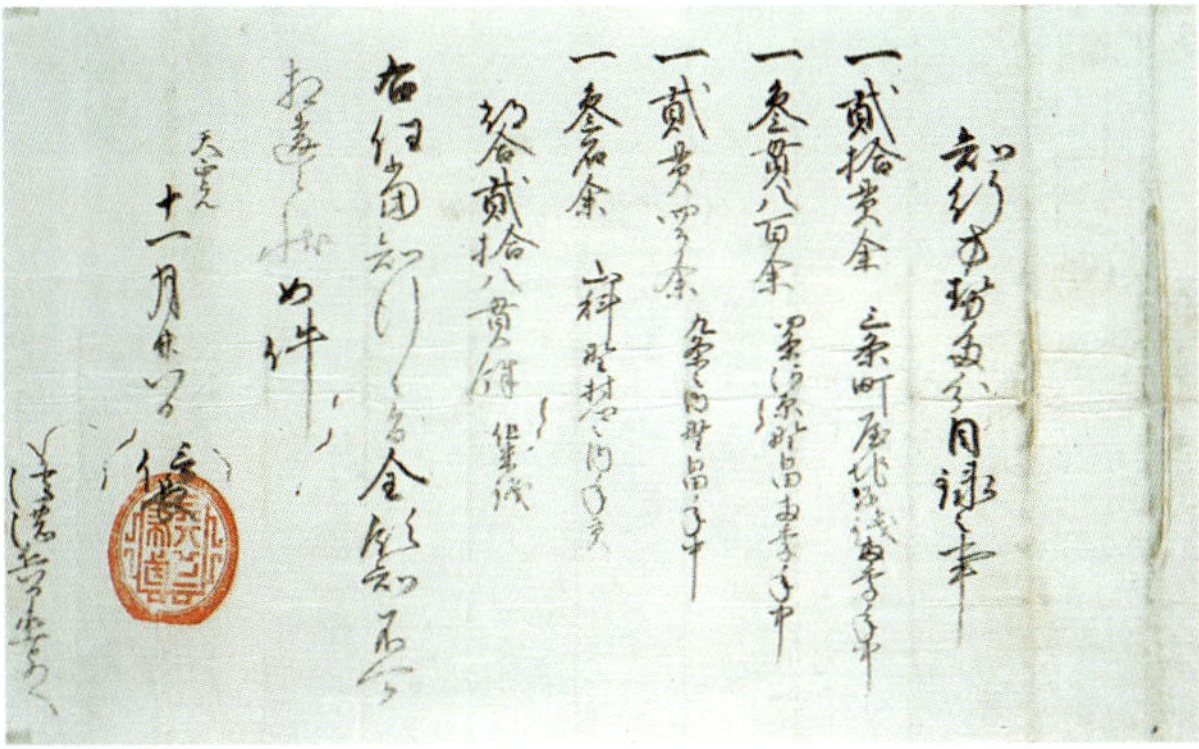

織田信長朱印状　美濃岐阜城主となった信長は、永禄10年（1567）の11月頃から「天下布武」印を用い、内外におのれの意思を明らかにした。写真は天正元年（1573）11月28日付で、公家の久我家の奉行人・信濃兵部丞にあてたもの。東京・国立国会図書館蔵

概説し、朝廷が変に関与するまでに至った過程を辿《たど》ることとしたい。朝廷と変との関連の究明から、困難ながらも変の全貌を説き明かす手がかりが見えてくるのである。なお、本稿における記述は紙数の関係上、論証を省略している。詳しくは、拙著『信長権力と朝廷』第二版（前掲註2）を参照されたい。

一、信長による天皇利用

日本においては、天皇が政争に武士の暴力を用いることがある一方、武士はまたその権力争いに天皇を担いで錦の御旗として利用していた歴史がある。しかし信長ほど一貫して有効的に天皇・朝廷を利用した武士はいないのではなかろうか。まず永禄十年（一五六七）十一月に「決勝綸旨《りんじ》」[3]をうけて上洛の大義名分とした。すなわち、信長は御料所《ごりょうしょ》回復・禁裏《きんり》修理・親王元服費用の調達という三項目を請け合って、上洛戦を戦う名分を得た。その時点から使用した天下布武《てんかふぶ》印の理念は、天皇・朝廷を守護するために七徳《しちとく》を備えた者が武力によって天下を鎮めるというものであって、それは徳を失った室町幕府将軍を放伐するイデオロギーでもあった。

信長は永禄十一年九月に足利義昭《よしあき》に供奉《ぐぶ》して上洛し全国制覇の路線を歩み始めるが、その時にはすでに義昭の追放を予定行動としていたのである。そして永禄十三年正月に、信長は義昭から源頼朝《みなもとのよりとも》以来の幕府将軍が保持する天下静謐《せいひつ》執行権限の委任を許可させ、同年三月一日にその旨を正親町天皇に承認させたが、それを諸大名にも知らせて上洛を促した。これ以後、信長は将軍と同等の地位に立ち、他領侵略の積み重ねにすぎない信長の全国制覇は、天皇への謀叛人討伐による天下静謐

の執行としての意義が与えられ、信長の政敵は朝敵《ちょうてき》として位置づけられる。天皇は信長の戦いに禁裏において戦勝祈願を行い、信長の要求に従って陣中見舞い・勅《ちょく》命《めい》講和の勅使を派遣し、信長へ太刀を下賜するなどの恩恵を与えた。公家は信長の出陣・帰陣の際に信長のもとへ参礼訪問を実施し、その出陣の正当性付与のために奉仕していた。ここに信長は全国制覇戦を戦いぬくために大きな利益を得るのであった。

このように天皇・公家が信長の要求に従って行動したのは、功利的かつ擬態的であり、一定度に過ぎなかったにせよ実施された経済的支援と、比叡山・上京《かみぎょう》の焼き討ち、六条河原での謀叛人の厳罰、という恐怖政治によるものであった。要するに、信長はアメとムチによって朝廷を意のままに操縦し利用していたのである。

二、天正九年からの信長権力の朝廷攻勢

◇左義長・馬揃え・左大臣推任・譲位問題

信長の朝廷操縦・利用の攻勢は天正九年（一五八一）正月からさらに激化した。この年正月十五日に信長は安土で左義長《さぎちょう》と称して爆竹を鳴らした馬揃《うまぞろ》えをにぎやかに実施した。同月二十三日には光秀に京都で馬揃えを行うための指令を発したが、その一方で信長は、安土での馬揃えに参加した前関白近衛前久《このえさきひさ》を通じて、正親町天《てん》皇に京都での左義長天覧を希望するようにしむけていた。天皇は同月二十四日に伝奏勧修寺晴豊《そうかじゅうじはれとよ》と準伝奏広橋兼勝《ひろはしかねかつ》をして、その旨を信長の京都奉行村井貞勝《さだかつ》のもとへ申し入れさせ、さらに二月六日に女房《にょうぼう》の佐五局《さごのつぼね》と五位局を安土へ下向させて京都

『上杉本 洛中洛外図屏風』に描かれた近衛邸　これは「桜御所」と呼ばれた邸宅と思われる。前久は天正５年（1577）に信長の「二条御新造」竣工に合わせて二条邸を造営して移り住んだ。山形・米沢市上杉博物館蔵

ヴァリニャーノ肖像　ヴァリニャーノ（1539−1606）は３度日本を訪れている。今回は第１次巡察で、離日は天正10年（1582）の12月、このとき天正少年遣欧使節として知られる４人の少年を伴い、到着した肥前口ノ津から出航してマニラに向かった。「バリニャーノ研究」第１巻より。

での左義長興行を命ずる。それに対して信長は「馬にのりてみせまいらすへき」と返事し、天覧のための京都馬揃え興行の名分が出来上がるのであった。信長は二人の女房に金一枚ずつを報奨として与えていた。

　二月二十八日に馬揃えが禁裏東に新設された馬場において、天皇を始めとして公家・女房衆も桟敷《さじき》にて見物するまえで盛大に行われた。しかし別の桟敷にはイエズス会巡察師《じゅんさつし》ヴァリニャーノの率いる宣教師の一行も列席していた。信長は競技の最中に約二〇万人の観客の前で、この日のために巡察師が贈ったビロードの椅子に座って四人の者に担がせた。また信長の出で立ちは帝王のみが用いるとされる布地も使用された絢爛豪華なもので、他の者と異なることを観客に認識させるものであった。これらのことは信長が実質的には天皇を凌駕《りょうが》する人間であることを誇示したことを意味しよう。天皇はそれにも拘《かかわ》らず「馬揃え美事《みごと》なり」として、庭田重通《にわたしげみち》・中山親綱《ちかつな》・甘露寺経元《かんろじつねもと》・勧修寺晴豊の伝奏と広橋兼勝をくわえた五人の公家を祝賀勅使《ちょくし》として遣わす。翌日には重ねて、天皇から上臈《じょうろう》・長橋《ながはし》局、親王から阿茶《あちゃ》局・大《おお》御乳人《おちのと》を遣わしまた祝賀する。信長はそれにも満足せずその翌日貞勝を通して、左大臣職の推任《すいにん》勅使として上臈局の派遣を要求する。これについて貞勝と五人の公家が信長に忠実な御蔵職《みくらしき》という下級公家の立入隆佐《たてりりゅうさ》宅で談合し、天皇・親王にそのことを申し入れたが、天皇・親王はすぐには勅使を派遣しなかった。しかし、信長は軍事パレードである再度の馬揃えを行って天皇・親王を威圧した結果、信長が天皇の譲位を計らうとの約束で天皇側は折れて、三月九日に上臈局と長橋局を勅使として遣わし推任を伝えた。

ヴァリニャーノの第1次日本巡察（東洋文庫『日本巡察記』平凡社、1973年）

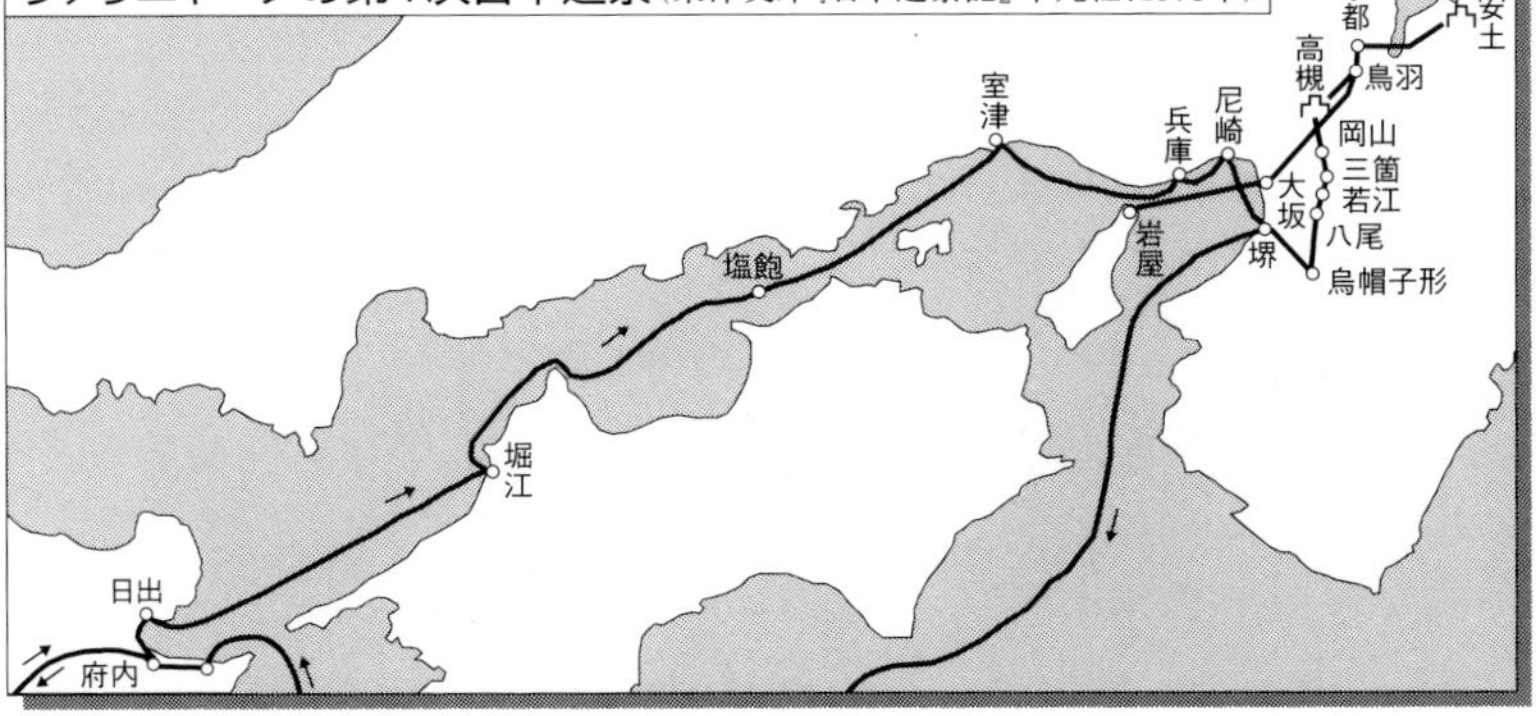

この時、左大臣推任が朝廷からの主体的なものであった[4]ならば、馬揃え当日の五人の勅使、または翌日の四人の女房が祝賀に出向いた時点で行うはずである。朝廷側は貞勝から示唆されて初めてそのための談合をしたのであり、実際の派遣は八日後だった。

天皇は関白九条兼孝《かねたか》の辞官と左大臣一条内基《うちもと》の関白兼任という玉突き人事を行って信長の左大臣補任《ぶにん》に備えるが、四月一日になると信長は金神《こんじん》を理由に譲位を取り止め、結局信長の左大臣補任も譲位も立ち消えとなる。金神を理由とした譲位取り止めを親王に告げたのは、馬揃えにも乗馬して参加した信長昵近《じっきん》衆の一人である烏《からす》丸光宣《まみつのぶ》であった。永年譲位を望み、三月二十四日には信長からの譲位促進の返事に「めでたし〳〵」と喜んでいた天皇と親王の落胆は大きかったであろう。今谷明氏は譲位問題について、天皇はそれを欲せず、信長が馬揃えによって天皇に譲位を迫ったとの説をたてるが（註3書一六三～一六五頁）、それは成立しない。高齢の天皇は譲位を欲していたとみるのが事実であろう。

ところで前述のヴァリニャーノであるが、彼はイエズス会の広大な東インド管区における布教状況を監察・指導する強い権限を有していた。彼は安土での協議会開催のため豊後《ぶんご》から海路 堺《さかい》に至り、上陸してからは河内《かわち》などのキリシタンを歴訪して二月二十二日に入京した。詳しく調べると彼の日程は、安土から同月二十日に上洛した信長の日程と調整が図られていた。結局、馬揃えの真の主賓はヴァリニャーノであり、馬揃えは信長からスペイン・ポルトガル国王、バチカンのローマ教皇、およびイエズス会総長らへの、全国制覇達成度を報告するメッセージであったこと

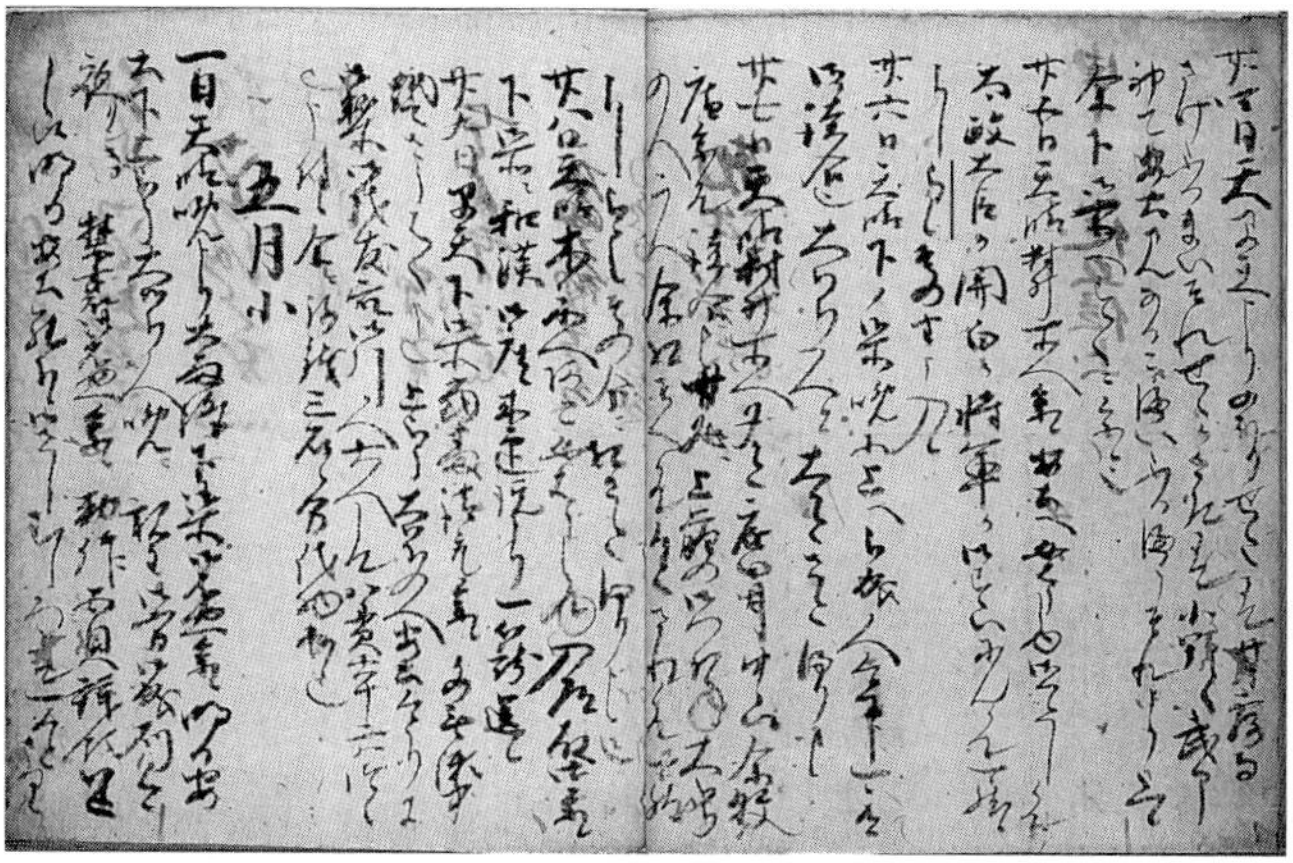

「天正十年夏記」4月25日条　傍線部について、従来は「申候」と読まれてきた。立花京子氏は「被」の存在に気づかれ、「被申候」と読んだことが、一連の研究の発端となった。国立公文書館蔵

が帰結される。

　それとは知らず、天皇は左義長の天覧を希望させられ、馬揃えにすり替えさせられ、眼前で信長の威勢を見せつけられ、譲位をほのめかされつつ左大臣推任を強制させられ、挙げ句のはてには金神を理由に譲位は延期させられたのであった。天皇は全く信長から利用されるだけの存在であり、自由に操縦されていた。

◇三職推任

　天正十年三月に信長は甲州へ出陣し武田氏を攻略し、四月二十一日に安土へ凱旋する。禁裏では早速祝賀として勅使勧修寺晴豊に庭田重通・甘露寺経元・白川雅朝《しらかわまさとも》を同道させて二十二日に安土へ下す。それらが帰京した翌日の二十五日に晴豊が貞勝宅に行くと、貞勝から「（天皇が信長に）太政大臣か関白か将軍か、という三職のうちのいずれかに推任するのがよい」（「夏記」）との意向を告げられるのであった。信長の三職推任の要求を晴豊から伝えられた天皇・親王は、前年の左大臣推任要求の時と違ってすぐさまに承知し、二十七日には貞勝宅にて晴豊・重通・親綱・経元・牧庵が談合して、上﨟局・大御乳人と晴豊が勅使として下向することが決定される。道中の世話をしたのは左大臣推任事件の時に信長側として働いた隆佐であった。

　この三職推任の信長強要説については、朝廷が武田氏滅亡を祝して行ったとみる異論が出されているが（堀註4論文六九頁）、もしそうであるなら左大臣推任の時と同様に、二十二日に勅使晴豊ら五人が下向した時点で推任するべきであろう。またこの時、「夏記」の記述においての「（推任するのがよいと）被申《もうされ》

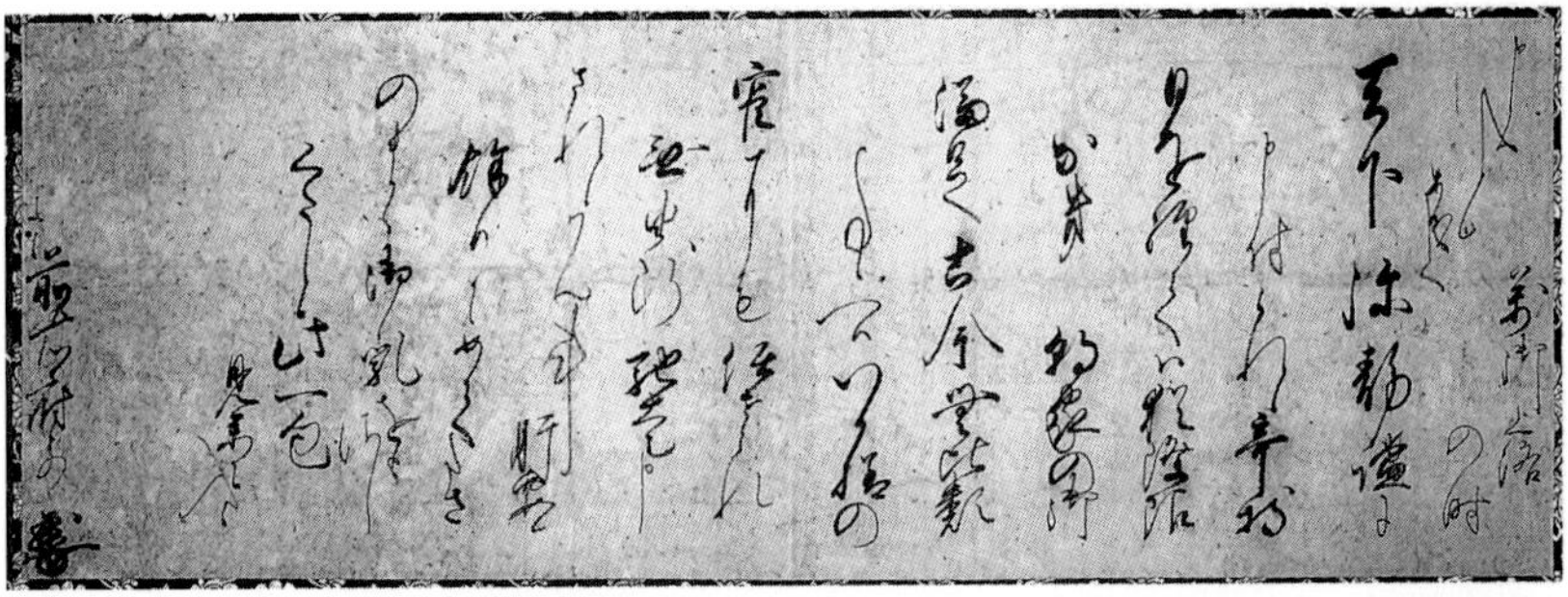

誠仁親王の消息　年月日はないが、内容から天正10年（1582）5月に比定される。内容は94頁に掲載した釈文を参照。東京・畠山記念館蔵

候《そうろう》」との語句の主語は親王である、という見解[5]も出されている。その根拠は、親王の言葉を晴豊が「被仰《おおせられ》候」と記すべきところを誤って「被申候」と記してしまったのであって、他にもその例があるとのことである。しかし他に誤って記した一例があったとしても、再び誤った理由が示されなければ反論の証拠にはならない。さらに、この時期には勅使は大体において、天皇・親王から少なくとも一人ずつの複数の伝奏、または女房が派遣されていた。ましてや下相談にもせよ三職推任という重大事の伝達であるなら、当然二人でなければならないところ、この場合晴豊一人が貞勝宅に赴いている時に、この問題が出されている。三職推任は朝廷側からの主体的な推任でないことは確実であろう。

　そしてこの時、親王は、三職の何であれ、信長の望む官を推任するとの消息による一札を与えていた。しかし太政大臣については、わずか二ヵ月前に近衛前久が任ぜられたばかりであった。また、室町幕府将軍にしても太政大臣に補任されたのは第三代将軍足利義満《よしみつ》一人であり、前例に乏しいとみなければならない。将軍職については前右大臣・右大将でもあった信長にとって最も可能性のある職であるが、備《びん》後鞆《ごとも》に在国とはいえ、現に在職している室町将軍義昭の解任に踏み切るには、天皇も憚《はばか》りがあったろう。さらに当時、五摂家《せっけ》以外には公家すらも任ぜられない関白職に就任することは、信長には到底許されないことであった。とすると、親王消息の真意は何であったろうか。いずれにせよ、形骸化しているとはいえ、天皇を頂点として五摂家以下家格の定められた公家衆が各役職を担って生存している在来の秩序を根底から覆《くつがえ》す信長の要求であった。

明智光秀木像　京都の周縁部には光秀に関する伝承とともに画像や木像を残す社寺がある。写真は京都府京北町周山の慈眼寺（天台宗）に祀られている（もとは密厳寺という曹洞宗寺院にあった）もの。黒く塗られているのは光秀であること隠すためであったという。

三、本能寺の変への朝廷の関与

◇親王と光秀との一体化

信長を首尾よく討った光秀がその主《あるじ》として安土城へ入った日の翌日の天正十年（一五八二）六月六日、吉田兼見《かねみ》は晴豊から呼び出されて親王に対面する。親王は直接、兼見に安土城へ勅使として赴くことを命じる。安土城で光秀に会った兼見が伝えた禁裏の言葉は不明であるが、光秀は九日に安土から初めて上洛した時、兼見に「一昨日自禁裏《きんりより》御使　忝《かたじけなく》」・「先度禁裏御使早々忝存《ぞんじ》」（「兼記」正・別本）との一段のお礼を述べている。さらに光秀は兼見宅で小休止し夕食を振る舞われ、禁裏への銀五百枚の献上を依頼する。これらの光秀の言動からみれば、天皇は安土にて信長討ち果たしの褒美としてなんらかの恩典を与えたとしか考えられない。この頃には秀吉の備中《びっちゅう》高松城攻めからの反転の情報も届いていて、光秀は夕食後鳥羽《とば》へと陣立ちする。親王は鳥羽の陣所へも兼見を遣わし、銀献上の礼状を届けさせた。それに対して光秀は兼見に京都の防衛を誓った。本能寺の変後の朝廷は光秀とみごとに一体化していた。

ところで問題は、禁裏、特に親王と光秀との一体化は変後に起こったものか、変前から計画されていたか、とのことであろう。この件の史料は意図的に消去されたとみえてわずかの形跡しか残されていないが、いくつかの残された証拠の細片を拾うと、親王の変への関与は変前から生じていたことが検証できる。

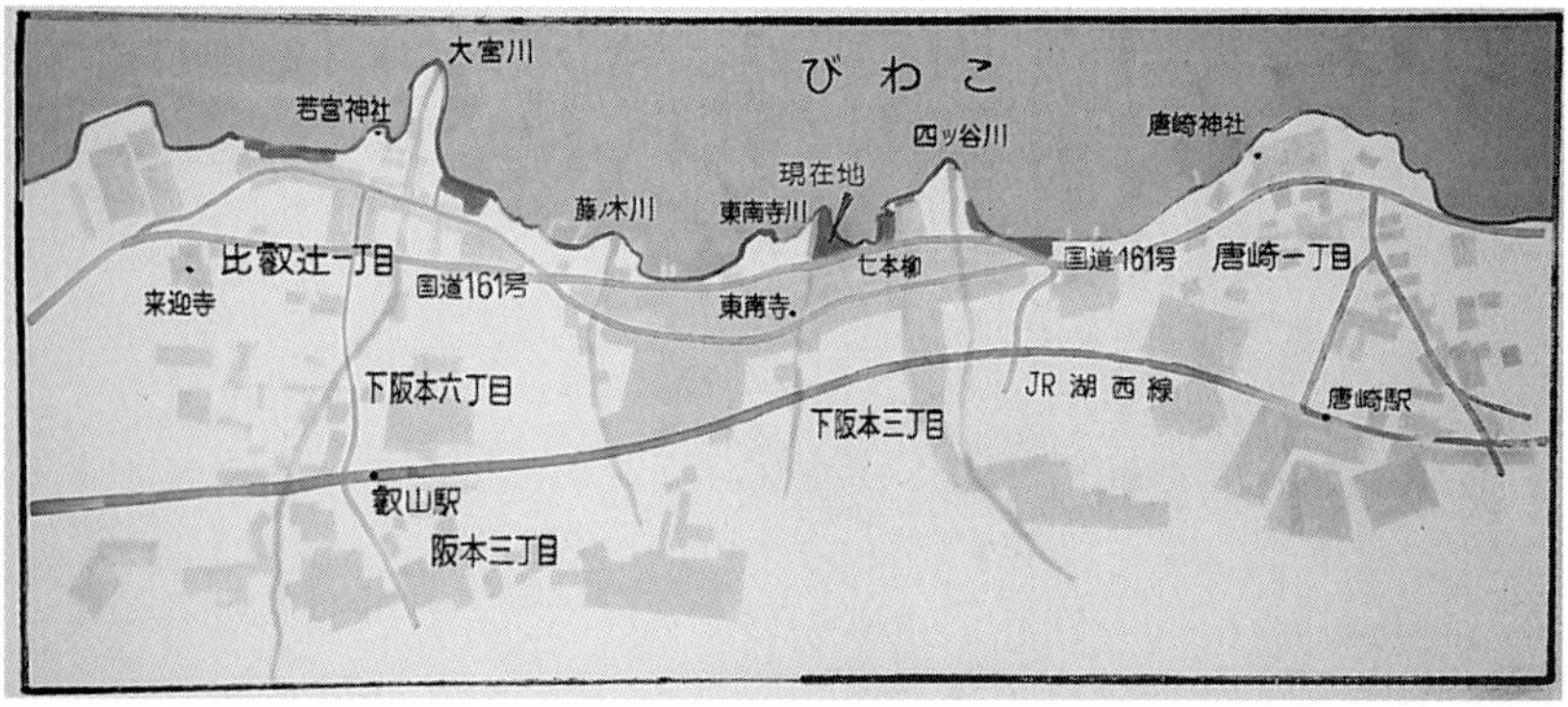

第一には前述のように、親王はおよそ実現不可能な信長の三職推任を許した。だが、親王はその一方でそのための準備を何一つ整えていない。しかも、すべては上洛を待つとの親王消息を与えられた信長は上洛した翌々日に光秀によって討ち果たされた。とすれば、親王の消息は信長を葬り去るための招待状としての役割を果たしている。親王は限りなく黒いとみなければならない。親王の本意は旧秩序を守ることにあったろう。

◇信長打倒計画での談合

六月九日から鳥羽で待機していた光秀軍は、十三日に山崎に到着した信長の旧臣連合軍にあっけなく敗戦し、光秀は十四日に討ち取られる。堅田《かたた》に潜伏していた斎藤利三《としみつ》は捕らえられ、十七日に処刑された。晴豊は車にて京中を引き廻された利三をかいま見て「かれなど信長打《うち》談合衆也《なり》」（「夏記」）との感慨を洩らしている。

ここで奇妙なのは、利三を表現するのに信長打倒の「談合衆」との晴豊の言葉である。通常このような大事件の後に主な実行犯として捕らえられた者を見たなら、「信長を討った悪逆の徒が捕らえられた」との安堵の思いがまず口をついて出るはずであろう。ところが晴豊にはそのような感想よりも、「彼などは信長を討つための談合のメンバーであった」という「談合衆」との事項がまず頭に浮かんだのであった。しかも「かれなど」との語句は、「現在刑罰を受けている哀れな彼も、ついこの前には談合をしていた人間だったのに」というニュアンスであろう。ということは晴豊は、利三も加わった「談合」について何かを知っていたとしか考えられない。それは光秀家中の「談合」ではなく、晴豊も参加していた「談合」とみるべき

坂本城の周辺（右）　写真は坂本城跡に建つ案内図で「現在地」が城跡を示す。斎藤利三は、山崎の戦いに敗れたあと、光秀と別行動をとって近江坂本に向かったのであろう。利三が着いたとき城は秀吉軍に囲まれていたため、堅田（比叡山のふもとともも）に身をひそめたのだろうか。滋賀県大津市

吉田神社　吉田兼見は吉田社の神官の家系。なかで唯一神道を主唱した吉田兼倶が有名だが、信長の時代の当主は曾孫の兼見で、当時は神祇大副であった。京都市左京区

であろう。ここに公家衆と光秀家中からなる場で、信長打倒計画についての談合がなされていたこととなるのである。

◇兼見と親王の接近

兼見は変後の光秀に親王の使者を再三勤めたのであるが、伝奏《てんそう》ではなく神祇大副《じんぎたいふ》という神官である兼見の勅使としての採用はきわめて異例であった。兼見が光秀と親交があったからであろうが、前述のように、勅使は、天皇・親王から少なくとも二名が派遣されるのが通例であるのに、兼見一人であったのも通常と相違している。親王一人からの使者であった可能性があり、信長との間の伝奏を光秀との連絡に用いることの遠慮であったかと考える。

兼見はつねに信長に接近し、その口添えにより天正七年十一月二十日付けで内昇殿しているように信長の恩恵を受けていたが、変一ヵ月前の五月三日には親王の推挙によって従三位に上階していた。当時、親王の推挙は稀であったのに、兼見が変直前に親王から厚遇を受け親密さを深めていたことは、親王が変に備えていたことを示すものとみられる。

◇近衛前久と「入道殿」の行動

変直後、同じく織田信孝《のぶたか》の糾明を受けた近衛前久《このえさきひさ》と「入道《にゅうどう》殿」は嵯峨へ隠れ、前久はその後一年間京都を離れている。変の際には光秀軍の兵が前久邸の屋根から二条御所に向かって矢や鉄砲を射掛けたという（「信長公記」）。また、変直後の六月七日には嫡子信基《のぶもと》・晴豊と共に正式な酒宴を催していた。信長を悼む気持ちは少しもなく、むしろ祝盃を挙げていたとみてよいだろう。また、晴豊は前久について

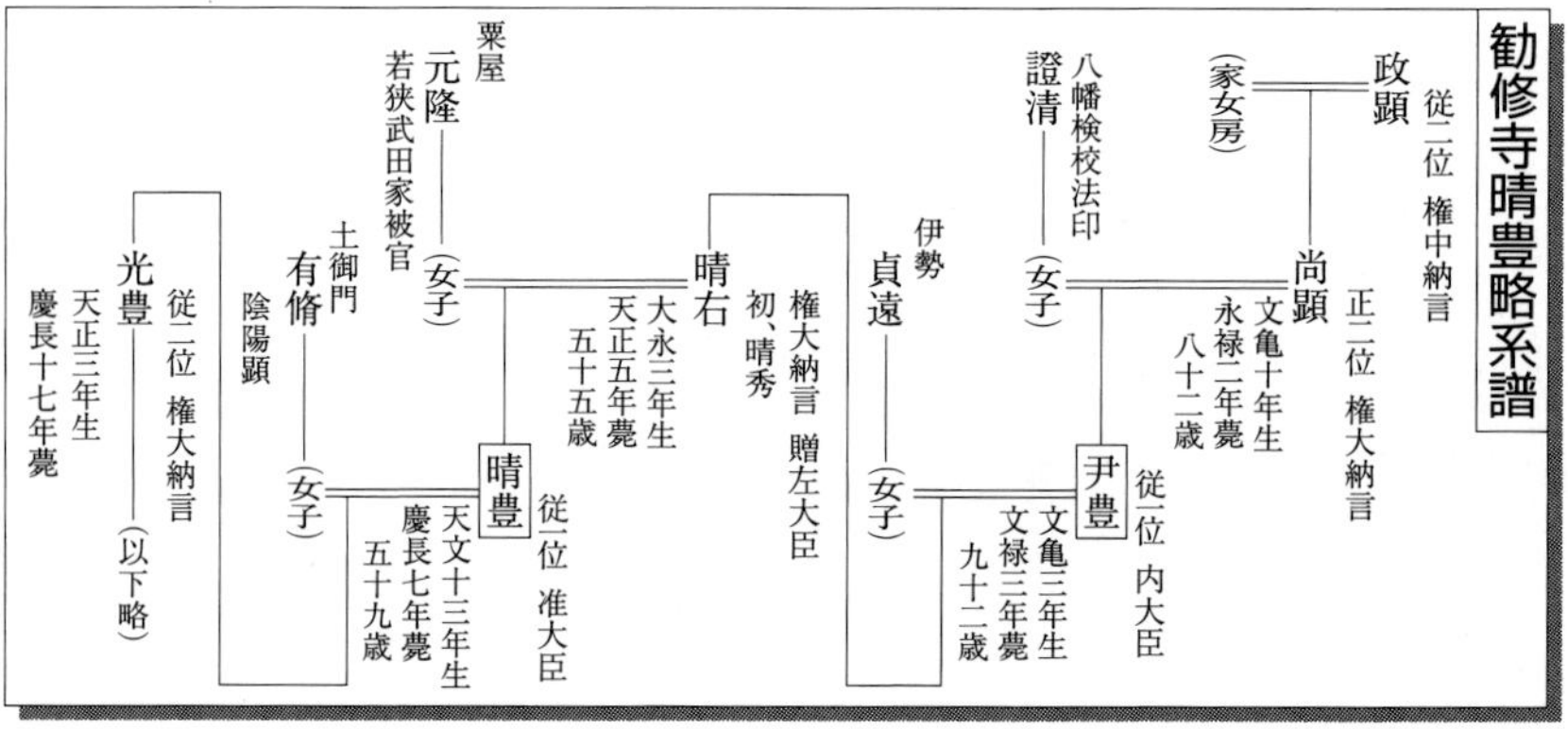

「近衛殿今度ひきよ（非挙、非拠＝道理にあわぬ事）事外也《ことのほかなり》」（「夏記」）との感想を洩らしている。前久が変と余程の関わりを持っていなかったなら、このような記事はなかったであろう。

「入道殿」も変後の十一日、東坊城盛長《ひがしぼうじょうもりなが》宅で晴豊・半井通仙《なからいつうせん》・烏丸光宣と共に大酒の宴会を開いていた。この「入道殿」が誰であるかについて、桐野作人[6]氏は、「御湯殿の上の日記」「夏記」に記述されている「前内府入道殿《ぜんだいふ》」であるとして、晴豊の祖父である前内大臣勧修寺尹豊《ただとよ》と比定しているが、これは従うべき意見と考える。前久・尹豊も談合、すなわち信長打倒計画に参加していたとみてよいだろう。

前久は五摂家《せっけ》筆頭という家柄とその政治力から公家衆の盟主的役割を担っていたであろう。しかし、前久が変の全計画を立てて実行させるほどの組織力は持っていたとは考えられない。

それは親王にしても同様であった。禁裏では、日常の経済から禁裏警護にいたるまで信長の実力に頼っていた。事の重大さと実行勢力の弱体さを考慮するなら、親王自身が率先して信長打倒計画を遂行したのでないことは確かであり、親王・前久を動かした真の黒幕の存在を想定しなければならないであろう。

◇信長昵近衆の奮戦

また、朝廷による信長打倒計画が実在していたとしても、朝廷の成員の全公家が加わっていたのでもなかった。変当日、晴豊は織田信忠《のぶただ》が闖入《ちんにゅう》して立てこもった二条の親王御所に駆け付け、かねて見知っていた光秀配下の部将井上某《なにがし》の計らいで御所内に入り、信忠・貞勝に親王一家の脱出を申し入れた。永年、信長の要求を

『天正十年夏記』(「日々記」)六月二日条

二日天晴、未余いね候て有之処ニ袖岡越中来り、明知本のう寺法花寺也、信長いられ候所へ明知取懸、やき打ニ申也由申候、そのまゝ出候て二条之御所へ可参ト候へハ、はや〳〵人数取まき、入申事不成、所々各公家衆不成候、井上ト申者明知者也、かれよせ衆也、輙参度由申候へ共、成間敷候由申候間、しはし立やすらい候へ共成候て、御所参候て此分申入候、城介ハ二条之御所ニ　親王御方御座候□被参候、そのまゝ取つめ申候、村井のかれ候への由申、当番之衆御供申のかれ候、　若宮様、二宮様、五宮様、　ひめ宮様、御あ茶々局、其外女房衆、公家飛鳥井父子、(八人略)二日御番請取にて其朝被参候也、正親町中納言参候て御供不申候て跡のこり候て二ヶ所手おい、あとよりのき申候、余存候河勝左近ト申者、余をたつね候て御供申、のけ申候、ひるいもなき事也、誠のかれ候事あるましき事也、天道にて御座候由各申入候也、庭田、河端、朝はせ参候て御供申候、これきとくとて御ほうひ候也、城介被参候事各上にて不存候也、夕方、屋敷共見物、くひ、しにんかすかきりなし、

伝えていた貞勝との立場を変えた交渉であったが、必死の頼みであったろう。貞勝の「のかれ候へ」との決断によって親王一家は危ういところを脱出できた。伝奏を勤める晴豊は親王妃晴子《はれこ》の兄でもあるゆえに、親王一家の身の上を案ずる気持ちが最も強かったであろう。

　この時、親王一家に従った公家は飛鳥井雅教《あすかいまさのり》・雅敦《まさあつ》父子など十人であった。この他に正親町季秀《すえひで》(実彦)は変と聞いて御所に参上したが、なんと彼は親王のお伴をせず、後に残って明智軍と戦い手傷を負った。室町幕府中期には、公家の中でも室町殿に家司《けいし》として随従する公家が衆として形成され昵近衆と呼ばれていた。義昭が永禄十一年(一五六八)に上洛した時、義昭の兄であり第十三代将軍である足利義《よし》輝《てる》のかつての昵近衆は即座に集合して義昭昵近衆となって行動した。しかし、彼らはまもなく横すべり的に信長昵近衆としての活動をする。季秀は信長の出陣にもたびたび随い、馬揃えには「於京都陣参被仕公家衆」として参加を促されたように、信長昵近衆としての行動が目立っていたが、室町幕府期の昵近衆と同様に「信長有事」とばかりに本能寺に駆け付けようとしたものの間に合わなくて、信忠の籠もった二条御所に入ったものであろう。そして勇敢にも刀を交え、親王にあえて不義理をしてまでも、信長昵近衆としての勤めを果たしたのであった。

四、本能寺の変の意味

◇信孝の追及と秀吉の事後処理

朝廷は長い間つねに受け太刀であった信長との公武攻防戦を朝廷側の勝利で決着

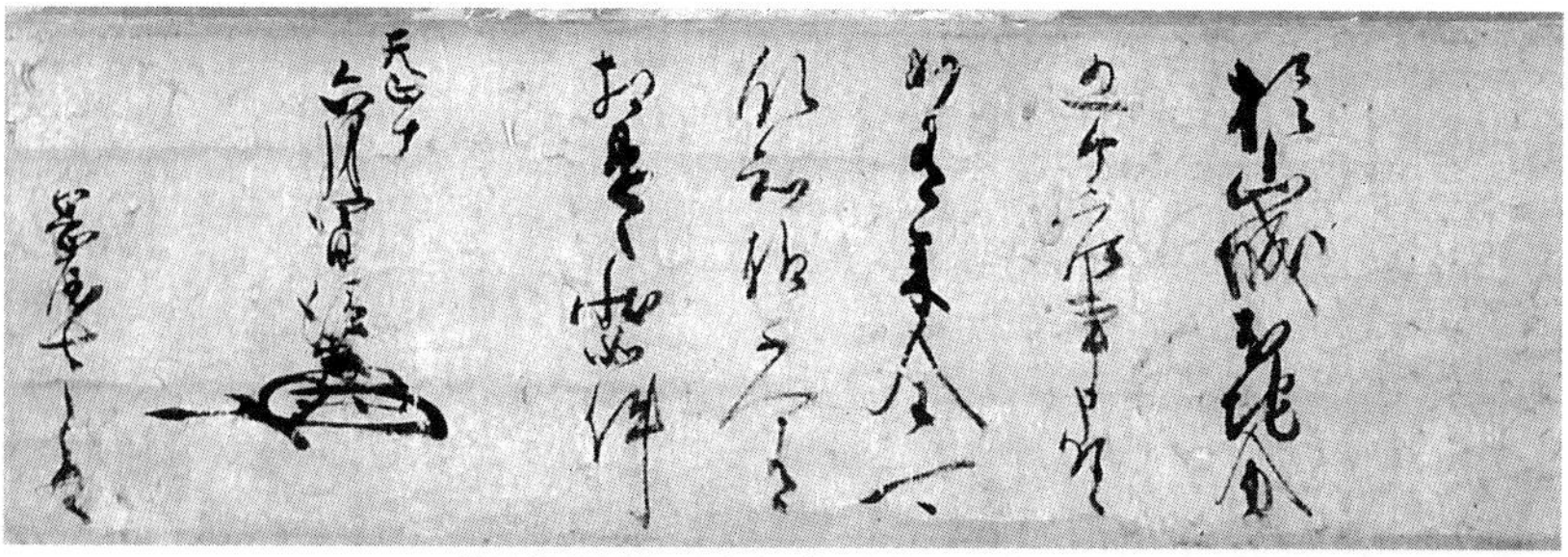

織田信孝判物　天正10年（1582）６月４日付、山城の国人・岡屋七郎にあてたもの。変後２日目にして所領安堵の判物を出した織田（神戸）信孝（1558－83）の対応の早さがうかがえる。島根県立博物館蔵

させることができた。しかしこの朝廷の勝利は、長い目でみたならむしろ朝廷にとって致命的な傷をもたらしたのであった。

六月十三日の光秀軍敗退の翌日から、織田旧臣連合軍の司令官織田信孝は兼見のもとへ家臣津田越前入道を遣わして光秀の銀献上についての事実究明を行う。兼見はすぐさま親王の所へ駆け付けてこの旨を報告し、親王から信孝へ使者を出してもらいたいと申し入れる。親王はただちに柳原淳光《あつみつ》を派遣する。それと同時に兼見は秀吉の奏者徳雲軒全宗《とくうんけんぜんそう》に会って釈明のための秀吉への取次を依頼する。光秀のあっけない敗北に慌《あわ》てた親王と兼見が変への関与否定をひたすら弁明したことが推測されるが、その効果は抜群で両者とも大事には至らなかった。従来見過ごされてきたが、この時の親王・兼見に関する秀吉の事後処理は異常なほどに寛大であったことに注目するべきである。

◇秀吉の突出

通常、秀吉が信長旧臣の中から突出して他を超越した時点としては、信長後継者決定の清洲《きよす》会議で采配をふるった時といわれているが、それより早く山崎表の合戦の翌日の六月十四日には、秀吉はそれを可能としていた。というのは、勝龍寺《しょうりゅうじ》城を抜け出て近江坂本へとめざした光秀を追って十四日に山崎から上る信孝と秀吉に、天皇と親王はそれぞれ晴豊と兼勝を遣わして太刀を与えている。この太刀下賜《かし》は光秀を朝敵と認定した上で、両人に朝敵討伐者の資格を与える意味を持っていた。しかし本来、光秀は朝敵ではない。また、父の仇であり、かつ信長権力内の謀反人である光秀を成敗する信孝には、その資格を必要としない。ただし、秀吉にとっては、

尾張清須城跡　信長は尾張統一期の弘治元年（1555）から尾張小牧山城に移る永禄6、7年（1563、64）頃まで在城した。織田家重臣たちは変後まもない6月27日、清須城に集まって信長の後継者、および遺領の配分を評議する。写真は城跡に建てられた天守閣を模した町立博物館。愛知県清洲町

天皇から太刀を受けることにより朝廷を守護する武将の一人と公《おおやけ》に認定され、信孝と同列となり他の旧臣から一人突出しえたのである。

　橋本政宣氏は、天正十年（一五八二）十月の大徳寺《だいとくじ》で秀吉が行った盛大な信長葬儀も勅諚《ちょくじょう》によって執行され、秀吉をして信長の後継者であることを他に印象づける意義を持ったとの見解を示している（註5論文一〜三頁）。翌十一年四月の柴田勝《かつ》家《いえ》討ち果たし戦の後に、秀吉は長浜城において勅使兼見から太刀を下賜され、これにより秀吉の政敵勝家は朝敵と位置づけられた。変後一年頃における秀吉の第一の課題は他の旧臣からの突出にあったが、それはつねに天皇との直結によって達成されていた。変直後の六月十四日の太刀下賜は、ぴたりと当時の秀吉の思惑に合致しているのであった。

　そして前述したように、秀吉は変に重大な関連性を持つ親王を不問に付していた。太刀下賜は光秀との一体化を弁明する親王が代償として行った恩恵であり、秀吉の要求によるものと決定して間違いはないであろう。要するに、光秀と一体化した朝廷にとって、山崎表での合戦における光秀の秀吉への敗北は、とりもなおさず朝廷の秀吉への敗北となったのである。

◇兼見の行動

　以上の意味を有する十四日の太刀下賜は、光秀の敗戦から一日も経過していない時期に行われた。ということは、秀吉に親王の光秀一体化の情報を素早く告げた人物がいたことになる。それは誰であったかとみると、筆者は兼見の可能性をまず疑う。十四日に兼見は秀吉との交渉を始めているからである。しかも、九日に鳥羽へ

『兼見卿記』天正十年六月二日条

【正本】

早天当信長之屋敷本應寺而放火之由告来、罷出門外見之処治定也、即刻相聞、企惟任日向守謀叛、自丹州以人数取懸、生害信長、三位中将為妙覚寺陣所、依此事而取入二条之御殿、即諸勢取懸、及数刻責戦、果而三位中将生害、此時御殿悉放火、信長父子、馬廻数輩、村井親子三人討死、其外不治数、事終而惟日大津通下向也、山岡館放火云々、右之於二条御殿双方乱入之最中、親王御方、若宮御両三人、女中各被出御殿、上之御所へ御成、中々不及御乗物躰也、

【別本】

早天自丹州惟任日向守、信長之御屋敷本應寺取懸、即信長生害、同三位中将陣所妙見寺へ取懸、三位中将二条之御殿親王御方御座也、此御所へ引入、即以諸勢押入、三位中将生害、村井親子三人、諸馬廻等数輩、討死不治数、最中親王御方、宮、館女中被出御殿、上ノ御所へ御成、新在家之辺ヨリ、紹巴荷輿ヲ参セ、御乗輿云々、本應寺・二条御殿等放火、洛中・洛外驚騒畢、悉打果、未刻大津通下向、予、粟田口辺令乗馬罷出、惟日対面、在所之儀万端頼入之由申畢、

と出陣した光秀のもとへ親王からの礼状を持参した兼見は、「兼見卿記」別本に、鳥羽の陣所で「奉書ヲ向州へ見之《これをみせ》、忝《かたじけなき》之《の》旨《むね》相心得可申入《もうしいるべき》也」と記述している。すなわち兼見は光秀に親王の礼状奉書を見せただけで渡していない。兼見は礼状奉書を持ち帰った可能性がある。大体、親王が礼状を出す必要はなかったのではないか。しかし秀吉側からみればこの礼状奉書は、親王の光秀支援についての有力な証拠となるものであった。ちなみにこの件の記述は正本にはない。

一方、九日に上洛した光秀を自宅でもてなしたほどの兼見が、信孝・秀吉から追及されなかったのは、不思議中の不思議といえる。しかも、変から一ヵ月後の七月一日には尾張に滞在中の秀吉のもとへ進物と共に内衆《うちしゅう》鈴鹿久左衛門を遣わすのをはじめとして、七月十一日には秀吉陣所の本圀寺《ほんこくじ》へ進物を持って訪問し対面している。兼見は秀吉訪問の成功を祝い、「今度錯乱種々雑説之処無別儀《ぞうせつのところべつぎなし》」（「兼記」）とその喜びを記している。その後も七月十九日・九月十八日・九月二十一日・十月十九日と秀吉に度々の音問《いんもん》を重ねている。このような変直後の兼見と光秀、光秀敗死後の兼見と秀吉との二つの緊密関係をみたなら、兼見はよほどの利益を秀吉にもたらしたであろうことが推測される。それは、親王の礼状奉書であり、勅使となって赴いた安土城と鳥羽陣所における光秀の言動、およびその軍団の様態の情報提供であったろう。これらは、秀吉にとっては有力情報となりえたはずである。秀吉はこれらの情報を握ることにより、信長旧臣の中でさらに一歩先んずる利点を得たのであった。それにしても兼見の信長から光秀へ、光秀から秀吉への変節は異常である。

◇秀吉の成功

西教寺の明智一族供養塔　西教寺は天台真盛宗の総本山寺院。光秀は坂本城主となってから当寺を明智家の菩提寺とした。塔頭の實成坊にある過去帳には明智一族や家臣の名前が見える。なかに光秀（秀岳宗光大禅定門）の妹（長翁貞寿大姉）や、織田（津田）信澄に嫁した娘（花溪眞英大姉）の名前もある。また、供養塔の左方には光秀の妻・熙子の墓がある。滋賀県大津市

秀吉は天正十三年七月十一日に関白に補任される。信長が推任勅使を受けるだけでも登場から十四年を費やした公家最高の職に、秀吉はわずか三年で就任できた。それより前の同年三月一日に秀吉は天皇から朝敵討伐を保証する将軍権限を与えられていた。[7] 秀吉の全国制覇・全国支配・半島侵略の実行は、将軍権限と関白職がそのすべての根源となっている。これら秀吉にとって不可欠な、しかも異常に迅速な官位昇進は正親町天皇の許可があったからこそ実現していた。では天皇がなぜかくも簡単に秀吉の昇進を許したのか、その理由はと問えば、秀吉による親王と光秀一体化の事実の隠蔽しかない。

秀吉は本能寺の変後、まもなくに「惟任退治記《これとうたいじき》（謀反記）」などの自《みずか》らの合戦物語を大村由己《ゆうこ》に書かせ、親王らの前で軍記物を読み聞かせたという。それらの物語には親王の関与の事実は全く記述されていない。ひたすら怨恨《えんこん》による光秀の単独犯行説が語られていた。すなわち、秀吉が光秀の単独犯行説を作り上げ、それを流布していることを朝廷側に確認させたとみられる。それ以来、秀吉により創られた歴史が現代まで信じられているのではなかろうか。

おわりに――本能寺の変の真相への道――

変における朝廷の群像を辿《たど》ってみると、天皇、親王、前久、晴豊、兼見らはそれぞれに変の中枢に深く関わっていた。本来、信長権力内の首領交替劇であったはずの変は朝廷を直撃し、変の勃発によって朝廷が大きな影響を蒙《こうむ》った。親王が光秀と一体化していたばかりに、秀吉にその情報を握られて完全に押さえ込まれ、秀吉政

権の成立・全国制覇の事業達成を可能とさせたのであった。
一方、秀吉の事業達成は信長の遺志継承であることは明白である。信長は自己の死によって自らの意志を達成したという皮肉な歴史的事実がみられることとなるが、そうとみるならば、全国制覇・半島侵略の遂行、そのための近世的支配の達成を目的とした、信長・秀吉を貫く大局を見通したブレーンの存在がどうしても必要となろう。さらには、そのブレーンが変を起こした真の黒幕であるとの推論にも到達する。兼見のあまりに異常な二度の変節も、ブレーンの一人としての行動であったとすれば納得がいく。それらによって変が仕掛けられたとみないかぎり、変の真相には近付けないのではなかろうか。

『言経卿記』天正十年六月の条

　二日、戊子、晴陰
一、即刻前右府本能寺へ明智日向守依
謀叛押寄了、則右府打死、同三位中
将妙覚寺ヲ出テ、下御所へ取籠之処
ニ、同押寄、後刻打死、村井春長軒
已下悉打死了、下御所ハ辰刻ニ上御
所へ御渡御了、言語道断之為躰也、
京洛中騒動、不及是非了、（一ツ書略）
　三日、己丑、晴陰、
一、洛中騒動不斜、（以下略）
　四日、庚寅、
一、禁中徘徊了、
一、洛中騒動不斜、（このあと五行分空白）
　十三日
一、惟任日向守於山崎ニテ合戦、即時
敗北、伊勢守已来三十余人打死了、
織田三七殿・羽柴筑前守已下従南方
上了、合戦也、二条屋敷日向守、放火
了、首共本能寺ニ被曝了、
　十五日、
一、惟任日向守醍醐辺に牢籠、則郷人
一揆トソ打之、首本能寺へ上了、
　十七日、
一、日向守内斎藤蔵助、今度謀叛随一
也、堅田ニ牢籠、則尋出、京洛中車
ニテ被渡、於六条川原ニテ被誅了、

【註】
(1)『史料纂集　兼見卿記』（続群書類従完成会、一九七一年）
(2)内閣文庫蔵。拙著『信長権力と朝廷』第二版（岩田書院、二〇〇二年）に翻刻掲載。
(3)今谷明『信長と天皇　中世的権威に挑む覇王』（講談社現代新書、一九九二年）二〇頁。
(4)今谷註（3）書一六三頁。堀新「織田権力論の再検討——京都馬揃・三職推任を中心に——」（『共立女子大学文芸学部紀要』四四集、一九九八年一月）六〇〜六六頁。
(5)橋本政宣「贈太政大臣織田信長の葬儀と勅諚」（『書状研究』14号、二〇〇〇年十二月）八頁。
(6)桐野作人『真説　本能寺』（学研M文庫、二〇〇一年）二九八頁。
(7)拙稿「秀吉権力と『天皇の静謐』」（本田隆成編『戦国・織豊期の権力と社会』吉川弘文館、一九九九年）一二六頁。

［コラム］

近衛前久のリアリズム

エッセイスト　大牟田太朗

本能寺の変をめぐって

気にもせず眺《なが》めていたのに、ささいなことにふと疑問を覚えることがよくある。例えば、テレビや映画で演じられる公家のありようがそのひとつである。やたらに「……で、あらしゃいます」などという台詞《せりふ》をのたまいながら、因循姑息《いんじゅんこそく》で両性風の身のこなしと作り声をもって、蹴鞠《けまり》は上手だけれども、文弱の徒の見本のごとくに描かれる。戦乱のさなか、天下静謐《せいひつ》の時、いずれを問わず一様に公家の姿がそのようにパターン化されていくと、事実そんな風だったのかと思い込まされてしまうではないか。ではどのように演じればよいのかと訊《き》かれても、私はその筋の者ではないので、まったく無知にして実際のところよく分からない。

しかし、近衛前久《このえさきひさ》の生涯を垣間見ると、そないなふうではアラシャイマヘンやないかと、まず驚いて認識を新たにせざるを得ない。戦国時代のこととて、前久は武門に憧れた異種だと考えても、公家であることに変わりはない。しかも近衛家は、藤原北家《ほっけ》の流れを受け継いだ五摂家《せっけ》（近衛・鷹司《たかつかさ》・九条・二条・一条家）の筆頭である。前久は、その家格をもって、はやくも十九歳（数え年）で関白《かんぱく》の職についている。

さて、その前久であるが、本能寺の変に際してどのように身を処していたか、管見ながらそのフォーカスの在りどころから見てみたい。

前久は、時に四十七歳、疾《と》うに関白の職は退いていたが、長い間空席のままだった太政大臣に任官されて二ヵ月余りを経ていた。信長最後の上洛時、天正十年（一五八二）五月二十九日にはすでに辞任していたとする説もある。これは信長への「三職推任《さんしきすいにん》」問題に抵触するという考え方からであろう。

三職推任は、信長が村井貞勝《さだかつ》（京都奉行）を通じて朝廷に提案させるべく画策したのだとも見られている。また、暦《こよみ》作りは朝廷の専権事項なのに、それにも介入しようとしていた。自《みずか》らの覇権《はけん》を確立するために、一時、官職任官を受けることによって朝廷の権威を利用し、この国の時間をもわが手で支配しようとしていた、とも考えられる。だとすれば、この二つの事柄は、朝廷側には難題であっただろう。権威だけは保持していても実力がない。そもそも、太政大臣か関白か将軍か、三つの官職のうちいずれがよろしいか、という提示の仕方自体が奇妙なことではなかろうか。前年（天正九年）に左大臣推任を信長に拒否されていた、としてもである。

信長にしてみれば、石山本願寺と和睦したあと武田氏を滅ぼした今、毛利氏や長宗我部《ちょうそかべ》氏を攻めるに勝算あり、全国制覇を達成するためのお墨付など実際はどうでもよかったのかもしれない。暦問題にしても、実のところ信長にとっては閏《うるう》月《づき》をどうするかということなど、大したことではなかったと考えてみよう。朝廷の陰陽頭《おんみようのかみ》土御門《つちみかど》家が暦製を世襲していたのであるが、日本式の月日の算段（計算）が面倒ならば、いっそのこと西洋暦（グレゴリウス暦）に合わせたらどうか、という考えを持たなかったとは限らない。ヴァリニャーノをはじめ宣教師たちの影響を少なからず受け、一五八二年当時のヨーロッパ最新情報を得ていたはずである。

いずれにしても、これらの問題は、天正十年六月二日の暁闇に消えてしまったので、そういったことは推論のほかない。谷口研語著『流浪の戦国貴族 近衛前久』（中公新書、一九九四年）によれば、前久は「変」直後に、非常に衝撃を受けて悲しみの余りに出家した。前久は信長に寄り添い、おのが生涯と政治活動のすべてをかけていたからだとする。

直後といっても、剃髪したのは「変」当日の二日なのか、もっと後なのか。『公卿補任《くぎょうぶにん》』では二日だという。立花京子著『信長権力と朝廷』第二版（岩田書店、二〇〇二年）では、もっと後だとしている。

どちらでもよいではないか、というわけにはいかないのだ。ここが前久と信長の関係をどう見るかの岐《わか》れ目だからである。前久は信長の死を悼み、二日に出家して嵯峨に隠遁したことになっているが、そうではなかろうと立花氏はいう。なぜならば、朝廷は朝敵《ちょうてき》（信長）討伐者として光秀を歓迎しており、勅使《ちょくし》派遣によって九日に安土から光秀の下鳥羽着陣となるのであるが、その前々日の七日には誠仁《さねひと》親王の居所で「信長打倒計画成功」の酒宴が張られていて、前久・信基《のぶもと》父子も勧修寺晴豊《かじゅうじはれとよ》らとともにその場にいたのだから、剃髪していたとは考えられない。十四日に光秀の敗死を知り、嵯峨から出奔する十七日以降に頭を丸めたのではないかとしている。信孝《のぶたか》（信長の第三子）の追及をかわすためである。

前久は、二条御所に隣接してその居宅を信長から与えられていた。信長の嫡男信忠《のぶただ》は宿所の妙覚寺《みょうかくじ》から村井貞勝と約五〇〇の兵とともに二条御所に立て籠もったところを明智軍に取り囲まれた。光秀の兵は前久の屋形の屋根を足掛かりとして、鉄砲・弓矢を射掛け、火を放った。この一件によって、光秀が敗れて十四日以降に、信孝や秀吉の詮議が厳しくなった。前久は剃髪して龍山と号し、一時、醍醐寺《だいごじ》に籠もった。まもなくして家康のもとに身を寄せることになる。家康は堺《さかい》から上洛の途次に「変」を知るや伊賀越えを決行し、危地を脱して領地三河《みかわ》に帰着していたのである。

「変」以前の前久とその後

前久の行動力には端倪《たんげい》すべからざるものがある。天下は麻のごとく乱れ、現実の動きと乖離《かいり》したところで朝廷政治が行われていたが、公家社会の生活は疲弊するばかりである。天下静謐と安寧が何よりも望まれているのに、時の将軍足利家は有名無実の存在となっていた。天下一統をなしとげる武門の者は誰であるか、前久はそれを求め続けて模索し、多くの戦国大名との交際の輪を広げ、名目ではない現実の政治に積極的に関わっていった。

天文五年（一五三六）、前久は近衛稙家《たねいえ》（関白太政大臣）の長男として生まれた。五歳にして早くも元服して晴嗣《はるつぐ》と名乗った。十二代将軍足利義晴《よしはる》の一字をもらったのである。十二歳で内大臣、十八歳で右大臣、十九歳で関白・左大臣の要職についた。二十歳のとき、前嗣《さきつぐ》と改名した。

永禄二年（一五五九）長尾景虎《かげとら》（上杉謙信）が上洛する。二度目（最初は天文二十二年＝一五五三）であるが、関東管領《かんれい》上杉憲政《のりまさ》の処遇について、将軍に一任を得るためだった。時の将軍は第十三代義輝《よしてる》である。前久とは従兄弟《いとこ》の関係になる。前久（前嗣）は景虎を見込んで、血書血判の誓紙を交わした。翌年には景虎の元へ下向し、ともに関東平定に積極的に参画する。次の年、景虎は関東管領職に就いて名を上杉政虎《まさとら》と改め、さらに年の暮れには輝虎《てるとら》と改名している。同永禄四年、前久は上野厩橋《こうずけまやばし》（現・群馬県前橋市）や下総古河《しもうさこが》に入城。このとき前嗣《さきつぐ》を改め前久を称するようになった。二十六歳。

永禄五年八月、越後《えちご》より突然帰洛する。義を重んじる輝虎はその不実を怒ったが、越山《えつざん》しても関東に根付こうとしない輝虎に、前久は飽き足りないものを感じたのかもしれない。

その翌々年、三好《みよし》・松永勢が将軍義輝を襲って自刃に追い込む。永禄十一年（一五六八）、信長が義昭を奉じて入洛してくるのであるが、前久は十四代義栄《よしひで》の存在をめぐって義昭とは折り合わず、大坂へ出奔してしまう。公家社会の陰湿なかけひきに厭気《いやけ》がさしたのであろう。関白の地位は剝奪されるが、天正三年（一五七五）にいたるまで約七年間、摂津《せっつ》・河内《かわち》若江《わかえ》・丹波へと転々とするのである。

帰洛して落ち着く暇《いとま》もなく、信長の「天下布武《てんかふぶ》」の要請に応《こた》えて九州に下向し、島津氏と相良《さがら》氏の和睦斡旋に尽力する。鹿児島と肥後八代《やつしろ》間を往復するうちに、ことに島津義久《よしひさ》・義《よし》弘《ひろ》兄弟とは親密な間柄となり、薩摩《さつま》に公家文化を伝え、後々までの交誼《こうぎ》の道を開いたのである。再び京へ帰り着くまで一年半を要している。

それ以後も、誠仁親王の二条御所移徙《わたまし》の実現、石山本願寺との十一年戦争の和睦の使者を務め、京都馬揃《うまぞろ》えにも加わり、武田攻めへ参軍するなど、前久は信長の政治路線に深く関わり、ぴったりと寄り添っているかに見える。前久は馬鉄砲も鷹狩りも得意で、趣味のほうでも信長好みに合っていた。

しかし、甲州攻めでは恵林寺《えりんじ》での快川紹喜《かいせんしょうき》らの焼殺を目撃した。帰路、甲州柏坂では駿河路《するがじ》をたどりたいとする前久は、信長から思いもかけない罵声を浴びせられる。「近衛、わごれなンどは、木曾路を上らしませ」と。信長の〈お狂い〉だ。それでも本能寺の変の前日には多くの公家や関係者とともに、信長を表敬訪問している。これは面従腹背だったのか？

「変」のあと、徳川家康の庇護を求めたのは、松平姓の徳川改姓に尽力し叙爵や三河守《みかわのかみ》任官を斡旋した（永禄九年）こともあって、親しい間柄だったからである。家康の仲介により京都に帰れるのは、「変」の翌年九月のことである。

天正十二年、小牧・長久手《ながくて》の戦いが勃発したとき、前久は奈良に出奔、七月に美濃に赴き、秀吉と和解する。これ以降、前久は秀吉の無理難題をきかなければならない立場に立たされる。翌年、秀吉を猶子《ゆうし》とし、豊臣の賜姓とともに関白任官に寄与した。娘の前子《さきこ》を秀吉の養女となし、後陽成《ごようぜい》天皇の女《にょう》御《ご》として入内させる（天正十四年）。こうして豊臣政権を支えるのだが、秀吉歿後、関ヶ原の戦いが起こり、その三年後、徳川家康が征夷大将軍に任じられて江戸幕府を開く（慶長八年）のを見届ける。

政治の流れは、ダイナミックであると同時に酷《むご》さを包含する。前久は、あるときはその流れに逆らい、あるときは添い、身をもって有為転変《ういてんぺん》の世を凝視せざるを得ない立場にあった。

生き残りのためのたくましさに感服するとともに、人間存在の悲しさが身に沁《し》みる。本人はそんなことを思わなかったかもしれないが、慶長十七年（一六一二）五月、前久は七十七年の波乱に満ちた生涯を閉じたのである。

近衛家廟所　大徳寺地内、信長の菩提所・総見院の隣にある。京都市北区紫野

近衛龍山六字名号詠歌　14頁の図版の釈文。龍山は前久の法名。太政大臣・近衛前久は天正10年（1582）５月中、または変後まもなく出家したという。「六字名号」とは「南無阿弥陀仏」の６字のこと。

捴見院殿（信長）贈一品懐旧の哥とて
六字の名号をかしらにをきて
うたを書つけけり
龍山（近衛前久）

なさけゆへとしはふれどもかなしさハ
いやまさりぬるわかなみたかな
むつましき人のむかしのおもかけを
ゑにうつしつ、むかふあけ暮
あたにしもたのミし人をさきたて、
のこるかひなき身をうらみつ、
みししらハゆきてあはんとなけくかな
きえにし人をしたふあまりに
たれもミななからへはてぬうき世そと
おもひとりてもなけくわかれち
ふしてねかひおきてとなふるほとけには
まことのみちをいかてたとらむ

信長の動向―朝廷との関係を中心に―

天下統一に邁進する織田信長と朝廷＝天皇・親王・公家との間に深刻な対立はあったのか？
信長の官位、京都馬揃と天皇譲位、三職推任の問題から、信長と朝廷との関係を検証。
中世を通じて公武関係の基調は協調・融和であったが、織豊期に王権構造の転換があった！

共立女子大学助教授　堀　新

はじめに

信長と朝廷の関係を述べる前に、まずその前提を述べておこう。

武家政権と公家政権の関係は、通常、対立・抗争を基軸に、以下のように語られることが多い。一二世紀末の平氏《へいし》政権を経て、源頼朝《みなもとのよりとも》が鎌倉に幕府を開いて以来、幕府（武家政権）は朝廷から国政機能を奪取した。朝廷はこれに抵抗しつつもその機能をほとんど喪失し、名目的な存在として辛うじて存続した。この間、承久三年（一二二一）に鎌倉幕府打倒の兵を挙げた後鳥羽《ごとば》上皇、正慶二＝元弘三年（一三三三）に鎌倉幕府を倒した後醍醐《ごだいご》天皇の行動が、公武関係の典型例であるという。

確かに、保元・平治の乱以降を「乱世」とする見方（『愚管抄』）や、足利尊氏《たかうじ》以降を「武家の代」とする見方（『読史余論』）は古くから存在する。近代歴史学においても、戦前では『歴史公論』二巻一号（一九三三年）が「公武抗争史」を特集し、近年でも今谷明『信長と天皇』（講談社現代新書、一九九二年）など枚挙に遑《いとま》がない。

織田信長銅像(右)　ＪＲ安土駅前に建ち、安土を訪れる人々を迎えてくれる。滋賀県安土町

安土山　中央が本丸のある主廓部分で、左手の平野部に近いほうに摠見寺の三重塔などがある。ちなみに安土山の「山主」は摠見寺。滋賀県安土町

このような視点に立つ限り、歴代武家政権は国家権力をほぼ掌握しながら、なぜ公家政権＝朝廷を滅ぼさなかったのか、を問わざるをえなくなる。その結果、公家政権が国家権力をほぼ喪失したことを無視して、天皇・朝廷権威につながる事例のみを丹念に拾い上げてその権威を「検証」し、その存続が必然であったことを「確認」する結果に陥っている。この視点からは、肥大化した天皇・朝廷像という虚像と、武家政権の限界性しか導き出せないのであり、歴史的リアリティーに欠けると言わざるをえない。今谷明氏の研究はこの典型であろう。今谷氏は、戦前の皇国史観ですら衰退とみなしていた戦国期を、逆に天皇権威浮上の時期と主張し、しかもその権威は実体を伴うものとして高く評価している。しかし、それほどまでに天皇が権威・権力ともに持っていたのであれば、自《みずか》ら天下統一すればよいではないか。

実は近年の歴史学界では、公武対立史観はすでに過去の遺物となっている。公武関係の基調は協調・融和にあり、承久の乱や南北朝動乱は例外的な事件とみなされるようになった。武家と公家は異質な存在であり、戦国大名同士が命がけで戦い相手を滅ぼしたのとは同列に論じられないであろう。公武は単独で王権を構成することなく、両者あわせてはじめて王権たりえるのである。公武協調とはいえ、両者に対立や矛盾はあるのが当然であろう。ただ、お互いを滅ぼして国家権力の一元化を図るような本質的・根源的な対立はない。筆者は前近代日本の王権の特徴をこのようにとらえ、これを公武結合王権と呼んでいる。中世・近世を通じてこの枠組みに変化はないが、織豊期に王権構造の転換がある。そのキーワードは武威《ぶい》である。

以上のことを前提として、本稿では信長の官位、京都馬揃《うまぞろえ》と天皇譲位、三職推《さんしょくすい》

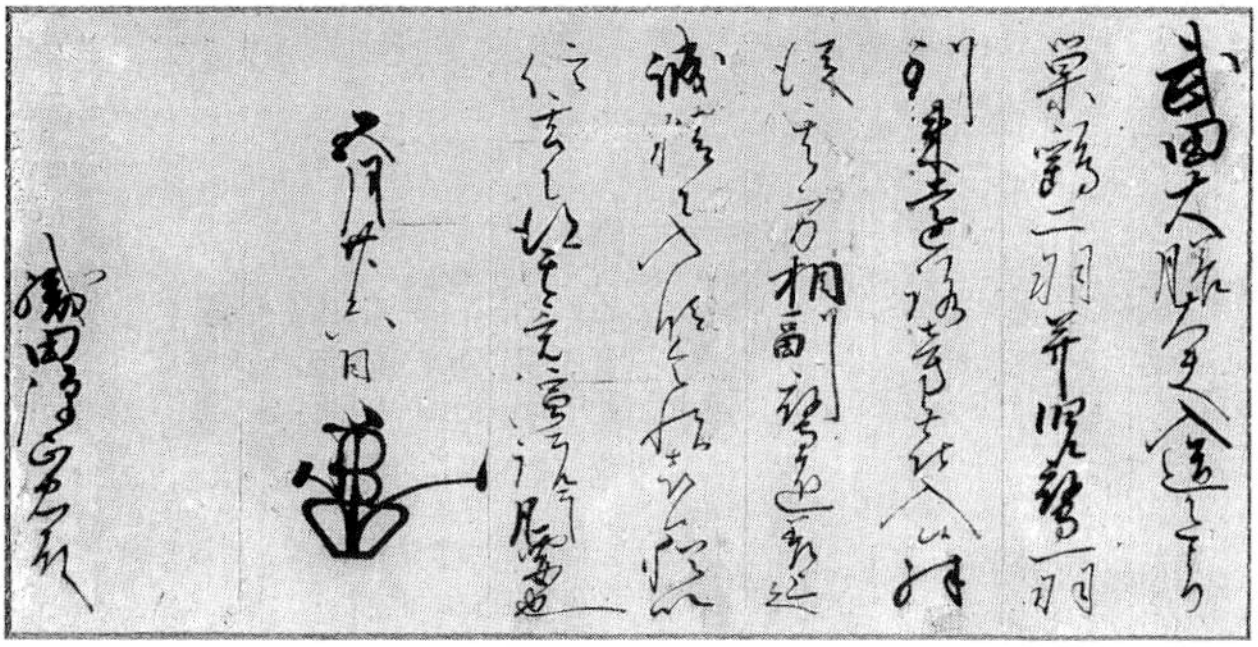

足利義昭御内書　5月26日付で年次は未詳。内容は甲斐の武田信玄から将軍義昭に贈られてきた巣鷂２羽と子鷹１羽に「織田弾正忠」信長が鷹匠を添えて進上したことに対する礼状。滋賀県立安土城考古博物館蔵

任《にん》の問題に絞り、信長と朝廷の関係を見ていきたい。

一、信長の官位（～天正三年）

尾張時代の信長は、上総介《かずさのすけ》を僭称《せんしょう》していた。僭称とは、朝廷による正式な任官ではなく、各自が勝手に名乗るものである。中世村落でも、村の鎮守の宮座《みやざ》において、宮座の構成員に対して村が独自に官職を与えていた。これを「官途成《かんどなり》」という。中世社会では、百姓も戦国武士も、独自に官職を名乗っていたのである。むしろ正式な任官は稀で、その場合も正規の任官手続きではなかった。官位は律令制の伝統を背負っているから、身分序列の機能は持っていた。しかし、それ以上に何か特別な効力を想定するのは無理であろう。

信長の場合、上総介の次の尾張守・弾正忠《だんじょうのちゅう》も僭称と思われる。信長が尾張守任官を朝廷に申し入れたとする説もあるが、根拠はない。永禄一一年（一五六八）の上洛直後には、足利義昭《よしあき》が信長を左兵衛佐《さひょうえのすけ》に推任するが、信長はこれを断った。義昭による官位推挙を避けた面もあるが、ここまでの信長に、官位を利用する意図がなかったことは明白である。

公卿の人名録である『公卿補任《くぎょうぶにん》』には、天正二年（一五七四）三月に信長が正四位下・参議に任官され、即日従三位に昇進したとある。将軍任官を望む信長はこれに満足せず、その十日後に東大寺の蘭奢待《らんじゃたい》を切り、朝廷に圧力をかけた、と奥野高廣氏は主張する。しかし蘭奢待の切り取りは、必ずしも朝廷への圧力とは限らない。そもそもこの時、信長は一切の官位に就いていない。翌年の従三位・大納言が、信

『公卿補任』天正二年の項

天正二年甲戌　四方拝有之。奉行、職事頭中将親綱朝臣
関　白　従一位　二条藤晴良　四十九
左大臣　従一位　西園寺同公朝　六十
右大臣　正二位　花山院同家輔　五十六　二月廿四日辞。
　　　　正二位　九條同兼孝　二十二　二月廿四日任。
内大臣
権大納言正二位　烏丸同光康　六十二
（三人略）
　　　　　　九条同兼孝　二十二　右大将。二月廿四日任右大臣。
　　　　従二位　一条藤内基　二十七
　　　　　　山科同言継　六十八　正月九日叙正二位。
　　　　　　勧修寺同晴右　五十二　正月五日叙正二位。
　　　　　　二条同昭実　十九　正月五日叙正二位。
　　　　従三位　足利源義昭　三十八　征夷大将軍。
（九人略）
参　議　従二位　水無瀬同親氏　六十一
　　　　正三位　高倉同永相　四十四
　　　　従三位　山科同言経　三十二　左衛門督。六月一日叙正三位。
　　　　正四位上　庭田源重通　二十八　右中将。正月五日叙従三位。
　　　　　　勧修寺藤晴豊　三十一　右大弁。正月五日叙従三位。
　　　　正四位下　三条西同公明　十九　右中将。
　　　　正四位下　織田平信長　四十一　三月十八日任。同日従三位（元弾正忠）
　　　　　　故弾正忠信秀男。
散　位
前左大臣従一位　近衛藤前久　三十九　前関白。御在国。
（十三人略）

長の初めての任官である。朝廷は、信長がいきなり高位へ任官した事実を糊塗するために、前年に遡《さかのぼ》って参議任官としたのである。さらに朝廷は、信長を従五位下に叙任する口宣案《くぜんあん》まで作成している。このような隠蔽工作をしてまで、朝廷は信長を官位に就けたかったのである。このように『公卿補任』は、武家官位に関しては誤りも少なくなく、その利用には注意が必要である。

天正三年五月に長篠の戦いで武田勝頼《かつより》に大勝した後、天皇は信長に官位叙任を勧めた。しかし信長はこれを断り、代わりに家臣団を官位に就けた。同年八月には越前一向一揆《いっこういっき》を平定し、恐れをなした本願寺は信長と講和した。そこで朝廷は再び信長に官位を推任し、今度は信長も受諾した。信長は十月初めから陣座《じんのざ》建立を開始し、十一月に従三位・権大納言、ついで右大将に任官した。義昭と同位ではあるが、陣座を建てての「本式」の任官であった。これによって、官位上においても義昭を追い越したつもりであろう。ほぼ同時に、美濃国岩村城攻略の功績によって、嫡男信《のぶ》忠《ただ》を秋田城介《じようのすけ》に任じ、表面上ではあるが、信忠に織田家の家督を譲っている。信忠の地位を明確にすると同時に、東北地方征服の意思を表明したのである。

こうして信長は、当時の武家のなかでは最高官位に就いたが、関白二条晴良《はれよし》をはじめ、信長より上位には十人以上の公家衆がいた。信長の地位は、彼らよりも下位に確定したのであろうか？　信長は権大納言任官とほぼ同時に、摂家《せっけ》以下の公家衆に知行宛行《ちぎようあてがい》を行っており、この時点で信長が公家衆に対して優位に立っていたと思われる。それを明示するのが、翌天正四年の二つの事例である。

信長は天正四年正月から安土城築城普請を開始するが、その一方で京都屋敷の造

安土城本丸跡　近年の発掘調査により、慶長年間に建造された内裏の清涼殿に似た構造をもつ建物跡が確認され、話題をよんだ。滋賀県安土町

営も行った。信長の弓衆であった太田牛一《ぎゅういち》『信長公記』には、従一位・関白二条晴良の屋敷がたまたま空き地だったので、そこに信長の京都屋敷を造営することにしたと記されている。しかし正三位・参議山科言経《やましなときつね》の日記『言経卿記』によれば、空き地になったのは信長の「申付《もうしつけ》」があったからである。この一件から、信長と関白の力関係は明白であろう。二条晴良から接収した屋敷は、天正七年に皇太子誠《さね》仁《ひと》親王へ献上され、誠仁は一家をあげてここへ移り住む。そして「下《しもの》御所」と呼ばれ、御所機能の一部を担うようになる。さらに本能寺の変のさいには、誠仁を御所へ避難させた後、信忠が明智勢と戦い自害する。

続いて同じく天正四年の興福寺別当職《べっとうしき》をめぐる相論《そうろん》である。五月末頃から、東北院兼深《けんしん》と大乗院尋円《だいじょういんじんえん》がこれを争い、朝廷では決着が付かずに信長の裁許が求められた。六月に信長は大乗院に決定するとともに、武家伝奏《ぶけてんそう》・勧修寺晴右《かじゅうじはれみぎ》（正二位・権大納言）、中山孝親《たかちか》（正二位・前権大納言）、甘露寺経元《かんろじつねもと》（正三位・権中納言）、庭田重保《にわたしげやす》（従二位・権大納言）の取計《とりはからい》が不届きとして「折檻《せっかん》」し、知行を没収し、家中を払った。四人の公家は「蟄居《ちっきょ》」「逼塞《ひっそく》」したが、八月初旬に許された。

四人の公家のうち、甘露寺の官職は信長よりも下位だが、位階は上位である。他の三人は、位階・官職ともに信長よりも上位ないし同等である。信長の地位は、律令官職に規定されていないことが改めて確認されよう。この一件で重要なことは、今後は「禁中之儀《きんちゅうのぎ》」について朝廷内で談合を加え、そのうえで信長の「御意《ぎょい》」を得ることが定められたことである。つまり信長は、朝廷に関する諸事の最終決定者となったのである。また公家衆の処罰・宥免《ゆうめん》も、信長の意向によるのである。

京都御所　御所は天皇の居所。信長の時代、正親町天皇の皇太子・誠仁親王は、信長から献上された二条御所に移ったため、天皇の居所を「上御所」といい、親王の住む御所を「下御所」といった。京都市上京区

このような信長は「僭上《せんじょう》」であり、朝廷側は反発を覚えたとみることもできよう。しかし、この相論は信長が介入したのではなく、朝廷側から信長に裁許を求めたのである。一寺院の人事すら調停できない朝廷は、信長の政治力に依存しきっていた。事実、信長は天正七年に禁裏《きんり》北門番を組織し、その勤役を命じている。信長の存在なくしては、朝廷は正常に機能しないのである。この状況は信長の死まで変わらないから、本能寺の変に朝廷（その一部にせよ）が関与したとは考えにくい。

二、信長の官位（天正四年〜）

信長は天正四年十一月に正三位・内大臣、同五年十一月に従二位・右大臣、同六年一月に正二位へと急激に官位昇進した。これは摂関家を上回るペースで、いずれ関白・太政大臣に任官することは時間の問題であった。

ところが、信長は天正六年四月、右大臣・右大将を辞官した。信長が官職に就いていたのは、僅《わず》か二年半である。正二位という位階にはあるものの、最大の実力者である信長の官職が無官であることは、異常といえば異常である。この信長の真意をめぐって、将軍任官を望むためにわざと辞官して朝廷を威圧したとか、朝廷離れの達成とみるなど、意見が分かれている。しかし、前者は、信長の将軍任官願望や朝廷への圧力が論証されているとはいえない。後者の朝廷離れ説については、信長自身が復官する可能性が皆無に等しいという点については同感である。しかし、嫡男信忠をはじめおもな家臣は官位をもっていたし、信長自身も無官ではあったが無位ではなかった点などから、朝廷離れの志向性があったとは考えにくい。そこで信

安土山より琵琶湖を望む　当時は、琵琶湖が山すそを洗っていたという。今は埋め立てなどによってはるか遠方に見えるかどうかになってしまった。滋賀県安土町

長文書を手がかりに、これを検討しよう。

辞官に関する信長文書は二通あり、頭右中弁《とうのうちゅうべん》・広橋兼勝宛《ひろはしかねかつあて》（以下A）と、勾当《こうとうの》内侍《ないし》宛（以下B）である。A・Bともに天皇側近宛で、事実上は正親町《おおぎまち》天皇宛といえる。ともに同時に発給され、信長が辞官する理由を述べたものであるが、その内容が微妙に異なっている。Aの内容をまとめると、①天下統一の事業がまだ終わっていないので、ひとまず辞任したい、②天下統一が達成された後に復官したい、③「顕職」を嫡男信忠に譲与したい、という三点になる。これに対してBの内容は、④「存子細」があるので官位を信忠に譲る、⑤今後も朝廷に対して油断なく馳走《ちそう》する、という二点である。以下、この五点を順に検討しよう。

まず問題となるのは、①の辞任理由である。額面通りに受け取れば、煩《わずら》わしい朝廷儀礼が天下統一の障害となるために辞任したことになる。しかし、在任中の信長は朝儀《ちょうぎ》に拘束されておらず、天下統一と朝儀は無関係である。従って①が真の理由とは考えられず、建前と考えられる。続いて②の天下統一後の復官希望は①と密接に関連しているが、①が虚構と考えられる以上、②もにわかには信じがたい。一般論としても、天下統一時に官位を利用することはあっても、統一後に復任する必要はない。従って、信長がいずれ将軍・関白・太政大臣等の官職に任官するつもりであったと考えるのは早計であろう。これらの官位を望んでいたのであれば、何も辞官する必要性はない。言い換えれば、信長は辞官することで、関白・太政大臣への昇進コースを自《みずか》ら断ち切ったのである。信長は天下統一に官位を利用しないことを宣言し、自らの武力で天下を統一する「天下布武《てんかふぶ》」の姿勢を明確化したのであった。

安土山より安土町を望む　信長は山下の城下に東山道を引いて、楽市楽座を認めるなど商人の誘致に努め、町の繁栄に貢献した。ちなみに「安土」は信長による命名という。滋賀県安土町

①・②がともに建前論であるのに対して、③・④はいわば本音と考えられる。AとBに共通する内容が、これだけであることがそれを裏づける。信忠に官位を譲るのが、辞官の真の理由だったのである。信忠の織田家後継者としての地位はいまだ確立されておらず、信忠への「顕職」譲与をすることで、次男信雄《のぶかつ》・三男信孝《のぶたか》との差別化をはかり、官位制度の尊卑観念を利用して、信忠の後継者としての地位を確立しようとしたのである。この後の信忠の昇進はなかったが、朝廷側は信忠を信長の後継者として待遇している。信長は官位制度を利用したが、これは官位制度や天皇・朝廷権威への依存ではない。なぜなら、最後の⑤にあるように、天皇・朝廷側は信長の「馳走」＝保護を求めていたからである。辞官によって信長の保護を失うことを恐れた朝廷に対し、信長は保護政策の継続を保証したのである。

以上みてきたように、Aは全体的に建前論であり、Bにも共通する③（信忠への官位譲与）のみが現実に即した内容であった。Bは女官宛であるせいか、非公式的性格をもちつつ、それゆえに本音が語られているとも言える。④・⑤ともに信頼できる内容である。従来の研究は、社交辞令である①・②に依存していたため、信長の官位政策を十分にとらえることはできていなかったといえる。

辞官によって、信長が官位体系から自由になったと評価されることが多いが、右大臣・右大将辞官後も位階は正二位のままであり、形式的には官位体系のなかに位置付けられている。このことを理由に、「朝廷離れ」達成説への反論として、信長が朝廷の枠内に拘束されていたとみなすことも一応可能である。しかし、官位在任の有無という形式的な観点から、信長の政治的地位が官位体系の内か外かを議論す

ることはあまり生産的ではないと思われる。前述したように、信長の地位は在任中も官位体系の外にあったからである。

なお、Ａ①で天下統一を述べる際に、信長が東夷《とうい》・西戎《せいじゅう》・南蛮《なんばん》・北狄《ほくてき》の語を使用しているのは注目される。古代日本では、蝦夷《えみし》だけでなく、西南に位置する隼人《はやと》・熊襲《くまそ》なども「東夷」であった。これはヤマト王権からではなく、中国王朝からみているからである。中世社会においても、彼らを西戎・南蛮と呼ぶことはなかった。ところが信長は、東夷・西戎・南蛮・北狄を征討して「四海平均」＝天下統一すると述べている。信長は、中国王朝から自立した華夷《かい》意識をもっていたのである。このことは信長の政権構想とも関わってくる。

安土城天主台の礎石　天主台の上には５層７階の壮麗な建物が天を仰いでいたが、変の直後、原因不明の失火によって信長の築いた天主は焼失してしまう。安土駅前の町立城郭資料館には20分の１の模型が展示されている。滋賀県安土町

三、京都馬揃と左大臣推任

天正九年（一五八一）二月二十八日・三月五日の京都馬揃は、その華麗さと規模の大きさから、当時大きな話題となった。天下統一が未完成であった当時、いまだ服属しない諸大名へのデモンストレーションでもあり、「六十余州へ可相聞《あいきこえるべき》」ことを意識したものだった。

正月十五日に安土で爆竹＝馬揃を行った信長は、二十三日に明智光秀に京都馬揃の準備を命じた。禁裏上御倉職《かみみくらしき》・立入宗継《たてりむねつぐ》の『立入左京亮入道隆佐記』には、馬揃を希望したのは朝廷側だったと記されている。それにも拘《かかわ》らず、馬揃を朝廷への軍事的威圧とみなす研究が跡を絶たないのは不思議である。三月五日の再馬揃は朝廷のアンコールに応じたもので、二月二十八日よりも小規模であり、「右府御馬廻《うふおうままわり》

摠見寺三重塔　信長が創建した当時のままで、国の重要文化財に指定されている。摠見寺には百々橋口から行くとよい。滋賀県安土町

衆計《しゅうばかり》」に過ぎなかった。馬揃に威圧の意図があれば、二回目は前回よりもさらに大規模にするであろう。皇太子誠仁《さねひと》親王が女房《にょうぼう》衆に紛れてお忍びで再馬揃を見物しているように、馬揃はイベントであった。喜んだ朝廷側のアンコールに、信長はとりあえず応じたに過ぎない。馬揃＝軍事パレード＝威圧というイメージは、戦前・戦中の日本軍のイメージと結びついたものではないか。

ところで、信長の馬揃は京都だけではない。安土では、前述した正月十五日の他に、八月一日と翌天正十年正月十五日にも行われている。これ以前からも、信長は「御狂」と称して馬を乗り廻し、気を晴らしている。安土の住民にとっては、七月十五日のお盆に、安土城天守閣や惣見寺《そうけんじ》などに多数の提灯《ちょうちん》や松明《たいまつ》を吊ってライトアップしたイベントと何ら変わりはない。また、秀吉の北野大茶会は、信長の馬揃を連想されている。茶会が威圧でないことは明白であろう。

それでは、朝廷側はなぜ天正九年に馬揃を要望したのであろうか。結論からいえば、誠仁親王の生母新大典侍《しんおおすけ》（万里小路秀房《までのこうじひでふさ》女）が前年十二月二十九日に急死したことにより、新年の賑《にぎ》わいが消え、京都を覆った沈滞ムードを一掃する目的から、京都馬揃は行われたのである。天正九年正月の朝廷儀式は、元旦の四方拝《しほうはい》こそ通常通りであったが、四日の千秋万歳《せんしゅうばんぜい》は鼓なしで舞われ、十五日の三毬打《さぎちょう》は誠仁親王の吉書を伴わず、十八日の三毬打は囃子《はやし》が省略され、十九日の歌会始は中止された。これは朝廷だけでなく、一般的な状況でもあった。このような重苦しい雰囲気のなか、安土での馬揃の評判を聞いた朝廷側が、自発的に京都馬揃を望んだのであろう。信長にとっても、生母との離別を悲しむ誠仁を励まし、同時に京都町衆や諸国の大

西教寺の勅使門　勅使門は天皇から使者が遣わされる格式を与えられた寺社などに許される勅使送迎の門。信長は何度も勅使を迎えているが、安土城など城郭には勅使門がなかったのであろうか。滋賀県大津市

名へのデモンストレーション効果を期待できた。こうして天正九年にだけ、京都で馬揃が実施されたのである。翌天正十年正月にも安土で馬揃は行われたが、京都ではその計画すらない。京都で馬揃を行う理由がないからである。

京都馬揃に対し、朝廷では信長を左大臣に推任し、勅使《ちょくし》を三月一日と九日に派遣した。辞退する信長に対して、朝廷は再度推任を要請したのである。勅使派遣を信長の強要とみる説もあるが、これは京都馬揃を威圧とみる説なので成立しない。朝廷は一貫して信長を官位に就けたがっており、左大臣推任は馬揃への「御礼」と考えられる。朝廷側が自発的に官職を推任することは、信長の父信秀《のぶひで》に三河守《みかわのかみ》をプレゼントしたことと同様である。

四、正親町天皇の譲位問題

天正九年（一五八一）三月九日の左大臣推任勅使に対し、信長は交換条件として正親町天皇譲位・誠仁親王即位を持ち出した。これをうけた朝廷側は、「御かへり事よろしくて。めてたし〳〵」と喜んでいた。しかし四月朔日に、急に「御譲位之《の》事、当年依金神《こんじん》延引」と決定し、信長の左大臣推任も沙汰やみとなったのである。

譲位延期の理由である「金神」とは、陰陽道《おんみょうどう》でいう金気の精で、殺伐を好む恐るべき神であり、この神の方位は大凶方とされる。この年は北・北東・東で、誠仁親王の下御所《しものごしょ》からは内裏《だいり》が北北東にあたる。しかし、これは方違《かたたが》えで克服することができる。また金神は最初からわかっていたことで、三月九日や四月一日に突如お

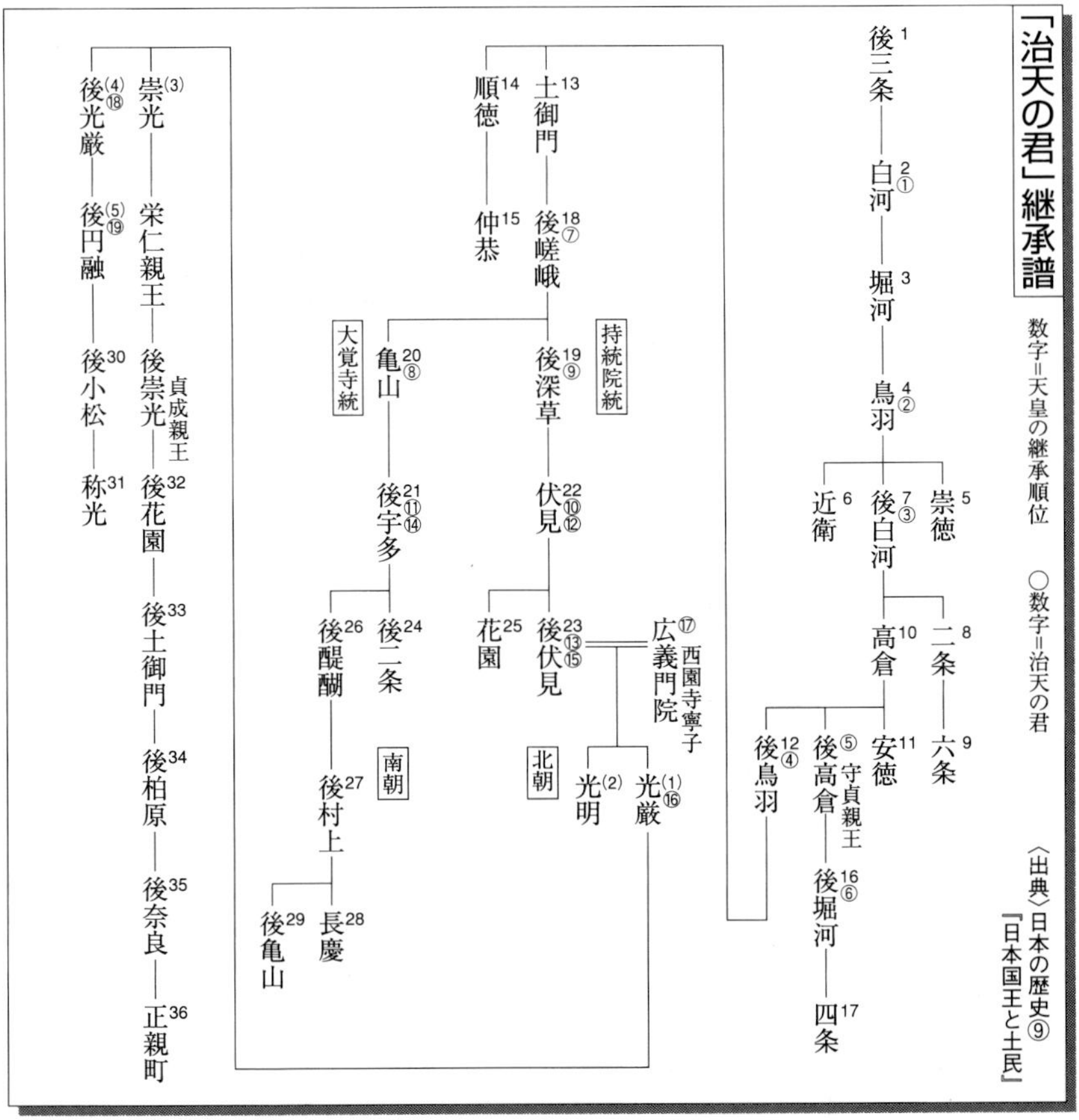

こった問題ではない。譲位延期の真の理由は、他にあると考えるのが自然である。

ここでまた主張されるのが、信長が譲位を強要しており、朝廷は「金神」を名目にして何とかそれを乗り切った、という公武抗争史観である。これは俗耳に入りやすい説であるが、天皇のあり方が視野に入っていない。古代の院政期以降、天皇は譲位して上皇となり、上皇が治天《ちてん》の君《きみ》として君臨するのが中世朝廷の常態であった。むしろ譲位が行われず、天皇が死ぬまで在位する戦国期の「終身天皇（在位）制」の方が異常であった。後花園《ごはなぞの》天皇が譲位し、後土御門《ごつちみかど》天皇が即位した寛正五年（一四六四）以降、既に百年以上も経っていた。新天皇が即位すれば即位礼・大《だい》嘗会《じょうえ》を行わなければならないが、戦国期に大嘗会は行われず、即位礼につい

安土城の伝・織田信忠邸跡　安土城跡（国指定史跡）には、大手道左右の羽柴秀吉邸・前田利家邸など、信長の部将や子弟などで屋敷跡の伝承がある場合にかぎり、その地に案内の標石が置いてある。滋賀県安土町

ても後土御門天皇は二十二年も遅れてようやく実施できたのが現状である。その原因は財政難である。従って、財政問題さえ解決すれば、朝廷側は譲位を積極的に望んでいた。信長の保護によって即位礼が可能となり、正親町天皇五十七歳、皇太子誠仁親王二十二歳の当時、譲位が取沙汰されても不思議はない。

信長期に天皇譲位の問題が表面化したのは天正九年が初めてではなく、天正元年にもあった。天正九年時の譲位関連の史料は少ないので、天正元年時のものを使って説明しよう。この時は信長に宛てた正親町天皇の自筆消息がある。その内容は、信長が正親町天皇の譲位を内々に申し入れたことについて、後土御門天皇以来代々の天皇は譲位を望んでいたけれどもそれができずにいたので、信長の申し出は奇特であり、「朝家《ちょうけ》再興の時いたり候」と頼もしく感じている、というものである。

信長が譲位の申《もうし》沙汰をする（＝経費を持つ）ことで、譲位は可能となった。これは天皇の素直な気持ちであろう。譲位＝朝家再興なのである。この時は「当年既無余日」ことを表向きの理由に、譲位は延期となった。しかしこの後も朝廷側は、天正三年六月と翌年六月にも礼服風干《ふうかん》を行って即位礼に備えている。朝廷が譲位を希望していたことは確実である。

ここで天正九年に戻ろう。信長は左大臣推任の交換条件として譲位を持ち出し、そのうえで「金神」を理由に譲位を延期した。すべては左大臣推任を断るための方便だったのである。朝廷が正式に勅使を二度も派遣した左大臣推任を断れば、朝廷の顔に泥を塗ることになる。信長は朝廷に傷がつかないように配慮したのである。この教訓があったからこそ、翌年の三職推任は公家ではなく女房衆が勅使となり、

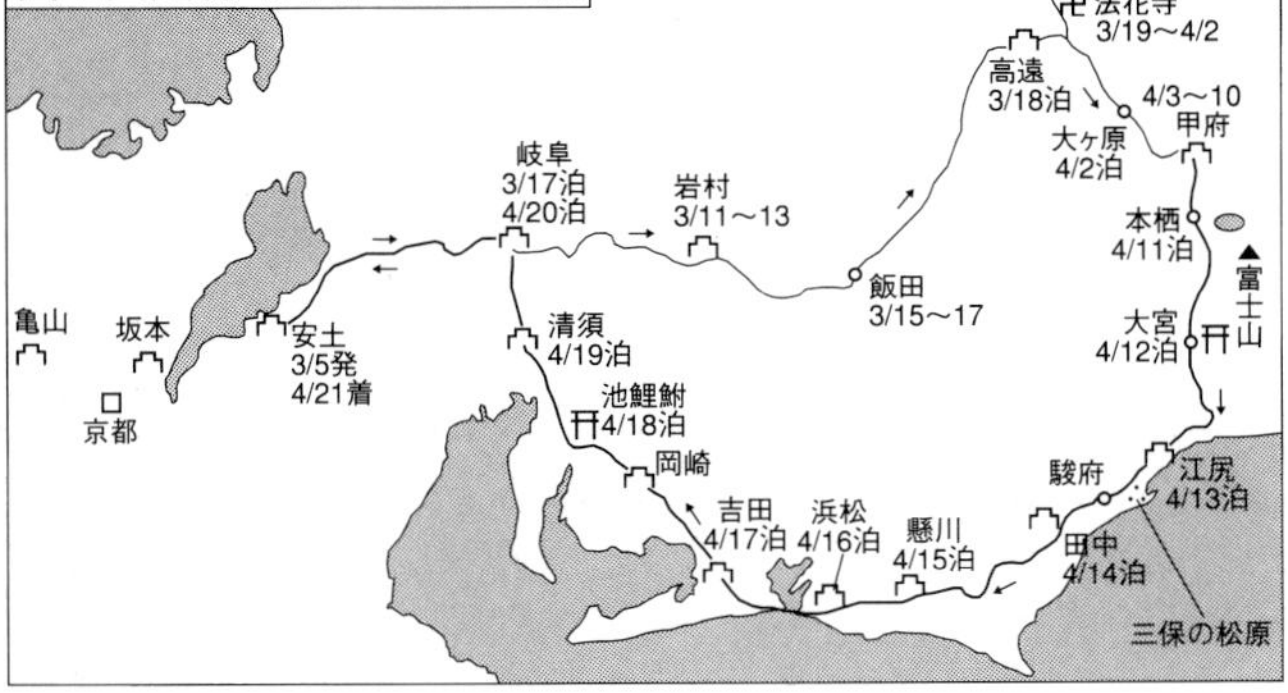

富士山見物・東海道遊覧の旅

さらには目立たぬように京都ではなく安土で推任をした。さらには信長側の意向を確認するために村井貞勝《さだかつ》と打ち合わせまで行ったのである。

信長が左大臣推任を断ったのは、嫡子信忠のためである。ここで信長自身が復官しては信忠への官位委譲の意味がない。あくまでも信長本人を官位に就けて、朝廷につなぎ止めておこうとする朝廷の意向は哀しいほどである。これを対立と言えば対立であるが、本能寺の変に繋がるような問題ではない。

五、信長と三職推任

天正十年（一五八二）三月十一日、武田勝頼《かつより》は自害した。長年の仇敵であった武田氏の滅亡である。勝頼らの首が京都で獄門にかけられたその日、朝廷は万里小路《までのこうじ》充房《あつふさ》を勅使として甲斐国へ派遣し、戦勝を祝した。信長は旧武田領国の知行割《ちぎょうわり》をし、ゆっくり富士山見物をした後、四月二十一日に安土へ凱旋した。翌二十二日には武家伝奏・勧修寺晴豊《はれとよ》が勅使として安土へ下向し、二十四日に帰京した。

翌二十五日、晴豊は信長家臣で京都奉行（後の京都所司代）の村井貞勝を訪ねて、安土への勅使派遣を協議している。ここで、信長を太政大臣か関白か征夷大将軍のいずれかに推任することが示されたのである。すぐに朝廷は勅使の人選に入り、上臈局《じょうろうのつぼね》と大御乳人《おおおちのと》を勅使とし、晴豊を付き添いと決定した。朝廷側の信長への対応は、村井と相談のうえで行われるのが通例であるが、武田氏滅亡に関連して既に二回勅使を派遣しており、さらに勅使を派遣するというのである。

ここで問題となるのは、三職推任の提案者が誰なのかということである。晴豊の

誠仁親王消息（「畠山記念館所蔵文書」）

万、御上洛の時、申候へく候、めてたくかしく、
天下弥静謐に申付られ候、奇特、日を経てハ猶際限なき　朝家の御満足、古今無比類事候へハ、いか様の官にも任せられ無由断馳走申され候ハん事肝要候、余りにめてたさのまゝ御乳をもさしくたし候、此一包見参に入候、
前右府との　（誠仁親王花押）

日記『晴豊公記』には「太政大臣か関白か将軍か御すいにん候て、可然候よし被申候」とある。末尾の「然《しか》るべく候」を晴豊に「被申（＝申され）」た人物が、三職推任の提案者である。最近の説では、これが天皇の発言であれば「申され」ではなく「被仰（＝仰《おお》され）」と表記されるはずであり、晴豊自身の発言であれば、「申され」と敬語表現するはずはない。従ってこの発言者＝三職推任の提案者は村井貞勝であり、これは信長の意を受けての提案であるという。これは重要な問題提起である。

しかし、天皇の発言が必ず「仰され」と表記されるわけではない。「然るべく候」と「申され」たのが天皇であり、三職推任は朝廷側の提案だったとの解釈も可能である。また、『晴豊公記』には「被」の語が省略されていたり、逆にあるとおかしい箇所に「被」が記されている場合もある。問題の箇所も、本来は「申し」とあるべきところを、晴豊が誤って「申され」と記した可能性もある。そうすると「然るべく候」の発言者は晴豊となり、三職推任は晴豊＝朝廷側の提案となるのである。つまり、この部分の解釈だけでは、三職推任の提案者は判明しないのである。

ところで、この推任がある官職を特定していないことは重要である。例えば、信長が将軍任官を熱望しており、村井がその意向を受けていたのであれば、「太政大臣か関白か将軍か」ではなく、将軍を指定するはずである。これは関白や太政大臣でも同じである。従って、貞勝は信長から特定の官位を指示されていないとする方が自然であろう。この後、勅使が安土に持参した誠仁親王書状には「いか様の官にも任せられ」とある。「いか様の官にも」＝「太政大臣か関白か将軍か」という推任にあるように、結局、信長がどの官位を望んでいるか分からず、どの官位に推任

安土町に残る堀割　信長は琵琶湖から水路を引き、水運の便をはかった。写真はセミナリヨ跡と推測される辺りの堀割。滋賀県安土町

すればよいか誰も分からなかったのである。

信長は将軍任官を熱望していたはずだ、将軍こそが武家の棟梁《とうりょう》にふさわしい官職だ、とよくいわれる。しかしこれは、ことさら将軍職を神聖化しようとする江戸幕府の作為によって作り出された、いわば徳川史観である。将軍任官を望む秀吉が、足利義昭に養子入りを断られ、仕方なく近衛前久《このえさきひさ》の猶子《ゆうし》となって関白《かんぱく》に任官したという逸話がその典型である。むしろ当時の秀吉にとって関白のほうが、将軍任官よりもずっと難しかった。事実、秀吉は将軍任官を断っている（『多聞院日記』天正十二年十月十六日条）。当時の将軍職が天下人にふさわしいとは言えないのである。

ある説によれば、この時信長は三職のいずれかへの叙任を望んでいたのではなく、推任勅使を迎えて既成事実を確保するのが目的だったという。そして三職推任に対する信長の回答は、保留であった可能性があるともいう。さらには、信長の真の目的は三職のいずれにも任官することであり、なかでも将軍が本命であったという。この説の問題点は、あえて指摘しない。公武対立史観に立ち、信長が朝廷に何か強制していたと考える限り、このように奇妙な見解になってしまうのである。

三職推任の提案者に話を戻すと、それは貞勝でも晴豊でもどちらでもよい。重要なことは、これが貞勝と晴豊の間で発案されたことであり、信長も朝廷全体もこれに関わっていないことである。提案者不明のままとして、勅使の動きを追ってみよう。勅使一行は五月三日早朝に京都を出発し、翌四日には安土城に登城した。晴豊らが安土に登城すると、勅使が呼ばれて成水（鳴海カ）という者の所へ行き、晴豊は松井友閑《ゆうかん》の所へ行った。付添《つきそい》の晴豊と勅使とでは、待遇が異なるのである。なお、

安土城の伝・森蘭丸邸跡　蘭丸邸は右。左は織田（津田）信澄邸。蘭丸（乱、1565－82）は、宇佐山城主・可成の子。奏者として信長の側に詰めており、変の時は信長を守って、二人の弟とともに奮戦した。滋賀県安土町

晴豊を付添ではなく勅使と見なす説もあるが、同じ勅使が別の場所に案内されるはずはない。自説に拘泥するあまりの牽強付会であろう。

晴豊の所へ信長は森成利《なりとし》（乱丸）を遣わし、どのような勅使か尋ねた。武田氏滅亡を祝う勅使を迎えたばかりで、再び別の勅使がやってきたのであるから、信長が奇異に思ったのも不思議ではない。森の問いに対して、晴豊は「関東を平定してめでたいので、将軍に推任する使いである」と答えた。朝廷の正式な推任は「いか様の官にも」であるから、付添の晴豊が個人的に「将軍がふさわしい」と述べたのである。

これを聞いた森は、「御書」（進物に対するたんなるお礼状として書かれた信長書状）を持って再び信長の許へ戻った。この後、信長の右筆《ゆうひつ》楠《くすのき》長諳《ちょうあん》が使いとなり、「勅使である上﨟局に会うべきではあるが、推任への返事もしないで勅使に会うことはいかがかと思われるが、晴豊はどう思うか」と尋ねた。晴豊は「ぜひとも勅使と会って欲しい」と述べたので、信長は両御所（正親町天皇・誠仁親王）への返書を再び認《したた》めたのであった。晴豊から勅使の使命を聞いて、最初の返書では不都合と考えた信長は、返書をさらにもう一通追加したのである。長諳が伝えた「推任への返事もしないで勅使に会うのはいかがか」という信長の応答を根拠に、信長は推任に対して回答しなかったとする説もある。ところが、その後に信長は「かさねて又」返書を認めており、これには三職推任への回答があったと考えるのが自然であろう。

信長の返書の内容は、残念ながら『晴豊公記』には記されていない。しかし、それを推測することはできる。帰京した勅使は信長の回答を天皇と村井貞勝に報告し

本能寺　本門法華宗の大本山。信長の時代は、五条坊門にあったが、秀吉の京都改造により、現在地に移転した。現在の建物は昭和３年の建立。境内には、信長廟のほか、戦死者の供養塔などがある。京都市中京区

た。仮に信長が三職のうちのどれか一つを回答したならば、信長の復官準備が進められ、『晴豊公記』に限らず他史料にもその動きが記されるであろう。あるいは、信長が回答を保留したならば、その直後に信長が上洛したさいに、村井や晴豊が何らかの動きを示すであろう。しかし、それらはまったくない。信長の回答は「NO」だったとしか考えられないのである。

おわりに

信長と朝廷との間に、本能寺の変につながるような深刻な対立はない、というのが筆者の立場である。本能寺の変の前日に話題となった三島暦《みしまれき》の問題は、信長による天皇支配権の侵害であるとよく言われる。しかしこれは特別な問題ではないという見解もある。三島暦じたいは、これ以前にも朝廷で話題になったことがあり（『宣忠卿記』天文八年四月三日条）、朝廷にとって目新しい問題ではない。

それでは、三職推任を断った信長の真意はどこにあったのか。それを裏づける国内史料はないが、イエズス会宣教師の記録のなかにヒントがある。かつて信長は、「余が国王」であると認識していた。そして本能寺の変の直前には、「毛利（氏）を征服し終えて日本の全六十六ヵ国の絶対領主となったならば、シナに渡って武力でこれを奪うため一大艦隊を準備させること、および彼の息子たちに諸国を分け与えることに意を決していた」という。信長は、中国王朝から自立した華夷《かい》意識をもっていた。武威に裏づけられて、信長は明《みん》を征服して中華帝国を樹立する「中華皇帝」を意識していたのである。

安土城跡の信長廟　安土城の二の丸跡に、秀吉が造営したという信長廟が緑濃い木立のなかにひっそりと建っている。滋賀県安土町

「日本国王」から「中華皇帝」へ。信長・秀吉の構想は、日本から東アジアへと展開した。これが天皇・朝廷と共存するものだったことは、秀吉の「三国国割《くにわり》計画」にも明らかである。公武結合王権の枠組みは存続するのであるが、その構造は変化する。天下統一によって武威の比重は高まり、公家勢力はそれぞれの「家道」に専念し、現実政治から隔離される。そして「華夷変態」という東アジアの変動の背景には、武威があった。しかし朝鮮侵略の失敗と島原の乱は、天下人の武威に翳《かげ》りを見せた。ポルトガルと断交し、その報復を恐れて沿岸防備体制を布《し》き、いわゆる「鎖国」が成立するのである。

本能寺の信長の墓　京都市中京区

史料 「天正十年夏記」
（「日々記」）五月二十三日条〜六月十四日条

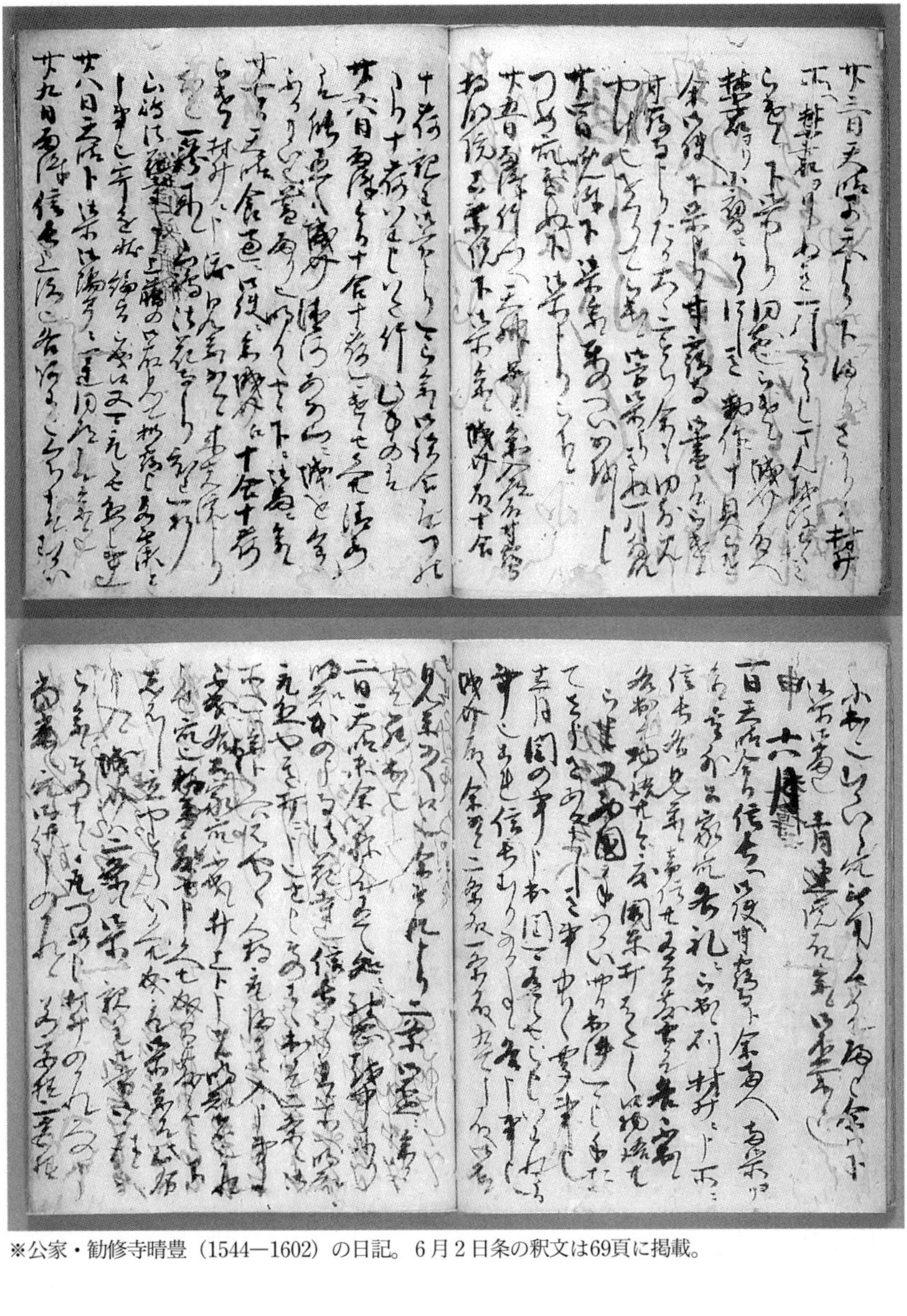

※公家・勧修寺晴豊（1544—1602）の日記。6月2日条の釈文は69頁に掲載。

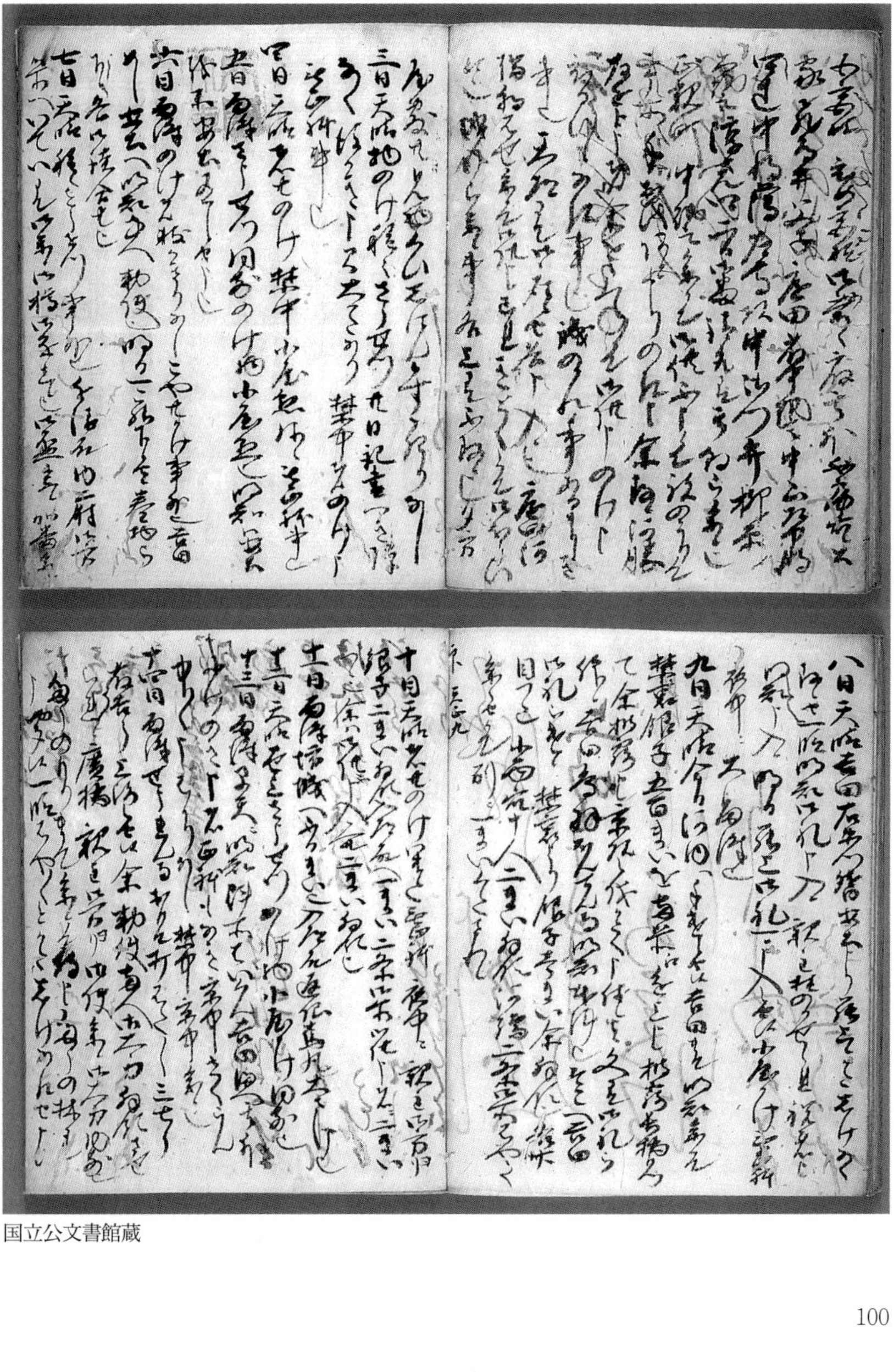
国立公文書館蔵

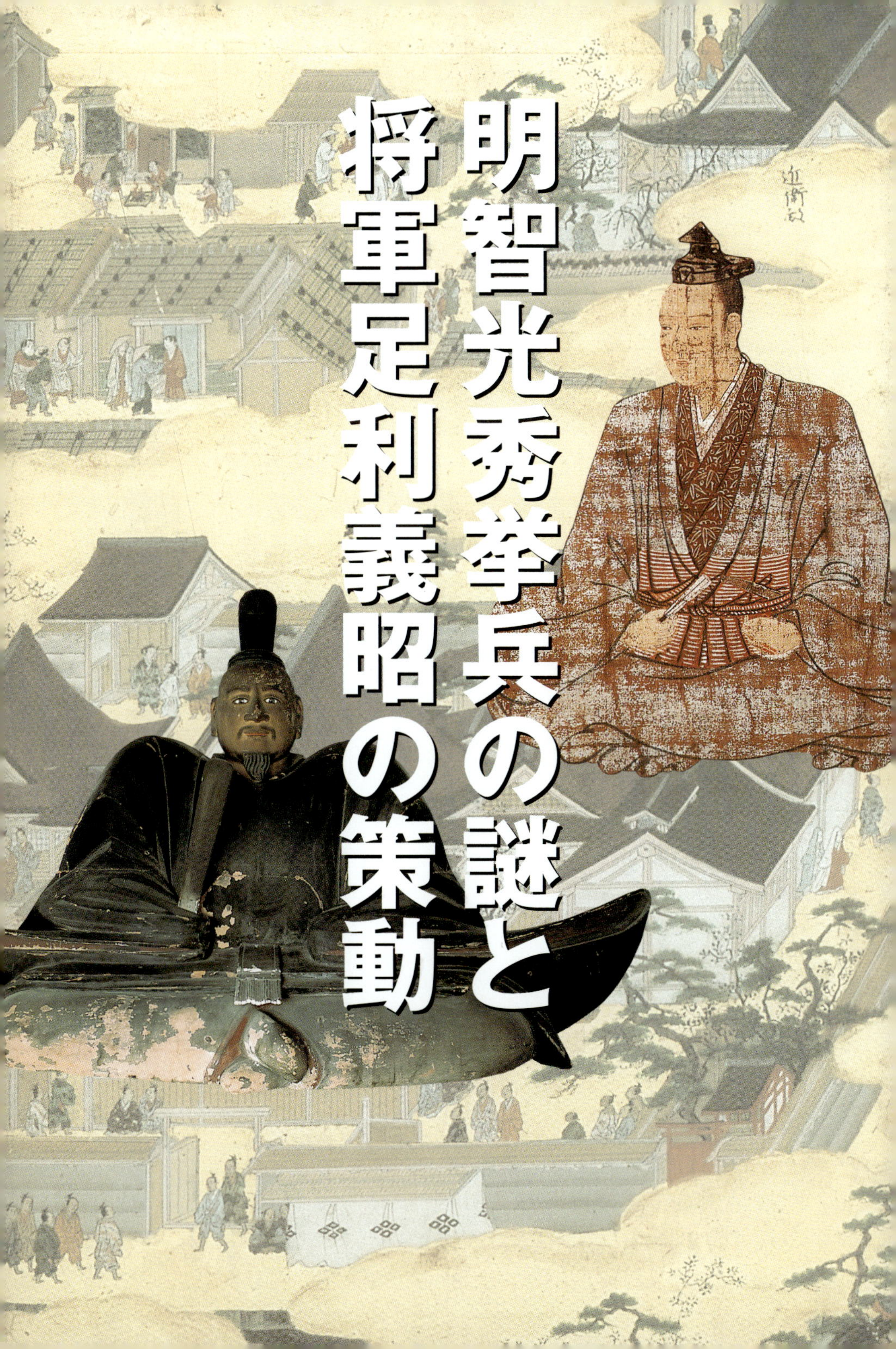
明智光秀挙兵の謎と
将軍足利義昭の策動

明智光秀と本能寺の変

重臣・明智光秀と主君・織田信長との間には、いつ頃から確執があったのか？
天正十年（一五八二）三月、武田攻めに出発するまでの主従関係は良好だった。
信長の四国政策の転換と斎藤利三の動向に、政変の背景や要因を探る。

作家
桐野作人

光秀と信長——本能寺の変までの二年間

明智光秀の織田信長父子打倒を、公家の吉田兼見《かねみ》や山科言経《やましなときつね》はその日記に「謀叛」と記している。光秀本人の言葉ではないが、意味するところは示唆的である。光秀はなぜ「謀叛」という行為に出たのだろうか。そこには信長との深刻な対立や矛盾、あるいは織田権力内部での抗争といった政治的背景が伏在したであろうことは容易に推察される。「謀叛」があくまで政治的行為である以上、光秀をそれに駆り立てた背景や要因もまた政治的に究明されなければならない。

そのためには、光秀と信長がどのような関わりをもったのか、そしてその関係に「謀叛」につながる何らかの契機が生じたのか、生じたとすればいつ、どんな形でか、信頼できる史料で可能な限り追究していく必要がある。とりあえず、織田権力にとって最大の政治・軍事的課題だった対本願寺戦が終結した天正八年（一五八〇）以降のおよそ二年間に絞って明らかにしてみたい。この年を画期とするのは、光秀

近江坂本城跡（右）　近年、公園として整備され、光秀を顕彰する意味で、光秀像などが建てられた。滋賀県大津市

明智光秀木像　光秀の領地だった丹波周山（現・京都府京北町周山）の慈眼寺に祀られている。領地での光秀の評価がうかがえるが、江戸時代は黒く塗って誰だかわからないようにしていたという。右肩に明智の家紋・桔梗紋が見える。「周山」という地名は光秀が命名したと伝わる。

側からみると丹波《たんば》国を拝領した年であり、信長側からみると佐久間信盛改易《のぶもりかいえき》を契機に権力再編成が新たな段階に入った年だからである。

（a）同年八月、信長は老臣で本願寺攻めの総大将だった佐久間信盛父子を「武篇《ぶへん》道《どう》」怠慢を理由に改易した。『信長公記』巻十三によれば、信長は十九ヵ条の自筆折檻《せっかん》状を示した。その第三条に「丹波国日向守《ひゅうがのかみ》働き、天下の面目をほどこし候。次に羽柴藤吉郎、数ヶ国比類なし、然《しか》て池田勝三郎小身といひ、程なく花熊《はなくま》中付け」とあり、丹波国を平定した光秀の功績を筆頭に挙げている。とくに中国数ヵ国を切り取った羽柴秀吉よりも光秀を高く評価しているのが注目される。

（b）翌九年二月、信長は朝廷の要望を受けて洛中で馬揃《うまぞろえ》を挙行した。それに際して、信長は光秀に朱印状を与えて奉行役を命じている。[1]この馬揃には畿内近国の信長の一門・連枝《れんし》や有力家来衆、さらに陣参公家衆や旧公方《くぼう》衆も参集することになっていた。光秀は彼らの差配全般を委ねられたのであるから、信長の信任のほどがうかがわれる。なお、信長朱印状の冒頭に「先度は、爆竹《さぎっちょう》諸道具こしらへ、殊にきらびやかに相調《ととの》へ、思ひよらずの音信、細々の心懸神妙候《こころがけしんみょうにそうろう》」とあることから、京都馬揃に先立つ正月十五日、安土城下の馬場で挙行された「爆竹」でも、光秀が信長の意に添うようその仕度や手配をきめ細かく行ったこと、また信長への正月の音信（進物）も細かな心遣いをしたことが判明する。

（c）翌十年正月元旦、安土に新年の挨拶のため多数の人間が祗候《しこう》した。堺《さかい》衆の天王寺屋宗及《そうぎゅう》も祗候した一人で、安土城本丸にある「御幸之間《みゆきのま》」（行幸

坂本城の城門　聖衆来迎寺（天台宗）の山門は、坂本城の城門を移したものと伝わり、唯一の遺構である。なお、同寺には浅井・朝倉連合軍に攻められ、戦死した宇佐山城主・森可成（乱丸兄弟の父）の墓がある。光秀は、元亀２年（1571）に可成の後任として滋賀郡を与えられ、坂本城を築いた。滋賀県大津市

の間）を見学した。そして、宗及はその日記に「惟任《これとう》日向守殿・宮内法印《くないほういん》一番也」と記している。光秀と松井友閑《ゆうかん》がまず最初に信長に拝謁したのであろう。秀吉や勝家が地方在国中とはいえ、光秀の織田家中での地位の高さがうかがわれる。

（d）正月七日、宗及はその足で坂本城を訪ねて光秀の茶会に出た。主人の光秀、宗及、山上宗二《やまのうえそうじ》の三人である。この茶会の様子や茶道具などを記した宗及の日記には「床《とこ》ニ上様之御自筆之御書、カケテ」という一節がある。光秀は床の間に信長自筆の書を飾っていたのである。茶室の床は上段の意味があり、象徴的な貴人座であったという（『角川茶道大事典』）。つまり、光秀の行為は信長の書を擬人化して床に信長を配するものであり、信長への並々ならぬ敬意を示している。

（e）三月五日、信長は甲州攻めのため安土を進発した。光秀も同日に出陣している。前日の四日、明智勢が京都を通過した。その様子を公家の勧修寺晴豊《かじゅうじはれとよ》が日記に書き留めている。(2)

四日　天晴、今日明知《（光秀）》人数しなの《（信濃）》へちり〱《（散り散り）》とこし《（越）》候也、今度大事ノ陣之由《よし》申、人数各しふ〱《（渋々）》したるてい《（躰）》にてせうし《（笑止）》なるよし《（由）》、京ハらへ《（童）》之言也、

一方、吉田兼見の親戚の儒医吉田浄勝《じょうしょう》も安土で明智勢の出陣を目撃し、兼見に「日向守殊更《ことさら》多人数、奇麗《きれい》之由」と伝えている。(3)

双方とも第三者の主観的な印象である点は共通しているが、やや相反した箇所もある。晴豊の日記では「ちり〱」と「しふ〱」という表現が明智勢の士気の低さを物語っているようにみえるが、「ちり〱」は明智勢が丹波衆・坂本衆・山城《やましろ》衆などで構成されているから分散して安土へ向かったのは当然だし、「しふ〱」

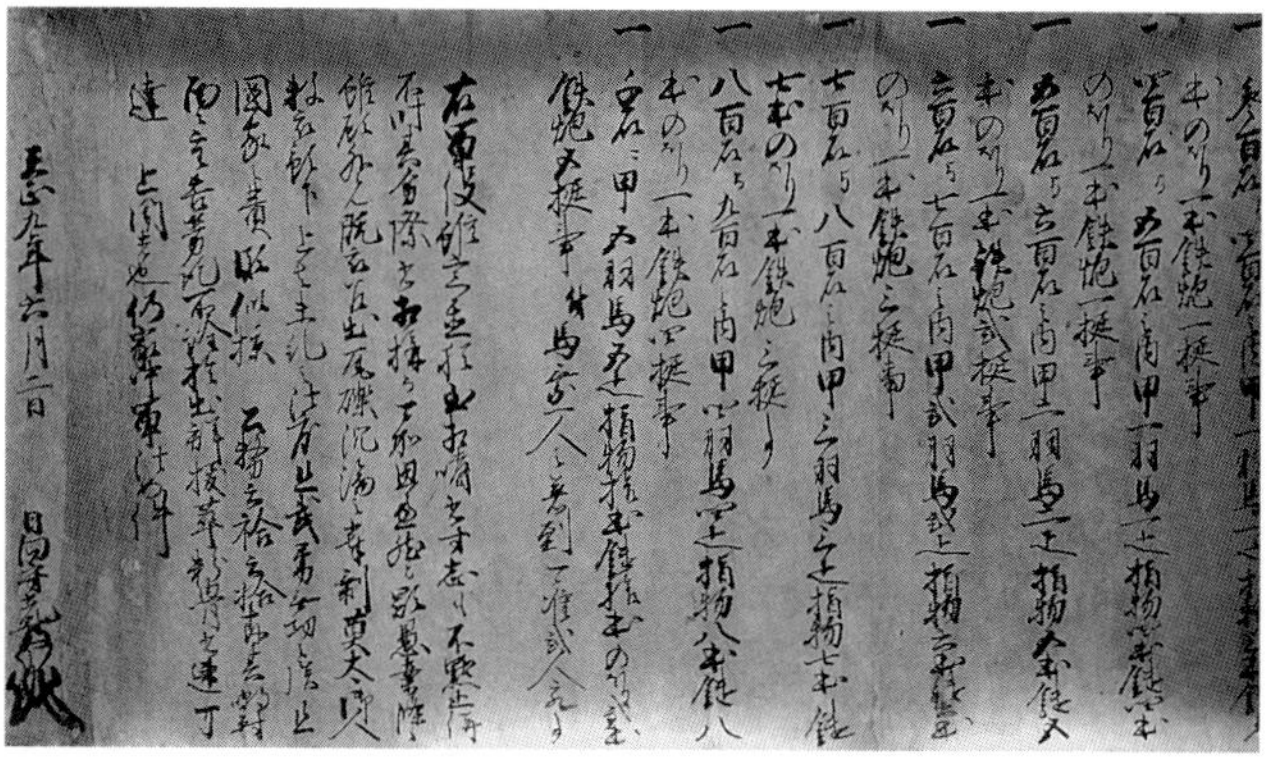

明智光秀家中軍法　天正9年6月2日付（『御霊神社文書』）。光秀が百石から千石までの知行高に応じた軍役を細かく規定したもの。その末尾で、家臣に対して「上聞」＝信長への奉公を強調している。福知山市・御霊神社蔵

も遠征の苦難を思えば無理もない。明智勢に限らず、筒井順慶《じゅんけい》の大和《やまと》衆も甲州出陣を「殊更遠国迷惑之由」と受け止めているくらいである（『蓮成院記録』）。

そのように考えれば、兼見の日記にあるように、光秀の軍勢が「殊更多人数」であった点に注目すべきであろう。『信長公記』によれば、二月九日、甲州出陣に際して、信長は「条々御書出《おんかきだし》」と呼ばれる軍令を発している。その末尾に、「遠陣」なので「人数」は少なくてもよいが、人数を多く引き連れる分には「粉骨」を抽《ぬき》んずることになる旨記されている。光秀はこの軍令に忠実に多くの軍勢を引き連れたと解することもできるだろう。

（f）五月十五日、駿河《するが》国拝領と知行安堵《あんど》の御礼に、徳川家康が穴山梅雪《ばいせつ》を伴って安土を表敬訪問した。このとき、十五日から十七日までの三日間、信長は光秀に饗応役を命じた。光秀は京や堺から「珍物」を取りそろえるなど役目に奔走した。

だが、この前後、二人の間で確執があった形跡がある。『フロイス日本史』は次のように記している。

人人が語るところによれば、彼の好みに合わぬ要件で、明智が言葉を返すと、信長は立ち上がり、怒りをこめ、一度か二度、明智を足蹴《あしげ》にしたということである。（後略）

フロイスはこの出来事が密室で行われたとも記している。それなら第三者が知るのは不可能ではないかという反論も予想されるが、イエズス会が織田権力の中枢に情報網をもっているのは明らかであり、その記録も日本側の史料で裏づけられることが多い。またフロイスの執筆時期も本能寺の変からさほど下っていない（最長に

見積もって十五年後)。したがって、フロイスのこの記事を近世に成立した他の俗書と同列に扱うのは適切ではない。

　これと関連するのではないかと思われるのが、光秀と懇意でその動静に詳しい吉田兼見の動向である。兼見の日記はなぜか、光秀が饗応役を免ぜられた五月十七日から二十日までの四日間、空白になっている。兼見はこまめに日記を付ける習慣があるので、病気でもないのに四日間の空白は不自然かつ異例である。光秀・信長の双方と親しい兼見はその間の事情を知って筆を控えたとも考えられる。

（g）本能寺の変直前の出来事でもうひとつ無視できない一件がある。信長の側近堀秀政《ひでまさ》が五月二十七日付で稲葉貞通《さだみち》（美濃曾根城主）に宛てて、かつて稲葉家の与《よ》力《りき》か家臣で、その後光秀に仕えた那波直治《なわなおはる》を再び稲葉家に帰参させるという信長の裁定を伝えていることである（後述）。

　信長の有力旗本である稲葉家を離れて光秀に召し抱えられたのは直治だけでなく、斎藤利三《としみつ》もいる。当然、利三も帰参させるか否か、その処遇も合わせて問題になったはずである。この一件は織田権力の家臣団統制の根幹に関わるものだけに、光秀と信長の間で決して小さくない火種になっていた事態が予想される。

　以上のように、光秀と信長の関係を現存する直接的な史料で検討するかぎりでは、天正十年三月初旬の甲州出陣前後まで良好で不審な点はみられないが（a〜e）、五月中旬の家康饗応役の頃からきな臭くなる感触がある（f〜g）。

信長の四国政策の転換――雑賀衆の動向と信孝の四国渡海

『兼見卿記』【別本】五月の条

十二日、己巳、　早々長岡兵部大輔来、後刻与一郎来、蹴菊興行、　水無瀬督殿来、　進夕食、及暮皈京、
十三日、庚午、　長兵滞留、明日安土へ下向、
十四日、辛未、　長兵早天安土へ下向、今度徳川、信長為御礼安土登城云々、惟任日向守在庄申付云々、
十五日、壬申、　雨降、（略）
十六日、癸酉、　家中祈念、百座天度各誦之、二階屋固、安鎮天度百座、若宮御方へ御祓進上御表、　近衛殿・同御方、二条殿、
安部井弥左衛門尉例年祈念之音信百疋、御祓・五明、息守遣之、
（一行分空白）
廿一日、戊寅、　江州日野中村与三郎祈念之儀音信金子三朱・鯛五、大通庵晒一端到来、
廿三日、庚辰、　中村與三郎御祓・手縄・腹帯、大通庵へ御祓・紅帯二筋スヽシ、與三郎男子誕生也、一腰・守遣之、
新開田地普請、
廿四日、辛巳、田地之普新開、

＊【正本】も内容は同じ。

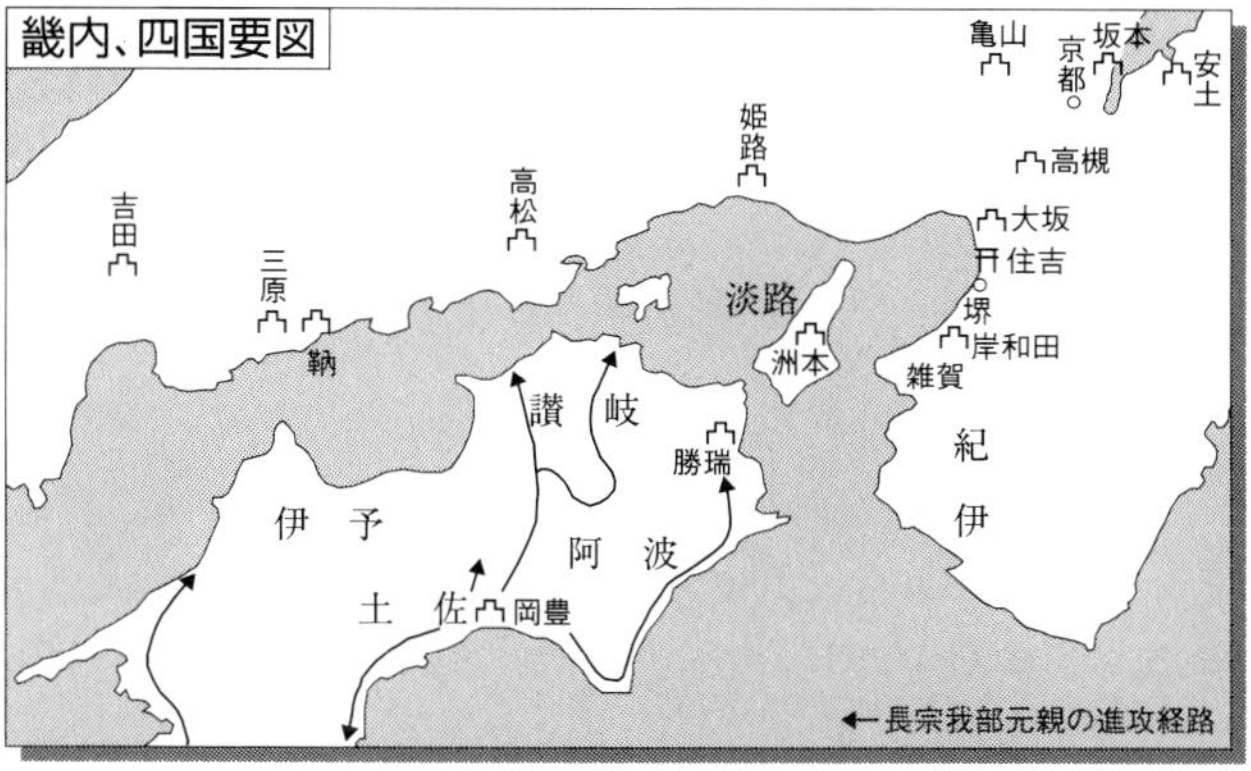

右でみたように、本能寺の変の直接的な起因を天正十年五月中旬前後に設定すべきかといえば、史料的な制約もあるだけに、まだ検討の余地があって断定できない。

それでもあえて私見を述べれば、同年正月末に起こった紀州雑賀《さいか》衆の内紛と織田権力のそれへの介入という一件と、五月七日付で信長が発給した朱印状（三男信孝《のぶたか》への阿波渡海の軍令と四国国分《くにわ》け案）との関連、つまり四国攻めをめぐる一連の出来事を十分に検討すべきだと考える。

まず紀州雑賀衆の内紛だが、『信長公記』巻十五には次のように記されている。

正月廿七日、紀州雑賀の鈴木孫一、同地の土橋平次《つちばしへいじ》を生害《しょうがい》候。子細は、鈴木孫一が継父、去年土橋平次討殺し候。其《その》遺恨に依つて、内々上意を経、今度平次を生害させ、土橋構《かまえ》押詰め、右の趣注進申上ぐるの処《ところ》、鈴木御見次《おみつぎ》として、織田左兵衛佐《さひょうえのすけ》大将として、根来《ねごろ》・和泉衆差遣はされ、然《しかし》て土橋平次子息、根来寺千識坊《せんしきぼう》懸《かけ》入《い》り、兄弟一所に楯籠《たてこも》るなり。（傍点筆者）

雑賀衆の有力者、鈴木孫一が遺恨により土橋平次を殺害したので、土橋一族が城に立てこもった。一方、信長の命で織田信張（泉州岸和田城番）が孫一支援のために雑賀に進駐したというのである。

注目されるのは傍点の「内々上意《じょうい》を経」という一節である。すなわち、孫一は信長の内諾を得て平次の殺害に及んだのである。それならば、事は単に雑賀衆の内紛という次元にはとどまらない。なぜ信長が雑賀衆の内紛に介入し、一方の当事者である孫一を支援したのかが問題になる。

鈴木派による土橋派攻撃については『宇野主水《もんど》日記』に詳しい。それによれば、

和泉岸和田城跡　勅命講和により摂津石山（大坂）にあった本願寺は紀州鷺森（和歌山市）に移った。信長は紀州の押さえとして岸和田を選び、城番に重臣を置いた。江戸時代も大名の居城として続いた。写真は本丸に建つ模擬天守閣。本丸・二の丸の石垣や堀がよく残っており、桜の季節などは美しい姿を見せてくれる。大阪府岸和田市

土橋平次は別名若太夫《わかだゆう》といい、平丞《へいのじょう》（平尉）・平次・泉織坊・威福院・くす千代という五人の男子がいた。父の死後、彼らは籠城したものの、鈴木派の攻撃により敗北し、平丞・平次・威福院は逃れ、泉織坊は討ち取られた。末子のくす千代だけは残ったが、本願寺顕如《けんにょ》の調停により和睦が成立し、土橋派は開城した。孫一は織田権力の支援により雑賀衆の統一を成し遂げたのである。

土橋平丞らは本願寺開城に最後まで反対した教如《きょうにょ》派の有力者で、その後も主戦的な態度をとっていたと思われる。信長が雑賀に介入した最大の目的は、反抗的な土橋派を放逐することで、恭順的な孫一の主導による雑賀衆（雑賀五搦《ごからみ》）の統合を実現し、そのうえで、雑賀衆の水軍力を、四国攻めのための大坂湾・紀淡海峡の制海権確保や兵員輸送・補給維持に利用することにあったといえよう。

雑賀衆の統制に成功したうえで、信長は四国攻めに取りかかった。その具体化が信孝に宛てた四国国分けの朱印状（五月七日付）である。[4] 内容は、信孝に讃岐《さぬき》国を、三好康長《みよしやすなが》（河内《かわち》半国守護）に阿波国を与え、残りの伊予《いよ》・土佐両国は信長が淡路島に出馬したときに決めるというものである。また四国攻めに伴い、信孝は康長の養子になっている。もともと阿波・讃岐を地盤とする三好一族の長老と縁組みすることで、信長はその協力を引き出そうとしたのであろう。

信孝は五月二十九日、摂津住吉《せっつすみよし》に着陣し、翌六月一日、泉州岸和田に陣替《じんがえ》して城番の蜂屋頼隆《はちやよりたか》の饗応を受けた。岸和田には信孝とその軍勢を運ぶために「紀州五搦中」の百艘の軍船が待機していた。[5] これが鈴木孫一率いる雑賀衆であることはいうまでもない。

安部龍太郎、立花京子ほか『真説 本能寺の変』 781260

集英社の本をご購読いただきありがとうございます。今後の編集の資料にさせていただきますので、下記の設問にお答えください。ご協力をお願いいいたします。

■この本を最初に何でお知りになりましたか。

1.新聞広告（　　　新聞）　2.雑誌広告（雑誌名

3.新聞・雑誌の紹介記事（新聞または雑誌名

4.書店で見て　5.書店にすすめられて　6.人（　　　）にすすめられて

7.『青春と読書』で　8.集英社のホームページを見て

9.その他（

■お買い求めの動機は？

1.安部龍太郎に関心があって　2.立花京子に関心があって　3.本能寺の変に興味があって

4.歴史読物として　5.広告を見て　6.帯を見て　7.書評・紹介記事を読んで

8.その他（

■最近特に興味を持った事件・人物をお書きください。

■最近読んで特に面白かった本をお書きください。

■定期購読新聞及び定期購読雑誌をお教えください。

新聞（　　　）　月刊誌（

週刊誌（　　　）　バイウイークリー〔隔週〕誌（

■集英社の出版物に対するご意見、ご希望などをお聞かせください。

ご住所〒　　　TEL

■電子メールで、集英社の新刊情報等をお送りしてもよろしいでしょうか。　1.送ってもよい　2.送っては困る

E-mailアドレス

お名前（ふりがな）　（　　歳）　□男　□女　□既婚□未婚

ご職業　1.学生［小学・中学・高校・大学（院）・専門学校］　2.会社員　3.公務員　4.団体職員　5.教師　6.自営業　7.医師・医療関係者　8.自由業　9.主婦　10.無職　11.その他（　　　）

郵便はがき

料金受取人払

神田局承認

6047

差出有効期間
2002年12月
31日まで
(切手不要)

101-8051

050

神田郵便局
私書箱4号
集英社
愛読者カード係行

『真説 本能寺の変』
学芸書

■この本をお読みになってのご意見・ご感想をお書きください。

※あなたのご意見・ご感想を本書の新聞・雑誌広告・集英社のホームページ等で
1.掲載してもよい　2.掲載しては困る　3.匿名ならよい（新聞・雑誌に掲載の方には粗品を進呈。）

本能寺の変直前における諸勢力の重層的な対立構造

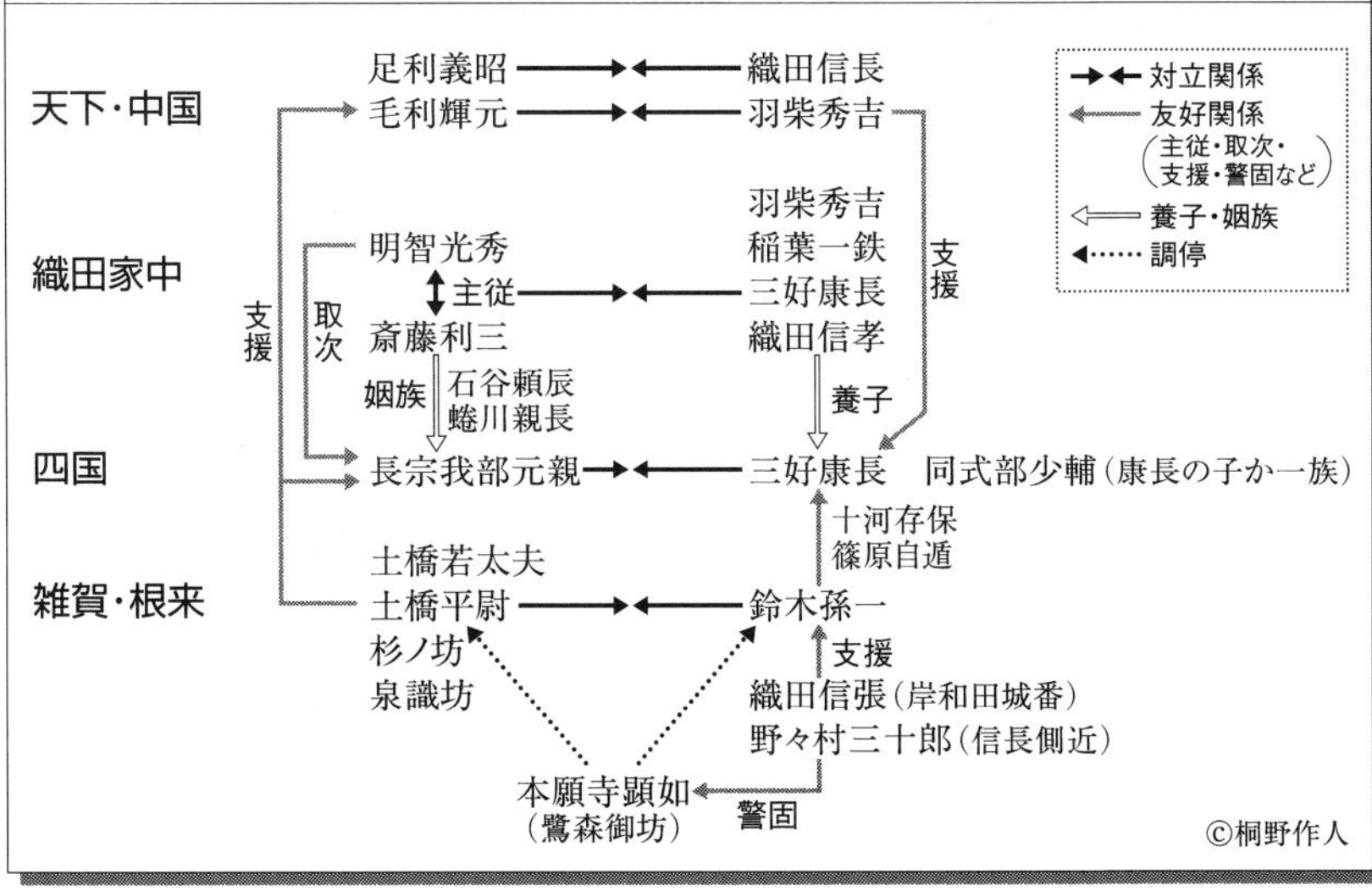

ところで、もともと長宗我部氏の取次役を一貫してつとめていたのは光秀であり、史料上では少なくとも天正三年（一五七五）十月から同八年十二月までの五年間は確認できる。『元親記《もとちかき》』によれば、天正三年の当初、信長は元親の嫡男弥三郎に偏諱《へんき》を与えて信親《のぶちか》と名乗らせ、元親には「四国の儀は元親手柄次第に切取り候へ」という朱印状を下付したという。

本願寺や三好氏など敵対勢力の背後に位置する長宗我部氏との同盟は政治・軍事上の意義が存した。しかしその後、三好氏が服属し本願寺が降伏するという情勢の変化があり、天正九年に入ると、この同盟関係も対立基調へと転化した。『元親記』によれば、この前後、信長は元親の阿波・讃岐方面への勢力伸長を喜ばずに強硬な態度に出た。

その後御朱印の面《おもて》御違却《ごいきゃく》ありて、予州・讃州上表《じょうひょう》申し、阿波南郡半国、本国に相添へ遣はさるべしと仰せられたり。元親、四国の御儀は某《それがし》が手柄を以て切取《きりと》り申す事に候。更に信長卿の御恩たるべき儀にあらず。存知の外なる仰せ、驚入り申すとて、一円御請《おうけ》申されず。又重ねて明智殿より斎藤内蔵助《くらのすけ》の兄石《いし》谷兵部少輔《がいひょうぶのしょう》を御使者に下されたり。是にも御返事申し切らるゝなり。

『元親記』は一次史料ではないが、比較的信頼できる記録である。

長宗我部元親画像　「姫若」といわれた元親（1538—99）だが、元亀２年（1571）に土佐を統一し、四国平定をめざして伊予・讃岐・阿波に出兵した。阿波の三好氏が信長に通じたため、信長の四国攻めとなった。高知市・若宮八幡宮蔵

信長は前言を翻《ひるがえ》し、元親に対して土佐の本領のほか、わずかに阿波南半国のみを安堵すると通達したのである。怒った元親は信長と断交も辞さぬ決意を示した。取次役の光秀は元親正室の義兄、石谷頼辰《よりとき》（斎藤利三《としみつ》の実兄）を送って説得にあたるが、元親に拒絶されたので、光秀は信長と元親の間で板挟みの形になった。

光秀に代わって四国東半に勢力を伸ばしたのは羽柴秀吉だった。阿波の十《そ》河存保《ごうまさやす》（勝瑞城主）や篠原自遁《じとん》（木津城主）らは長宗我部氏の圧迫に抗するために水軍力をもつ秀吉に助力を求めた。秀吉は黒田孝高《よしたか》らを阿波に急派している。

秀吉の阿波進出は、取次としての光秀の四国での影響力を相対的に低下させた。光秀に挽回の方途があるとすれば、毛利氏の取次だった秀吉が断交ののち、毛利攻めの総大将となって成果を収めたように、自《みずか》ら四国攻めの総大将となって渡海し、長宗我部氏を屈服させるしかなかった。

しかし、光秀には水軍を保有していない弱点があったし、元親や長宗我部家中との関係が深かった。なかでも、老臣の斎藤利三は元親の正室石谷氏と義兄妹にあたり、その兄石谷頼辰も光秀の家臣だった。ちなみに、石谷氏は美濃土岐《とき》氏庶流で旧幕府奉公衆《ほうこうしゅう》の一員である。[6]

つまり、光秀とその家中は秀吉と異なり、長宗我部家中との間に親族・姻戚関係による親密な利害を有するため、四国攻めに積極的に関与しにくい立場にあった。信長も光秀が長宗我部氏に対して妥協的・宥和的態度をとるのを懸念し、三男信孝

住吉大社　住吉は摂津の最南部で、川をはさんだ南は和泉の堺。四国攻めに備えた織田軍は、石山本願寺の跡地・大坂から住吉にかけて布陣し、6月3日に和泉岸和田から渡海する予定だった。ところで、住吉大社の前には市電が通っており珍しい光景が見られる。大阪市住之江区

を総大将に任じたのであろう。それだけでなく、信長は四国平定のあかつきには信孝がいわば四国管領《かんれい》的な地位に就くことを約束していた[7]。また信孝の四国渡海は信長の命令であっただけでなく、信孝自身の度重なる要求でもあった[8]。

この四国政策の転換は結果として、四国政策への関与から光秀を全面的に排除する形になった。このことは、織田権力による西国仕置のなかで、光秀の果たす役割が大きく減退したことを意味しただけでなく、織田権力内での光秀の地位の動揺に直結しかねなかった。

以上から、本能寺の変の政治的背景のひとつに、この四国政策をめぐる対立・矛盾が存在したのではないかと考える。政変が信孝の阿波渡海の前日という絶妙のタイミングで実行に移された事実もその傍証になりうるであろう。

「今度謀叛随一」——斎藤利三の関与について

光秀の老臣に斎藤内蔵助利三という重要人物がいる。光秀が謀叛の意図を明らかにしたという四～五人の宿老の一人でもある。その利三が謀叛にどの程度関与していたか、いくつかの史料を挙げてみる。

「日向守内《うち》斎藤蔵助《ママ》、今度謀叛随一也」（『言経卿記』）

「済《ママ》藤蔵助と申す者、明知《ママ》の者也、武者なる物也、かれなど信長打《うち》談合衆也」（『晴豊公記』）

「扨《さ》て斎藤内蔵助は四国の儀を気遣《きづかい》に存ずるによつてなり。明智殿謀叛の事、弥《いよいよ》差急がれ、既に六月二日に信長卿御腹めさるゝ」（『元親記』）

稲葉一鉄画像　美濃稲葉山城主・斎藤龍興の家臣だった一鉄（良通、1518―88）は安藤守就・氏家卜全（3人は西美濃三人衆とよばれた）とともに信長に味方し、美濃制圧に貢献した。岐阜・月桂院蔵

「四国違変によりて斎藤 殃《わざわ》ひがその身に及ぶを思ひ、明智をして謀叛せしめんと存ず」（『長宗我部譜』）

他の老臣と比べても、利三についての記事が多く、事前に関与した形跡は極めて濃厚である。では、利三はどのような人物なのであろうか。

利三はもと美濃の国人であり、美濃三人衆の一人、稲葉一鉄《いってつ》の女婿だったという。利三が光秀の甥だったとする史料もあるが、その真偽は定かではない。利三の出自や身分を示す確実な史料は少ないが、まったく存在しないわけではない。

『信長公記』巻三には「稲葉伊予父子三人・斎藤内蔵人佐《ママ》、江州守山の町に置かせられ候処《ところ》」云々《うんぬん》とみえ、元亀元年（一五七〇）五月、稲葉一鉄父子とともに近江守山に在番していることから、利三が稲葉家の家臣か与力だったことをうかがわせる。同書で本能寺の変以前にみえる利三の唯一の記事である。

また利三が稲葉氏の家臣だったことを示唆する伊勢神宮関係史料もある。[9]

一、満長宮司職《ぐうじしき》の事、稲葉伊予守殿御祈禱に相続なさるべきの由にて、京都の儀、斉藤蔵介《ママ》殿御使者として、菊亭《きくてい》殿様へ仰せ上げられ候の処、（後略）

年次は前後の文脈から永禄十二年（一五六九）頃と思われるが、利三が一鉄の命で公家の菊亭晴季《はるすえ》へ使者になったことがわかる。

その利三がいかなる経緯からか、光秀に仕えるようになった。一説によれば、一鉄が利三の武功に報いなかったのが理由だったという。[10] 利三が光秀に仕えた時期は確定できずに諸説あって、主なものは元亀元年説と天正七年説である。

光秀と利三の関係（『柳営婦女傳系 巻之八』より）

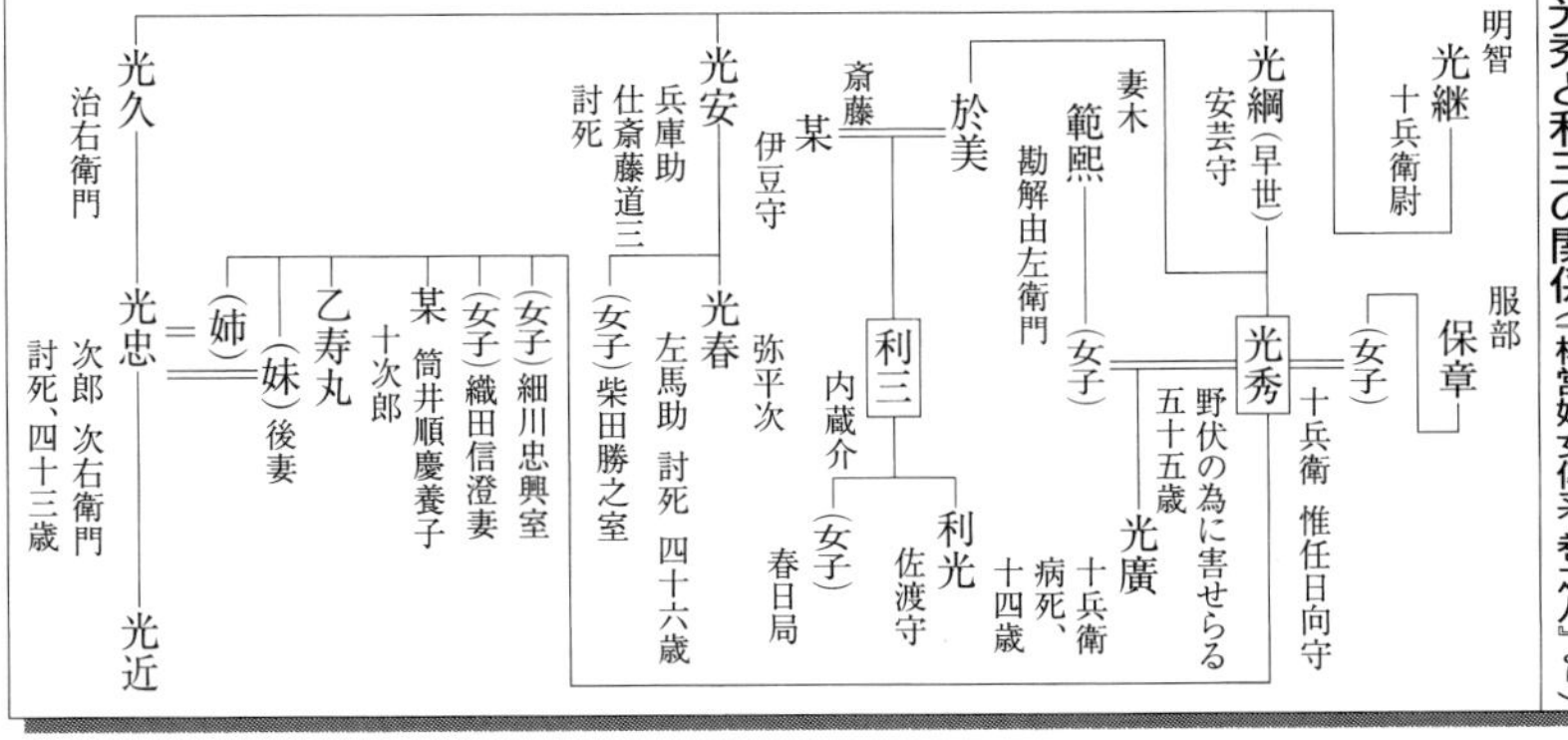

元亀元年説は『稲葉家譜』に基づく。それによれば、元亀元年（一五七〇）四月末頃、近江守山を守っていた稲葉父子や利三が一揆勢と戦い一千二百余の首級を獲たので、信長から感状を与えられた。この前後、利三は稲葉家を去って光秀に仕えたという。[11]恩賞や処遇に不満でもあったのだろうか。この時期、稲葉父子や利三が守山に在番していたことは前述のように『信長公記』でも裏づけられるので、この説はそれなりの信憑性があろう。

天正七年説は『干城録《かんじょうろく》』に基づく。それによれば、利三は同年、故あって那波和泉守《いずみのかみ》（直治《なおはる》）と同様に、稲葉家を去って近江坂本に行き光秀に仕えたという。[12]これは明確な裏づけができないが、年代が符合する史料もある。たとえば、天正七年（一五七九）八月、丹波攻めのとき、光秀が攻略した赤井忠家《ただいえ》の黒井城を利三に預けている事実がある。[13]

どちらかといえば、元亀元年説に妥当性がある。天正七年説は召し抱え推定時期の下限を示しているだけで、それ以前に遡《さかのぼ》る可能性を排除していないからである。

さて、前にもみたように、稲葉氏を去って光秀に仕えたのは、利三だけでなく那波直治という人物もいた。一鉄・貞通父子は有力家臣が次々と致仕《ちし》したことで痛手を蒙り、外聞も悪かったせいか、彼らを帰参させてくれるよう信長に訴えている。

これに対する信長の裁定が下ったのが天正十年五月二十七日である。側近堀秀政《ひでまさ》が信長の意向を受けて稲葉貞通と那波直治に宛てた書状がそれである。そのうち稲葉貞通宛てを掲げる。[14]

今度那波与三（直治）方儀、上意《じょうい》を以て御返し成され候、然れば、堪忍分として重ねて

猪子兵助の墓　兵助は信長の側近。もと斎藤道三の家臣で、道三の戦死後、信長に仕えた。本能寺の変では、二条御所で村井春長軒（貞勝）らとともに討死した。京都市・阿弥陀寺

御扶助の由《よし》に候、然るべき御次而《おついで》の間申し上げ候処、尤《もつと》もの由御諚《ごじよう》に候、御意得《こころえ》として申し入れ候、将又《はたまた》、久しく申し承らず候、御参の砌《みぎり》、御尋ね本望たるべく候、旁《かたがた》面上《めんじよう》の時を期し候、恐々謹言

五月廿七日　　堀久太郎

稲葉彦六殿

信長の「上意」によって那波直治を稲葉家へ返還するとし、直治の当面の扶持《ふち》として、信長のほうから堪忍分を扶助するという内容である。

この書状には直治の処分しか書かれていないが、利三への処分はなかったのだろうか。同じ『稲葉家譜』では、一鉄が直治だけでなく利三も返還してくれるよう信長に訴訟している。利三に対する信長の処分は次のようなものだった。

公、光秀に命じて、和泉(直治)をして一鉄に返さしめ、而《しか》して内蔵助をして自殺せしめよ、時に猪子《いのこ》兵助《ひようすけ》光秀がためにこれを執達す、故に内蔵助死を免《まぬか》れて光秀に仕ふ、元の如し、（後略）

信長が利三に自刃を命じたところ、側近の猪子兵助が取りなしたので、利三は死を免れて従前どおり光秀に仕えることになったという。同家譜所載の堀秀政書状（写し）に不審な点がないので、この記事も信が措《お》けるのではないだろうか。

ある家を致仕した家来が同じ大名家中の別の家に勝手に仕官する行為は戦国大名の法の下では一般的に禁じられている。織田氏の場合、そうした家中統制についての法規定は明らかではないが、たとえば安芸毛利氏の場合、享禄五年（一五三二）、有力家臣たちが連署起請文で次のように誓約している。(15)

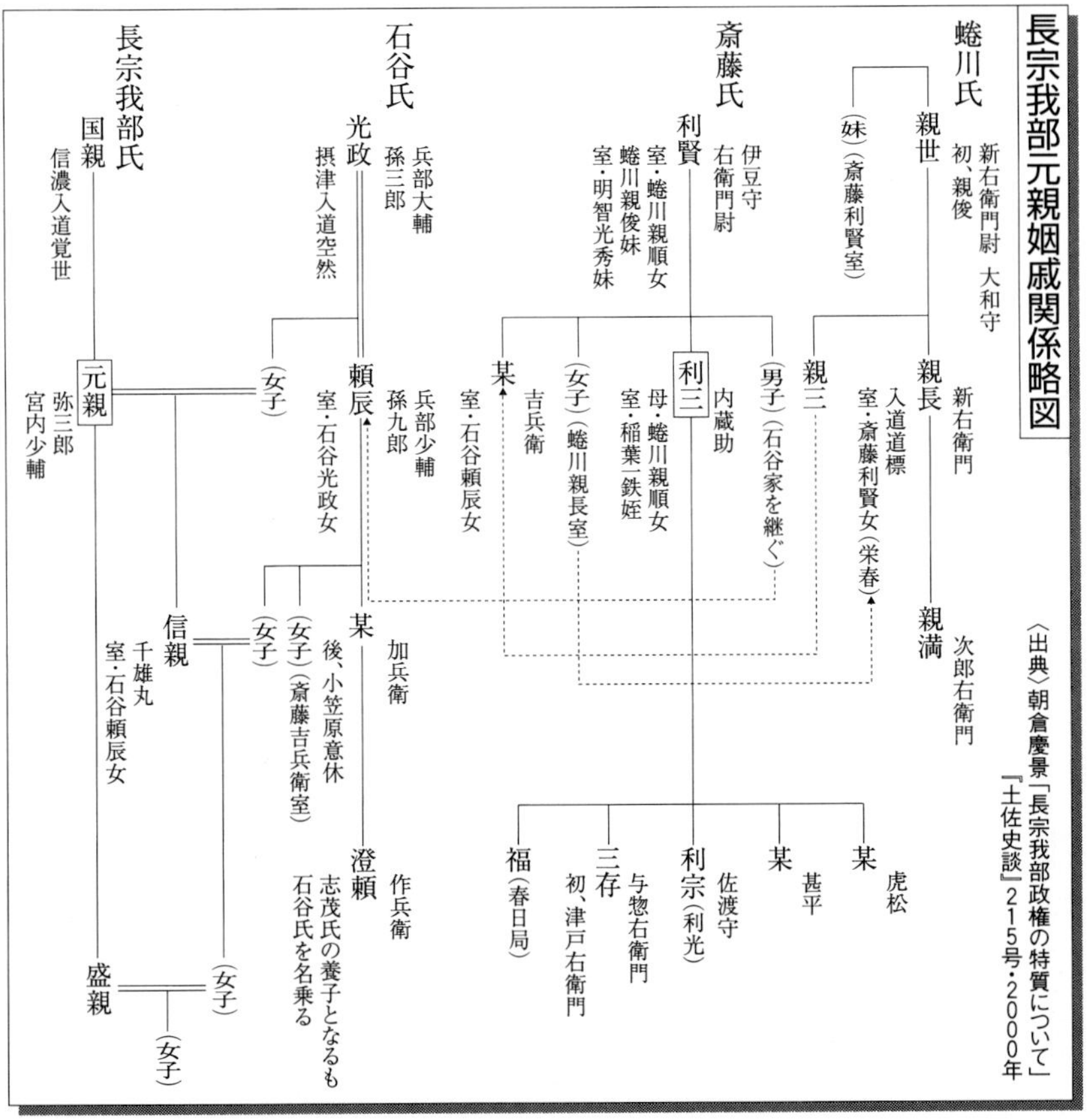

〈出典〉朝倉慶景「長宗我部政権の特質について」『土佐史談』215号・2000年

一、忰被官《かせひかん》・小中間《こちゅうげん》・下人に至りて、其の主人々々のよしみを相違候て、傍輩《ほうばい》中え走入《はしりいり》々々、聊爾《りょうじ》を構へ候儀、口惜しき子細候間、此《かく》の如き企ての時は、本《もと》の主人々々に相届け、其《そ》の返事により、取り捨ての両篇、覚悟あるべき事、

斎藤利三や那波直治のような有力家臣を忰者や中間と同列視するわけにはいかないものの、家中統制の原理は織田氏も毛利氏とほぼ同様に貫徹していると思われ、むしろ当事者同士の合意よりも家中の上位権力として信長の意思が優越する面が強いと推定される。両人の場合も被官の他家への「走入」行為に相当し、光秀はその扱いを稲葉側に打診する必要があったはずだが、話がこじれて信長の裁定に委ねられ、直治のみ旧主への返還（＝人返し）という決定になったのだろう。

信長の裁定に対して、一度は死罪を命じられた利三が心中穏やかだったとは考えられず、光秀も直治の返還を納得できず、偏頗《へんぱ》あるい

伊勢神戸城跡　伊勢に侵攻した信長は永禄11年（1568）に３男の信孝を神戸友盛の養子とし、神戸氏を継がせた。信孝は、天正８年（1580）ここに金箔の瓦を用いた五重の天守閣を建てたという。江戸時代も大名の居城として続いたが、現在は写真の天守台や石垣がわずかに残るだけ。三重県鈴鹿市

は依怙《えこ》ではないかという不満をもったとも考えられる。信長の裁定が本能寺の変の四日前である点にも留意すれば、織田権力の家中統制、家臣団編成の矛盾が政変の政治的要因のひとつとしてあったという想定も可能である。

利三の関与についてのもうひとつの論点は長宗我部氏との濃厚な利害関係である。利三の義妹石谷氏が長宗我部元親の正室であることはすでに述べた。また彼女は嫡男弥三郎信親の生母でもある。利三の実兄石谷兵部少輔頼辰も光秀の家臣だった。

利三の縁者はそれにとどまらない。利三の生母蜷川《にながわ》氏は室町幕府政所代《まんどころだい》（伊勢氏の被官）の蜷川大和守親世《ちかよ》の妹である。また親世の子親長（入道道標）の妻は利三の妹である（同時に、元親の妻と義姉妹である）。親長夫妻は将軍義昭《よしあき》追放による幕府崩壊に伴い、利三や頼辰の縁を頼って土佐に下向し、元親に召し抱えられた[16]。つまり、利三の斎藤家だけでなく石谷・蜷川の三者が明智・長宗我部の両家中にまたがって濃密な親族・姻族・主従関係を形成していたことが理解される。

ところが、信長は長宗我部氏と断交して三好氏を支援する形で四国に攻め入ることを決めた。これに対する利三をはじめ三者の反発は相当なものだったと想像するのは容易である。つまり、天正十年五月七日付で信長が三男信孝に与えた朱印状が長宗我部氏の存立そのものを脅かしたのであり、それはまた利三の利害とも直結する。利三がそうした危機感から、光秀に働きかけて、その意思や行動に影響力を与えた可能性が考えられる。

以上から、利三は（1）家中統制への不満、（2）長宗我部氏との利害関係という二重の意味から信長打倒に積極的に関与する動機を有していたと考える。これは同

『真説 本能寺』
桐野作人氏の著書。

時に、光秀の動機とも重なり合い、謀叛に至る重要な政治的要因を形成したといえよう。

「黒幕」諸説と愛宕百韻の解釈をめぐって

右のように光秀謀叛の政治的要因を筆者なりに摘出してみた。その立場から近年明らかにされた諸説について若干触れてみたい。

まず、謀叛の背景に朝廷の関与を強調する立花京子氏の説である。[17] これについては、本来なら織田権力期に深刻な公武対立が存在したのかどうかを論じる必要があるが紙幅の関係で無理なので、拙著を参照していただきたい（『真説 本能寺』学研M文庫）。ここでは、光秀と朝廷が事前に謀議していたとすれば、それと相反するのではないかと思われる史実の二、三に絞って論じたい。

明智軍が本能寺と二条御所を襲撃したことにより、その二つがともに焼失したばかりか、周辺にも延焼したとみえ、焼け出された避難民が禁裏御所に「小屋懸《がけ》」する無秩序状態になった。勧修寺晴豊はその様子を日記に記しているが、政変二日後の六月四日条「者共《ものども》のけ、禁中《きんちゅう》小屋懸弥々正躰《いよいよしょうたい》無き事也」という記事をはじめ、五日、六日、十日、十二日の各条に「小屋懸」があったことを記している。そして光秀が敗北し、羽柴秀吉らが入京してきた直後の十五日条に「はや〳〵小屋共のけ申候」とあることから、秀吉らが避難民を禁裏《きんり》から立ちのかせて旧態に復したことが判明する。

つまり、光秀が京都を支配した期間は禁裏御所に「小屋懸」した避難民を放置し

筒井順慶画像　信長に属した順慶（1549―84）は光秀とともに松永久秀を討った功により、天正８年（1580）大和一国を与えられ、光秀の与力大名となった。光秀は、わが子を順慶の養子にしたという。「洞ヶ峠の順慶」は俗説で、順慶の去就を気にした光秀のほうが峠までやってきたらしい。が、順慶は光秀に付かなかった。東京大学史料編纂所蔵

たままで、朝廷救済のための有効な措置を講じなかったのである。これは光秀が朝廷の苦境に対して無関心だったことを示している。事前謀議の相手に対して冷淡ではないだろうか。むしろ、秀吉らの朝廷に対する配慮が感じられる。

　また、六月八日、安土を占領した光秀に対して朝廷の使者として吉田兼見《かねみ》が下向したが、その際、誠仁《さねひと》親王が兼見に「京都の義別義《べつぎ》無きの様堅く申し付くべきの旨」を命じている。また九日、光秀が朝廷に銀子五百枚を献上したのに対する御礼として女房奉書《にょうぼうほうしょ》が作成され、兼見を通じて光秀に手交された。その文言には「京《きょう》頭《と》の儀かたく申し付け候由に候」とあった。

　両者に共通する「京都之義」「京頭之儀」が何を意味するかだが、右にみた禁裏御所での「小屋懸」に代表される朝廷の苦境解決のための嘆願と理解できるのではないだろうか。

　なお、光秀の銀子五百枚の献上は朝廷への接近を示してはいるが、これもようやくというべきで、羽柴秀吉東上の噂《うわさ》が流れ、筒井順慶・細川藤孝《ふじたか》父子の同心拒否という事態に直面した光秀が孤立から脱却するための苦肉の策という面が強い。朝廷も形式的な御礼と「京都之義」を命じるだけで、光秀との関係に深入りしていない。

　朝廷関与説の傍証として、近年、愛宕百韻について、津田勇氏の新解釈も登場した[18]。その重要なポイントは、光秀の有名な発句「ときは今あめが下知る五月哉《さつきかな》」の解釈に関するもので、「あめが下知る」の一節を「光秀が天下を治める」と解す

愛宕神社社務所　現在の社務所の辺りが、愛宕百韻の行われた西之坊の跡と伝わる。京都市右京区

べきではなく、その主語は治天《ちてん》もしくは天皇だという。その根拠は「あめが下知る」＝「天下を治る」＝「治天」と解すべきであり、光秀が軽々にそんな重要なキーワードを自分に使用するはずがないという主張である。

愛宕百韻研究に貴重な視角を提供したといえようが、素朴な疑問がある。まず主語を「治天」と解したとしても、この時期、もはや治天は存在しない。天皇と同義だと解釈するのは、たとえば、院政における治天と天皇の地位の違いを考えると、やや弥縫《びほう》の感を免れない。そもそも、治天という言葉も当時は死語に近かったのではないか。

それに、当時の連歌では「知る」の主語が治天に限定されるという考え方もなじめない。たとえば、天正六年（一五七八）、羽柴秀吉が中国出陣の戦勝祈願として紹巴らといわゆる「羽柴千句」を興行したことがある。そのなかの一句を挙げる。[19]

治《し》るこそは君も君なれ（九七四句）

この句は「君君たらずと雖《いえど》も、臣以て臣たらざるべからず」（孔安国『古文孝経訓伝序』）や「君君たり、臣臣たり、父父たり、子子たり」（『論語』顔淵篇）といった箴言《しんげん》を念頭に置いている。

つまり、愛宕百韻と同時代に君主一般を指した「治る」（＝知る）の事例が存在しており、決して治天のみの専売特許ではないのである。だから、通説どおり、光秀の発句「あめが下知る」は光秀の天下取りの表明と解してもおかしくない。

さて、もうひとつの有力な仮説に足利義昭《よしあき》関与説があり、藤田達生氏が提唱している。[20]その論拠のひとつが雑賀衆の土橋平尉に宛てた明智光秀書状（六月十二日付）

天正十年六月十二日付、明智光秀書状（読み下し）［『増訂 織田信長文書の研究』より］

尚以て、急度御入洛の義ご馳走肝要に候、委細上意として仰せ出さるべく候条、巨細に能わず候、

仰せの如く未だ申し通ぜず候処に、上意馳走申し付けらるるに付きて、示し給ひ快然に候、然して御入洛の事、即ちお請け申し上げ候、その意を得られ、ご馳走肝要に候事、

一、その国の儀、ご入魂あるべきの旨、珍重に候、いよいよその意を得られ、申し談ずべく候事、

一、高野・根来・其元の衆相談ぜられ、泉・河表に至りご出勢尤もに候、知行等の儀、年寄国を以て申し談じ、後々迄互いに入魂遁れ難き様、相談ずべき事、

一、江州・濃州悉く平均申し付け、覚悟に任せ候、お気遣ある間敷候、尚使者申すべく候、恐々謹言、

六月十二日　光秀（花押）

雑賀五郷

土橋平尉殿御返報

の存在である。これは当初、天正五年に比定されていたが、内容をよく吟味すれば、同年ではなく同十年としか考えられず、近年ではこちらが通説になってきた。

　山崎合戦の前日に光秀が雑賀衆の土橋平尉に何を伝えたのか。そのなかに「上意馳走《ちそう》申し付けらるるに付きて、示し給《たま》ひ快然《かいぜん》に候、然して御入洛《ごじゅらく》の事、即ちお請け申し上げ候」という一節がある。「上意」「御入洛」の主体は将軍足利義昭であり、光秀は平尉を介して義昭の上洛申し入れを受諾したという趣旨である。この点については藤田氏と筆者に共通の理解がある。

　藤田氏はさらに一歩踏み込んで、「義昭が光秀に指令してクーデターを起こさせて織田政権を転覆させ、あらかじめ協力を取りつけていた反信長勢力を糾合し、自らの『御入洛』によって幕府機能を復活させること」を企てたとする。

　しかし、そう論断するのはいささか早計ではないか。将軍義昭が光秀と結んでクーデターを企てたとすると、毛利氏の存在を抜きに考えられない。だが、毛利氏はいち早く羽柴秀吉と和睦してその「中国大返《おおがえ》し」を黙認した。これは事実上、光秀に対する利敵行為であり、義昭と毛利氏が共同歩調をとったとは到底考えられない。

　右の光秀書状も義昭の要請が雑賀衆の土橋氏を介しており、毛利氏に関する文言が一切ないことから、上洛を望む義昭は毛利氏の拒絶に遭《あ》ったため、土橋氏を通じてしか光秀にコンタクトできなかったというのが実情であろう。またこのことは換言すれば、光秀も政変前はむろん、政変後もしばらくは義昭と結ぶ意思はなかったと考えられ、形勢不利となった十二日になってようやく義昭との同盟を策したのであろうが、すでに手遅れだった。

本願寺鷺森別院　信長と和睦した顕如は摂津石山（大坂）を明け渡し、紀州にくだった。和歌山市

藤田氏は最新論文で、右の光秀書状の釈文を二カ所変更している。(21)

箇条書第三条「江州・濃州　悉《ことごとく》平均申付《へいきんもうしつけ》」→「江州・淡州悉平均申付」

尚々書「尚以《なおもって》、急度御入洛義御馳走肝要候」→「尚以、受衆御入洛義御馳走肝要候」（傍点筆者）

しかし、この釈文には疑念があるし、文意も不自然である。当時、淡路島は羽柴方に占領されており、摂津にさえ進出できない光秀の手が届くはずがない。水軍を持つ雑賀衆の土橋氏がその事実を知らないはずがなく、「濃州」のほうが自然である。「受衆」も聞き慣れない言葉である。釈文に関しては奥野高廣氏に従うべきだろう。

また藤田氏は「反信長勢力」の一員に本願寺顕如《けんによ》父子も想定しており、その論拠として『宇野主水日記』に基づき、六月四日に、長宗我部元親の使者が紀州鷺森《さぎのもり》の顕如のところに到着したことを挙げているが、いかがなものか。

たしかに同日記の六月四日条とおぼしき個所の次に「土州ノ長宗我部宮内少輔《くないのしょう》ヨリ以書状《しょじょうをもって》申入訖《おわんぬ》。使ハ飛脚云々」とある。だが、その末尾に「七月八日」とあるのに注目すべきで、これが長宗我部氏の使者が到着した日付であろう。この前後は「前後ヲ不論注之《ろんぜずこれをしるす》」という頭書の断り書きがあるように日記の残闕《ざんけつ》部分を集めたもので、しかも「土州ノ」云々が「台頭」のような一字上げになっており、それ以前とは別の記事であるのは明らかである。

次に、同じく『宇野主水日記』から、本願寺顕如が六月十一日、光秀に使者を送ったことを挙げている。藤田氏はこれも本願寺が光秀に荷担した論拠とするが、ど

光秀の位牌　右は、木像を伝える京都府京北町の慈眼寺（天台宗）に伝わるもの。戒名は「主一院殿前日州明叟玄智大居士　神儀」。左は、画像を伝える岸和田市の本徳寺（臨済宗妙心寺派）のもの。戒名は「鳳岳院殿輝雲道渉大禅定門」。なお、本徳寺に伝わる画像の賛には「輝雲道琇禅定門」とある。

うだろうか。朝廷や寺社の権門が武家の実力者に庇護を求めて接近するのは中世後期から戦国時代にかけては半ば習性のようなものである。光秀の謀叛成就後、禁制《きんぜい》受給のために献金したり入魂《じっこん》を申し入れた寺社は本願寺だけでなく、判明しているだけで興福寺・上賀茂社・貴船社《きふねしゃ》がある。本願寺が光秀に荷担したなら興福寺など三寺社も同様ということにならないか。

つまるところ、光秀の謀叛をどう見るか――。

『川角太閤記《かわずみたいこうき》』によれば、明智軍が桂川を渡ったとき、「今日よりして、天下様に御成りなされ候間、下々草履取《しもじもぞうりとり》以下に至るまで勇み悦び候へ」という陣触《じんぶれ》があったという。また『イエズス会日本年報』には「明智は（中略）日本王国の主となるを得ざるか試みんと欲した」とある（傍点筆者）。

「天下様」や「日本王国の主」になることこそ、光秀の謀叛目的だったといえるのではないか。その意味で、朝廷や将軍義昭など他勢力の関与を想定するのは困難である。

【註】（日記や文書で年次がないのはすべて天正十年分）

（1）『増訂 織田信長文書の研究』九一一号（奥野高廣、吉川弘文館、以下『信長文書』と略す）
（2）『晴豊公記』三月四日条（内閣文庫蔵）。釈文は「晴豊公記輪読会」に拠る。
（3）『兼見卿記』別本・三月五日条（史料纂集、続群書類従完成会）
（4）『信長文書』一〇五二号
（5）『宇野主水日記』六月二日条（『石山本願寺日記』下巻所収、上松寅三編纂校訂）
（6）朝倉慶景「長宗我部政権の特質について」（『土佐史談』第二一五号、二〇〇〇年）

御霊神社　宝永2年（1705）に福知山城主となった朽木氏の治世下、町民によって城下の常照寺地内に光秀を祀る御霊社が創建されたのが始まりという。京都府福知山市

（7）『織田軍記』では、信孝の地位を「南海の総管」とする（『通俗日本全史』所収、早稲田大学出版部）。

（8）信孝の所領にある寺院の僧侶が「此方三七様連々御望候四国へ」云々と記している。「連々」には「引き続いて絶えることのないさま」という意味がある。「神戸慈円院正以書状」（『神宮文書所蔵文書』十七、『三重県史』資料編中世1下所収）

（9）「宮司引付」（『三重県史』資料編　中世1下・別冊）

（10）『柳営婦女伝　八』「春日局之伝」には「利三武功絶倫たりといへ共、一鉄取立ざる事を深く恨て立退事都合三度あり」とある。

（11）『稲葉家譜』三に「此ノ時、良通カ之臣斎藤内蔵助利三故へ有テ稲葉家ヲ去テ明智日向守光秀ニ仕フ、光秀遇スルコト是ニ甚タ厚シ」とある（東京大学史料編纂所架蔵）

（12）『干城録』（七）に「天正七年故ありて那波和泉守と同しくかの家を去て同国坂本にいたり明智光秀に属す」とある（内閣文庫所蔵史籍叢刊第63巻、福井保解題、汲古書院、一九八六年）。

（13）高柳光寿『明智光秀』一三二頁（人物叢書、吉川弘文館、一九九〇年）

（14）『信長文書』補遺二三六号。これは『稲葉家譜』四所載のもので史料批判が必要だが、編者の奥野高廣氏が写しながら信が措けると判断され採録されたものである。文書の文言その他に不審な点はないので従うべきだろう。むしろ年次比定が他の史料で裏付けがとれない憾みがあるが、とりあえず家譜の記載に従っておく。

（15）『毛利家文書』三九六号（大日本古文書、東京大学史料編纂所）

（16）朝倉慶景前掲論文

（17）「本能寺の変と朝廷」（『古文書研究』第三九号、一九九四年）

（18）津田勇「愛宕百韻に隠された光秀の暗号」（『歴史群像』一八号、学習研究社、一九九五年四月）

（19）片岡伸江「羽柴千句小考」（『国語と国文学』平成四年五月特集号、東京大学国語国文学会、一九九二）

（20）藤田達生「織田政権から豊臣政権へ――本能寺の変の歴史的背景」（『年報中世史研究』二一号、中世史研究会、一九九六年）、『本能寺の変の群像――中世と近世の相剋』（雄山閣出版、二〇〇一年）

（21）藤田達生「明智光秀の政権構想」（図録『是非に及ばず―本能寺の変を考える―』、平成一三年度秋季特別展、滋賀県立安土城考古博物館編集・発行、二〇〇一年）

〔コラム〕

『愛宕百韻』を読む

――本能寺の変をめぐって――

歴史研究家 津田 勇

五月廿六日、維任日向守《これとうひゅうがのかみ》、中国へ出陣として坂本を打立ち、丹波亀山の居城《いじょう》に至って参着。次日《つぎのひ》、廿七日に亀山より愛宕山《あたごやま》へ仏詣、一宿参籠致し、維任日向守心《こころ》持御座《もちござ》候哉《そうろうや》、神前へ参り、太郎坊の御前にて二度三度迄鬮《くじ》を取りたる由申候。廿八日、西坊《にしのぼう》にて連歌興行、

発句　維任日向守、

ときは今あめが下知る五月哉《さつきかな》　光秀
水上《みなかみ》まさる庭のまつ山　西坊
花落つる流れの末を関《せき》とめて　紹巴《じょうは》

か様に百韻《ひゃくいん》仕り、神前に籠置き、

五月廿八日、丹波国亀山へ帰城。

（『信長公記』）

これが愛宕百韻の古い、現存する記録である。百韻の原本は江戸時代に焼失してしまったという。『信長公記』の史料としての価値からして、光秀が愛宕大権現にて鬮を取り、別当寺の威徳院西坊で、坊主の行祐《ぎょうゆう》を亭主として戦勝祈念の連歌興行を催したことが確認される。戦国の出陣作法に乗っ取り、神前で鬮を取って、連歌を催したわけである。

ところで、従来、『愛宕百韻』（正しくは『賦何人連歌《ふすなにひとれんが》』という）の内容については、検討されないまま打ち捨てられてきた。戦勝祈念連歌ということで文芸上の評価はなされなかったし、政治的意義からのアプローチも歴史家によってなされなかった。連歌が軽視されていたためであろう。

古来、本能寺の変についてさまざまな議論がなされ、史料の裏付けのないまま恣意的に諸説が提示されてきたが、『愛宕百韻』（以下、『百韻』とする）を史料として使おうと誰も考えなかったのが、かねがね私の不審であった。おそらく、連歌への軽視に加えて、連歌を解釈することの難しさもその理由の一つであろう。

たしかに、連歌を解釈することは容易なことではない。と

いうのは連歌には先人がつくりあげた伝統を構成する夥《おびただ》しい和歌、物語、史書、漢典、仏典などを踏まえた句がちりばめられているからである。連歌に限らず和歌や物語や随筆なども同様である。そこに古典を味わう現代人にとっての障害がある。中世から現在に至るまで和歌、連歌、物語の注釈書が夥しく出されているのも無理はない。ところが、『百韻』には注釈書がないのだ。不思議なことである。戦勝祈念連歌に注釈がないのは、文芸上の評価対象ではないからであるが、こと『百韻』ともなれば注釈の一つや二つあってもよさそうなのに、と思う。したがって史料として使うすべもなかったのかもしれない。

先人の注釈もなしに連歌を解釈するのは冒険だが、あえて試みようと思う。

連歌の発句《ほっく》は一座の主賓がもつ。興行が催される場と時とを眼前の景に寄せて提示する。そして、興行の主旨、主賓の気持ちなどを句に含ませる。連歌の眼目といってよい。「哉」で句を締めるのがルールだ。

ときは今あめが下知る五月哉　　光秀

まず、光秀の発句から解釈しよう。

発句で大切なのは句切れである。後世のことではあるが、芭蕉一門は区切れを重視している。

この発句を区切れによって分けてみよう。

ときは今、あめが下知る五月哉　〈A〉

ときは今あめが下知る、五月哉　〈B〉

二つのケースで発句の意味が違ってくることが分かるだろう。〈B〉によって解釈すれば、「土岐氏である私が天下を知るのだ」という解釈もできる。そうとる人は〈B〉の区切れを暗黙裡に前提としているのだ。そう読めば「五月哉」は「いまは五月である」というだけの下句になってしまう。じつは「五月哉」には重大な意味が含まれている。〈A〉のように読んでこそ発句そのものの強いリズムと気迫が感じられるゆえんである。そのことを念頭に置いて光秀の発句を解いてみよう。

「ときは今」。この上句《かみのく》の語調にはなみなみならぬ決意の程がうかがえる。名高い諸葛亮《しょかつりょう》（孔明《こうめい》）の『出師表《すいしのひょう》』の「今は……危急存亡の秋《とき》なり」が踏まえられているからである。孔明の『出師表』（出陣に際して将軍が志《こころざし》を上表する文）は、その心情を切々として訴えた名文と賞されてきた。その孔明の心情と決意を踏まえた光秀の句である。

ところで、「とき」に「土岐」が懸詞《かけことば》として重ねられているという定説的な見方も、もし『太平記』というテクストを踏まえていると考えれば首肯《しゅこう》できる。


爰《ココ》ニ美濃國《ミノクニノ》住人、土岐伯耆《トキハウキ》入道頼貞《ヨリサダ》、多治見《タジミ》四郎二郎國長《クニナガ》ト云《イフ》者アリ。共ニ清和源氏《セイワゲンジ》ノ後胤《コウイン》トシテ、武勇ノ聞ヘアリケレバ、資朝卿様々《サマザマ》ノ縁《エン》ヲ尋《タズネ》テ、昵《ムツ》ビ……


と、巻一に語られた土岐一門の伯耆入道頼貞（『太平記』の誤記。『尊卑分脈』によって「十郎頼兼」と正す）、多治見国長らが後醍醐天皇の密勅《みっちょく》を給わり、北条氏打倒を図るが、一門の頼員《よりかず》の裏切りで計画が洩れ、六波羅方の討手に攻められて、華々しく討死してしまう。この『太平記』の名高い幕開けを光秀は踏まえていると考えるからである。土岐十郎頼兼が光秀の祖という伝承もあるだけに、なおさら意義深い。次に中句を見よう。

「雨が辺りに降りしきっている」という情景に「天の下知る」という意味を懸けたのだが、上句と合わせて「土岐が天下を取る」という解釈が定説になっていた。しかし、これは「知《し》る・治《し》る」という語の重要性を考慮しない解釈といえる。というのも「しる」という語は、古代では「神の力によって土地をしる」という意味を秘めていたからである。のちに「天下《あめのした》」という語を合わせて天皇が政治を司《つかさど》る意に転じたことは、「……命《みこと》……治天下《あめのしたしらしめき》也」という『古事記』の定形句によって証される。中世には天皇を指して「治天《チテン》ノ君」といった。「平家世ヲ知リテ久シク……」という慈円の『愚《ぐ》管抄《かんしょう》』の用法は、天皇をもしのぐ平清盛の権勢をよく伝えている。

かくのごとき語史を踏まえれば、教養のある光秀が「しる」という重い語を自分のこととして使うとは思えない。〔B〕の区切れを採り、「ときは今、（主語）天が下しる」と分析し、主語に「天皇」を宛てるべきだろう。その理由は下句の「五月哉」を探れば納得できると思う。

三つの史実と三つのテクストが「五月」をめぐって想起される。以仁王《もちひとおう》を奉じて源三位頼政が平氏に叛して兵を挙げたのが五月、『平家物語』（以下『平家』と略す）である。後鳥羽院が北条氏打倒に蹶起《けっき》したのが五月、『増鏡』である。足利高氏《たかうじ》・新田義貞《よしさだ》が宣旨《せんじ》を給わり、北条氏を亡ぼしたのも五月、『太平記』である。一貫しているのは宣旨や令旨《りょうじ》を給わった武士たちが「横暴」な平氏に戦いを挑むというモチーフだ。

とりわけ、土岐氏にも繋がる摂津《せっつ》源氏の頼政の挙兵から、以仁王の令旨を奉じる河内《かわち》源氏の頼朝の平氏打倒に至る『平家』、土岐一門の打倒計画の失敗から、足利・新田源氏の平氏（北条）打倒に至る『太平記』の同一構図は注目されよう。そしていま、光秀も源氏の末裔として「横暴」な平氏（織田）の信長を討つべく蹶起する。しかも、高氏そのままに丹波路に兵を返し、老《おい》の坂を越えて京洛に突入する……。

近世以前の人が事をなそうとする際、史文学に語られた英雄《ヒーロー》たちの行為を規範として模倣する傾向があった。幕末、倒幕に奔走した長州人は、自分の行動を『太平記』の楠木正成に比《なぞら》え、「正成をする」と称したという〔註1〕。とすれば、さしずめ光秀は「高氏をした」といえるだろう。「五月哉」の意義はかくも重いということを理解してもらえたと思う。

さて、光秀の発句に脇句を付けるのは亭主の西坊の坊主行祐である。

水上まさる庭のまつ山（「夏山」が正しい）

『平家』の「橋合戦」を踏まえた句である。以仁王を奉じる源頼政の軍勢と、平知盛《とももり》を大将軍に、上総介忠清《かずさのすけただきよ》（『平家』覚一本系は上総守とするが、他本によって「上総介」とする。上総は「介」が受領官途《かんど》）を侍大将とする六波羅勢が宇治川を挟んで激突する。相手の善戦に焦った忠清は渡河せんとするが、

……いまは河をわたすべく候が、おりふし五月雨のころで、水まさッて候。

と、知盛に告げ、渡河を断念せんとする〔註2〕。この情景を踏まえた行祐の脇句である。光秀が頼政に添って句をなせば、すかさず行祐は敵方の忠清に添って応じる。このような趣向こそ連歌の醍醐味であろう。ここで注目されるのは、忠清が「藤原上総介」だということだ。一時、信長が「藤原」を姓とし、また「上総介」を名乗っていたことを考えると、なかなか意味深長である。

さて、三句目は紹巴が「花の座」をもつ。

花落つる流れの末を関とめて

『平家』から『源氏物語』へと連歌の情景は転じる。『源氏物語』の専門家でもある紹巴ならではの華麗な転じかたとい

えよう。もとになったテクストは「花散里《はなちるさと》」である。

政敵の右大臣（信長が右大臣だったことに注目したい）と辣《らつ》腕家《わんか》である娘の弘徽殿女御《こきでんのにょうご》の攻勢に追い詰められた光源氏は自《みずか》らの過失ゆえに、彼らによって官位を剝奪され、都から追放されてしまう。すでに失脚と追放を予期した光源氏は、五月雨の合い間をぬって昔の愛人花散里の住居を訪れ、それとなく別れを告げようとする。それが「花散里」の巻である。天皇の物語上の分身である光源氏の危機は王権の危機でもある。そのことを踏まえて紹巴は「花落つる」と詠み、「花散里」を仄《ほの》めかしている。「花」は春の句だが、「五月雨」という夏の匂いを含むので、四句目の「ほととぎす」を引き出すのである。

この紹巴の句を正しく解釈すれば、彼が朝廷方の代表として連歌に加わったことが分かる。さらに決定的な証拠を示したい。

一筋白し月の川水

と、紹巴は「月の座」で句を付けている。

中国渡来の伝説によれば、月には桂の大樹があり、その根元より清流が湧いて川となるという。王朝和歌にも好まれた伝説である。とすれば、「月の川水」が「桂川」を指すことは決定的である。桂川を目指せ、という紹巴の句が光秀の京攻めを促していることは明らかであろう。かくも大事なことを紹巴の一存で表明するわけはない。彼は朝廷側の使者として連歌興行に参加したとしか考えられない。

『百韻』は『平家』『太平記』『増鏡』といった史文学、後鳥羽院の和歌や宗祇《そうぎ》の『水無瀬三吟』、『源氏物語』、『史記』周本紀（周の武王が殷《いん》の暴王紂《ちゅう》を討つ）といったテクストを踏まえつつ進行する。

その興行を通して光秀は朝廷の意向を受けた源氏が平氏を討つことの正当性を表明したのである。

〔註1〕司馬遼太郎「太平記とその影響」『余話として』（文藝春秋）

〔註2〕ここには『増鏡』の承久の乱の記事への示唆も考えられる。「いつの年よりも五月雨晴間なくて、富士川、天龍など、えもいはずみなぎりさわぎて……」（校注古典叢書　明治書院）

【引用文献】

『信長公記』角川文庫

『太平記』　日本古典文学大系
慈円『愚管抄』　日本古典文学大系
『平家物語』　新日本古典文学大系

〈付記〉本稿は「愛宕百韻に隠された光秀の暗号」（『歴史群像』一九九五年四月号）をもとに新たに書き下ろしたものである。

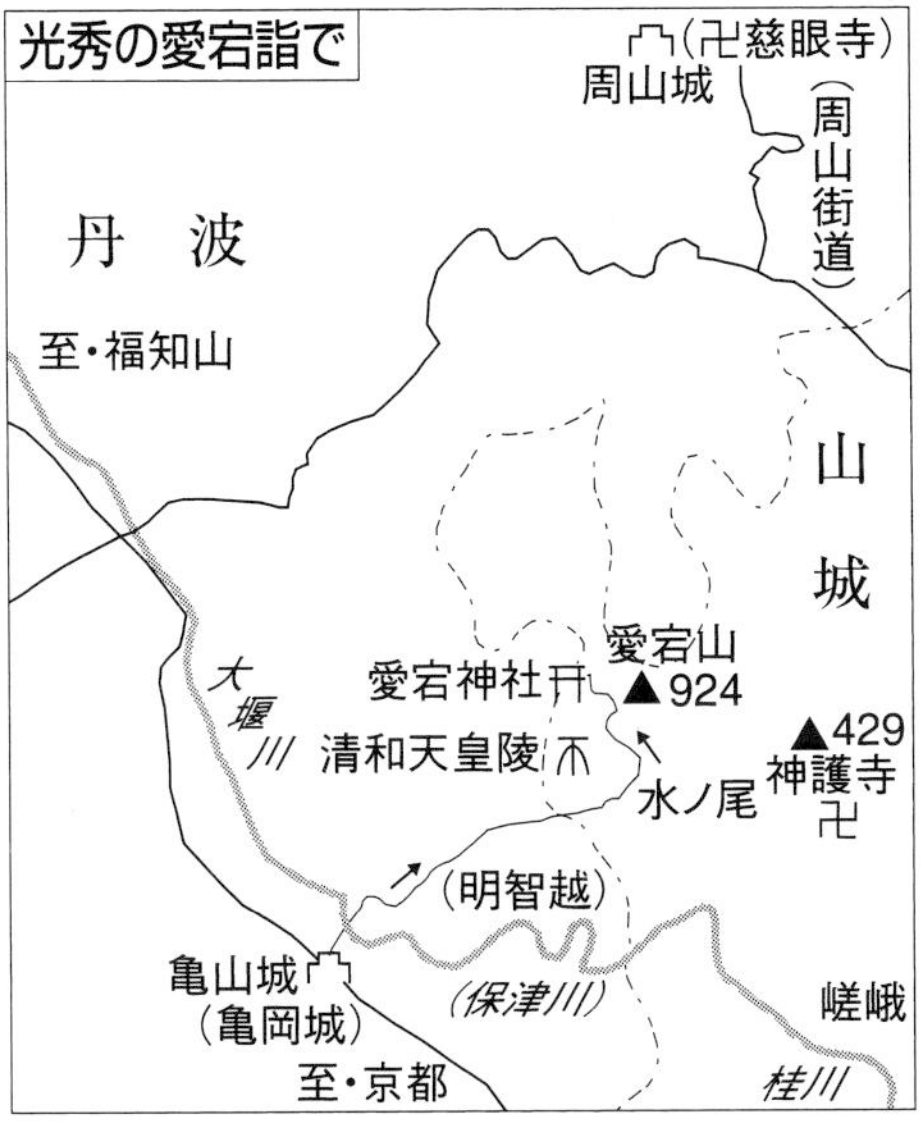

足利義昭と本能寺の変

天正十年（一五八二）当時、将軍同等の権限を獲得していた織田信長は、近江国（滋賀県）安土を拠点に、天下統一をめざしていた。信長に追放された十五代将軍足利義昭は、この時、備後国鞆（広島県福山市）に逗留し、毛利氏の庇護のもと、幕府機能を執行しながら、入京を画策していた。

三重大学助教授　**藤田達生**

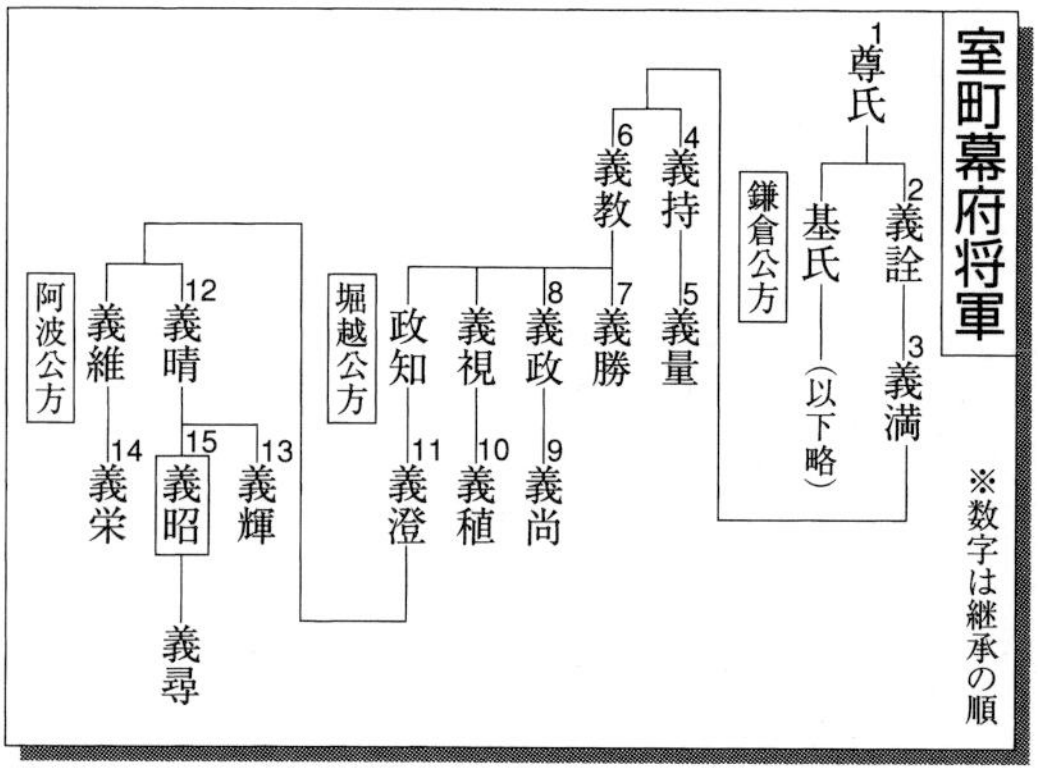

はじめに

元亀四年（一五七三）七月、将軍足利義昭《よしあき》は織田信長に追放され、室町幕府が滅亡した。これは、教科書レベルの通説である。研究史を振り返っても、その後の義昭の動向については、ほとんど問題にされることはなかったといえる。

一九七〇年代、精力的な研究で学界をリードした今谷明氏は、緻密な史料分析によって、戦国時代の室町幕府を「発見」された。管領《かんれい》細川氏の実力と官僚組織たる幕府奉行人《ぶぎょうにん》制が、将軍権力を再生産させていたとするのである。(1)

しかし今谷説にあっても、考察の対象は足利義輝《よしてる》の時期までであって、義栄《よしひで》・義昭の将軍二代については評価が低く、幕府滅亡に至る理解は、通説の域を超えるものではない。これは、室町幕府儀礼研究を進展させた二木謙一氏の研究においても同様であった。(2)

ここで注目する足利義昭が将軍であった時期、将軍権力や幕府は義輝期のそれと、

備後鞆城跡　毛利氏の庇護をうけて備後鞆ノ浦にやってきた〝流れ公方〟足利義昭の館は写真中央左手の小高い丘にあったという。広島県福山市

質的にどのように異なっていたのであろうか。義昭研究の基礎は、奥野高廣氏によって築かれた(3)。奥野氏の高レベルの実証は貴重であったが、あくまでも信長サイドからみた義昭像であって、とりわけ追放後は将軍権力とみていないという決定的な問題がある。

天正四年（一五七六）、備後《びんご》国鞆《とも》（広島県福山市）に下った義昭は、側近をはじめ大名衆（六角義堯ら）や奉公衆《ほうこうしゅう》・奉行衆以下の、優に百人を超える幕府関係者に支えられていた。義昭は、毛利輝元《てるもと》を副将軍（管領格）に据え、毛利家中の有力国人《こくじん》を御供衆として召し抱え、彼らに毛氈鞍覆《もうせんくらおおい》・白傘袋の使用などの特権を付与した。

中国地域の諸領主にとって、現職の将軍のもつ権威は絶大で、毛利氏にとっても急速に拡大した領国を維持するためには、少なからぬ利用価値があったと思われる(4)。天正十年六月の本能寺の変までの時期、義昭は御内書《ごないしょ》を乱発したが、同時に幕府奉行人奉書も発給させていた。毛利領のなかには、料所《りょうしょ》が設定され、「鞆夫」と称する独自の夫役《ぶやく》も徴収されていた。

特に看過できないのが、義昭が一貫して京都の五山禅院の住持を任命する公帖《こうちょう》を発給していたこと、そして防長《ぼうちょう》両国の寺社領への半済《はんぜい》を実施したことである(5)。これらの事実からしても、義昭一行の逗留によって、あたかも鞆に幕府が成立したかのような観を呈していたと思われる。

戦国時代とは、幕府が二つに分裂し正統を争う時代であった。それは、将軍家ばかりか管領家・守護家が分裂して両陣営に分かれて抗争するという、全国的で深刻な内乱状況を現出した。

明智光秀の出自と初舞台

出自については、土岐氏の流れで美濃明智城主の子ともいうが、定かではない。だが、『兼見』によると親類が美濃にいるから、美濃の出身であることは確かである。そして恵那郡明智とも無関係ではないであろう。ただ、特に名のある家の出ではなく、『当代記』にある「一僕の者、朝夕の飲食さへ乏かりし身」というのが真実に近いのではなかろうか。

『永禄六年諸役人付』に載った幕臣のうち、「足軽衆」の中に「明智」の名が見出せる。これはおそらく光秀であろう。「足軽」といってもただの歩卒というわけではなく、将軍の旗本というべき役と思われるが、この記事によって、光秀が義輝将軍の代からの幕臣であったことが知られる。

『細川家記』などでは、朝倉義景に仕えた後、信長に転仕とあるが、将軍義輝が永禄八年（一五六五）五月に殺された後、越前へ赴いたということ、ここで義昭や細川藤孝らと知り合ったということは概ね正しいと思われる。（以下略）

（谷口克広『織田信長家臣団事典』より）

通説では、このような状況を統一に導いたのが信長であったとするのであるが、それは厳密ではない。晩年の信長は将軍と同等の権限を獲得しており、それを支えたのが明智光秀を筆頭とする幕府衆であった。(6) あえていうならば、信長と義昭との対立が、再び幕府の分裂と相互の抗争を生んだのであって、ここにおいて戦国時代が終焉を迎えたとはいいがたいのである。

以上の認識を念頭に、小稿では本能寺の変の直前・直後の義昭の動向に着目する。この史上まれにみるクーデターは、天下人を中心とする専制体制の創出を阻《はば》んだものであり、そこには義昭に連なる守旧派とよぶべき広範な人脈を想定せざるをえないのである。

一、義昭と光秀

ここに本能寺の変に関わる、義昭と光秀との関係を物語るきわめて興味深い史料がある。

【史料①】(7)

尚以《なおもって》、受（請）衆御入洛《ごじゅらく》義御馳走肝要候、委細為（闕字《けつじ》）上意《じょうい》、可被仰出候由也、

不能巨細候、

如仰未申通候処ニ、

（平出）上意馳走被申付而示給、快然候、然而

（平出）御入洛事、即御請申上候、被得其意、御馳走肝要候事、

一、其国儀、可有御入魂旨、珍重候、弥被得其意、可申談候事、

雑賀崎浦　和歌山市の西南にある景勝の地、和歌浦の突端に位置する。雑賀衆の湊であったろう。和歌山市

一、高野《こうや》・根来《ねごろ》・其元之衆(雑賀衆)被相談、至泉・河(和泉・河内)表御出勢尤候、知行等儀、年寄以国申談、後々迄互入魂難遁様、可相談事、

一、江州・濃州悉平均申付、任覚悟候、御気遣有間敷候、尚使者可申候、恐々謹言、

六月十二日　光秀(花押)

雑賀《さいか》五郷
土橋平尉《つちはしへいのじょう》(重治)殿
御返報

既に拙著『本能寺の変の群像―中世と近世の相剋―』[8](以下、拙著と記す)でも強調したが、本史料は内容と形式から、天正十年のものであることを確認しておきたい。光秀が、反信長派雑賀衆のリーダー土橋重治《しげはる》と接する可能性は、この年以外に考えられない。また京都を離れており、その「上意」や「御入洛」が平出(改行)や闕字(上を一字分あけること)で敬われる貴人は、足利義昭を除いて存在しないからである。

まずは、光秀が書状を与えた紀伊国雑賀(和歌山市)の土豪土橋重治についてである。重治は、天正十年正月に発生した信長派雑賀衆のリーダー鈴木氏との抗争に敗北し、同国日高《ひだか》郡に逃亡していた。本能寺の変が勃発すると、たちまち雑賀に復帰し、分裂していた雑賀五郷を統合した。それにあわせて光秀に書状を認《したた》めたが、その返書が史料①なのである。では、傍線を施した冒頭部分から解釈したい。

おっしゃるとおり、いまだご挨拶も差し上げておりませんのに、(義昭の)上意

足利義昭木像　室町15代将軍・義昭（1537－97）は12代将軍・義晴の次男に生まれ、奈良興福寺一条院の院主となっていた。13代を継いだ兄・義輝が三好党に襲殺されたとき、幕臣の細川藤孝らに擁立されて近江・若狭・越前と居を移し、信長との出会いをむかえる。上洛を果たして待望の将軍となるが、信長と齟齬をきたし、ついに元亀４年（1573）７月に挙兵するが敗北し、追放されて紀州に赴いた。京都市・等持院蔵

への与同を命ぜられたことをお知らせいただき、大変感謝いたします。しかし（義昭の）御入洛のことにつきましては、既に私はお請け申し上げております。そのことを心得られて、ご協力下さいますことが重要です。

これからは、雑賀への復帰と統合というクーデター直後の重治の俊敏な行動が、あらかじめ足利義昭からの命令を受けてのものであった可能性が高いことがわかる。しかも毛利氏に本能寺の変の速報を伝えたのも、土橋氏周辺と考えるのが自然である。やや後の史料ではあるが、（慶長六年）吉川《きっかわ》広家《ひろいえ》自筆覚書案[9]には、「従《より》紀州雑賀、信長不慮之段、慥《たしか》ニ申越候」と記されているからである。

これに対して光秀は、既に重治とは別ルートで義昭から入洛要請を受け、承諾していることを述べている。そしてこのクーデターが、光秀の主導で起こされたものでないことが、尚々書《なおなおがき》（追伸）から確認できる。以下、逐語訳を示す。

なお（義昭からの与同要請を）受諾した諸勢力の入洛を援助されることが重要なことです。細かな作戦につきましては、（義昭から）ご指示が出されるということです。したがって当方からは申せません。

この部分からは、義昭の命令を受諾した勢力が、入洛後の将軍を支えるために、続々と上洛することになっていたこと、しかも全軍を統括し命令を出す主体は義昭であったことが確定される。

したがって光秀に対しても、土橋氏と同様に義昭からのアプローチがあったとみ

明智光秀木像　光秀は美濃出身で幕臣だったとされるが、その前歴は必ずしも明らかでない。越前で足利義昭と細川藤孝に出会ったことが人生の転機となった。福井市東大味に所在する明智神社は写真の木像を祀るが、その地は光秀の居館跡という。

るべきであろう。義昭の描いた京都復帰プランにもとづいて、光秀が行動したのである。では、なぜ光秀が信長から離脱し、旧主義昭のもとに復帰したのであろうか。

拙著で詳述したように、その直接的な原因は、天正九年六月における信長による四国国分《くにわけ》案の変更にあった。信長が、長年にわたって光秀を介しておこなっていた長宗我部《ちょうそかべ》氏への支持をやめ、三好《みよし》氏を使って四国を統一しようとしたからである。この外交政策の転換によって、光秀は四国政策における発言権を失った。それにかわって甥秀次《ひでつぐ》が三好康長《やすなが》の養子となっている羽柴秀吉が、中国ばかりか四国においても、一定の地歩を占める可能性がでてきたのである。

この背景には、秀吉と光秀との最有力家臣の座をかけた抗争があった。秀吉は、四国政策の変更を決定的なものとすべく、神戸信孝《かんべのぶたか》（信長三男）を取り込んで信長に働きかけた。その結果、信長は信孝を三好氏の養子として讃岐《さぬき》国主とすることを決心する。

光秀は、きたるべき中国・四国攻撃ののちの自己の処遇について不安であった。なによりも、取次として深く関係した長宗我部氏が信長に敗北すること、これによって光秀の政権的地位が決定的に低下することは、容易に予想できたからである。それに追討ちをかけるように彼を悩ませたのが、近い将来の国替《くにがえ》であった。

たとえば本願寺没落直後の天正八年九月の時点で、信長が光秀の与力《よりき》大名中川清秀《きよひで》に中国平定後の恩賞として「於中国一両国可宛行之《これをあてがうべし》」との朱印状[10]を発給していたように、光秀も国替を強制されることは確実であった。

土佐岡豊城跡　土佐を統一した長宗我部元親は、岡豊城を拠点として伊予・阿波・讃岐に出兵し、四国の統一をもくろんだ。高知県南国市

これによって、近江国の所領は勿論、天正三年以来苦労して手に入れた丹波国からも離れねばならなくなる。しかも与力であった諸大名が、そのまま彼に付属される可能性は、きわめて低かった。畿内からの転封《てんぷう》は、朝廷との交渉や京都支配などでその才能を発揮していた光秀にとって、活躍の場を取り上げられること、すなわち左遷を意味したのである。

このようにして、光秀は追いつめられてしまった。これが、本能寺の変の直前の状況であった。かりに、光秀がこの段階で信長から離反することを決意したとするならば、反信長勢力との連携が不可欠であるから、その中心にあった義昭を意識するのは当然であろう。

拙稿「明智光秀の政権構想[11]」（以下、拙稿と記す）で確定したように、天正十年五月下旬に、光秀は使者を織田軍に包囲された上杉方の越中最後の拠点魚津《うおづ》城（富山県魚津市）に派遣し、クーデター情報を伝えていた。

史料①をふまえたならば、光秀個人の判断で遣わしたと考えるよりは、義昭の指示によるとみるほうが自然ではなかろうか。光秀が、まったく交渉のない上杉氏に対してコンタクトを取るのは、想像する以上に容易なことではなかったであろうから。

さらに教如《きょうにょ》の行動も、義昭との関係から解釈したほうが合理的である。教如は、天正八年八月の大坂本願寺からの退去後も一貫して義昭を推戴《すいたい》していた。彼は、天正十年の三月から四月にかけて、上杉氏と連携し越中国五箇山《ごかやま》で一揆を扇動して、魚津・松倉両城を攻撃する柴田勝家《かついえ》軍の後方を攪乱した。しかし魚津城の陥落が目前に迫り、上杉氏の敗色が濃厚となった時点で越中国を退去し、クーデター直後ま

教如画像　教如（1558—1614）は本願寺法主・顕如の法嗣。大坂退去に反対で父と対立、本坊などを焼いて退去したという。秀吉の時代、文禄元年（1592）に12世法主となる。滋賀県立安土城考古博物館蔵

でには紀伊国鷺森《さぎのもり》本願寺（和歌山市）に帰還していた。

『宇野主水《もんど》日記』六月四日条には、早くも長宗我部元親《もとちか》の使者が、本願寺に到着していたことが記されている。これは、本能寺の変への対応を協議するために派遣されたと理解すべきである。この時期、長宗我部氏には義昭から帰洛への奔走を命じる御内書がもたらされていたからである。(12)

　六月二日未明に発生した本能寺の変の情報が、土佐岡豊《おこう》城（高知県南国市）の長宗我部氏のもとまで伝わり、即座に判断して使者を派遣しても、六月四日に本願寺に到達するのは、かなりむずかしいのではあるまいか。土橋氏の敏感な対応と同様に、クーデターの発生をあらかじめ予想して出立させるぐらいでなければ不可能と思われる。

　なおクーデターの日程は、神戸信孝が率いる織田軍による長宗我部氏攻撃を阻止するために決定したとみられる。事実、クーデター情報がもたらされたことによって、四国攻撃軍は渡海することなく壊滅した。

　このような状況のもと、本願寺においては顕如《けんによ》・教如父子の和解工作が進められ、勅命《ちょくめい》講和によって一本化に成功する。それを受け、本願寺は光秀に対して六月十二日に正式の使者を派遣した。その前提としては、反信長派の土橋氏による雑賀統合があったと考える。これによって、本願寺の直属部隊が出陣するための条件が整ったのである。

　以上から、本能寺の変に関与した中心人物として、信長打倒と京都復帰をねらう将軍足利義昭が位置づけられる。光秀を実行部隊としてクーデターを

伯耆羽衣石城跡　因幡鳥取城の陥落により、伯耆の諸勢力で秀吉方に付く者が出たため、毛利氏は山陽・山陰の２方面で防御を余儀なくされた。羽衣石城は室町初期の創建以来、南条氏代々の居城。昭和初年に、南条氏の子孫によって城跡西端に模擬天守閣が建てられた。鳥取県東郷町

起こさせ、毛利氏・長宗我部氏・上杉氏、そして雑賀衆をはじめとする紀州の一揆勢力が、続々と上洛して新体制を支えるというシナリオになっていたことが判明するのである。

二、義昭の誤算

ここでは、義昭を擁した毛利氏が秀吉軍を追撃しなかった理由について検討したい。義昭の京都復帰作戦は、これを除けば、すべて順調に進捗していたからである。義昭はもとより光秀の誤算も、つまるところここにあった。

まず備中《びっちゅう》国高松（岡山市）における、秀吉と毛利氏との講和締結の経緯である。これについては、（天正十年）六月八日付村上元吉《もとよし》宛毛利輝元《てるもと》書状[13]に「羽柴和平之儀申之間、令同心無事候、先以《まずもって》互引退《ひきのき》候」と、秀吉から持ち出したように記している。これは事実であろう。

既に毛利氏の劣勢が決定的となった天正九年から、織田・毛利両氏間では国分交渉が数度にわたっておこなわれていた。その段階から毛利氏は、義昭に対して一定の距離を置くようになったとみるべきである。

ただし、毛利氏は義昭を見捨てていたわけではない。前述した天正九年六月の四国国分案の変更によって、信長と長宗我部氏は断交する。そこで長宗我部氏は、積年の宿敵毛利氏と軍事同盟を結ぶのである。これによって、東伊予《いよ》や西讃岐の郡規模領主は、一斉に長宗我部氏のもとに服属してゆく。

毛利氏にしても、信長との国分交渉に必ずしも成算があるわけではなかった。長

毛利輝元画像　安芸の国人から山陰・山陽7ヶ国を領する大々名となった元就の死後、孫の輝元（1553—1625）は2人の叔父、吉川元春・小早川隆景の〝両川〟に支えられて領国の維持に努めたが、信長・秀吉の出現によって押され気味となった。防府毛利報公会蔵

宗我部氏との同盟は、最悪の事態に対処するための保険といってもよい。そしてこの中国・四国同盟の中核には、義昭が位置づけられていたのであった。

このように変直前において、義昭と毛利氏とは一枚岩の関係ではなかった。しかし毛利氏からすれば、依然として義昭の利用価値はあったと考えられる。

以上をふまえて、本題に入りたい。次に、本能寺の変直後の毛利氏の動静を示す格好の史料を掲げる。

【史料②】[14]

上表如此上者、北前儀先指置、至備《（備前）》・播《（播磨）》急度《きっと》及行《てだてにおよび》、此節帰洛馳走肝要、自然諸卒於打入者、不可有其曲候、為其差越秀政、委細昭光《あきみつ》可申候也、

（天正十年）六月九日　（義昭花押）

吉川《きっかわ》駿河守《（元春）》とのへ

同治部少輔《（元長）》とのへ

義昭が命令した「北前儀先指置」とは、備中国高松からは北に位置する羽《う》衣石《えし》城主南条氏をはじめとする伯耆《ほうき》国諸勢力への攻撃を中止せよという意味であると判断する。講和直後、吉川元春《もとはる》・元長《もとなが》父子は、反乱分子南条氏の鎮圧に向かう予定だったのだろう。義昭は、そのようなことはやめて、ただちに備前・播磨方面に向けて出陣し、自《みずか》らの帰洛のために奔走せよと指令したのである。

一方、小早川隆景《こばやかわたかかげ》は（天正十年）六月六日付隆景書状[15]によると、「幸山《（幸山城）》・川辺《（下道郡）》迄打入候《うちいり》」と記されており、宇喜多《うきた》氏と接する備中国東境地域を押さ

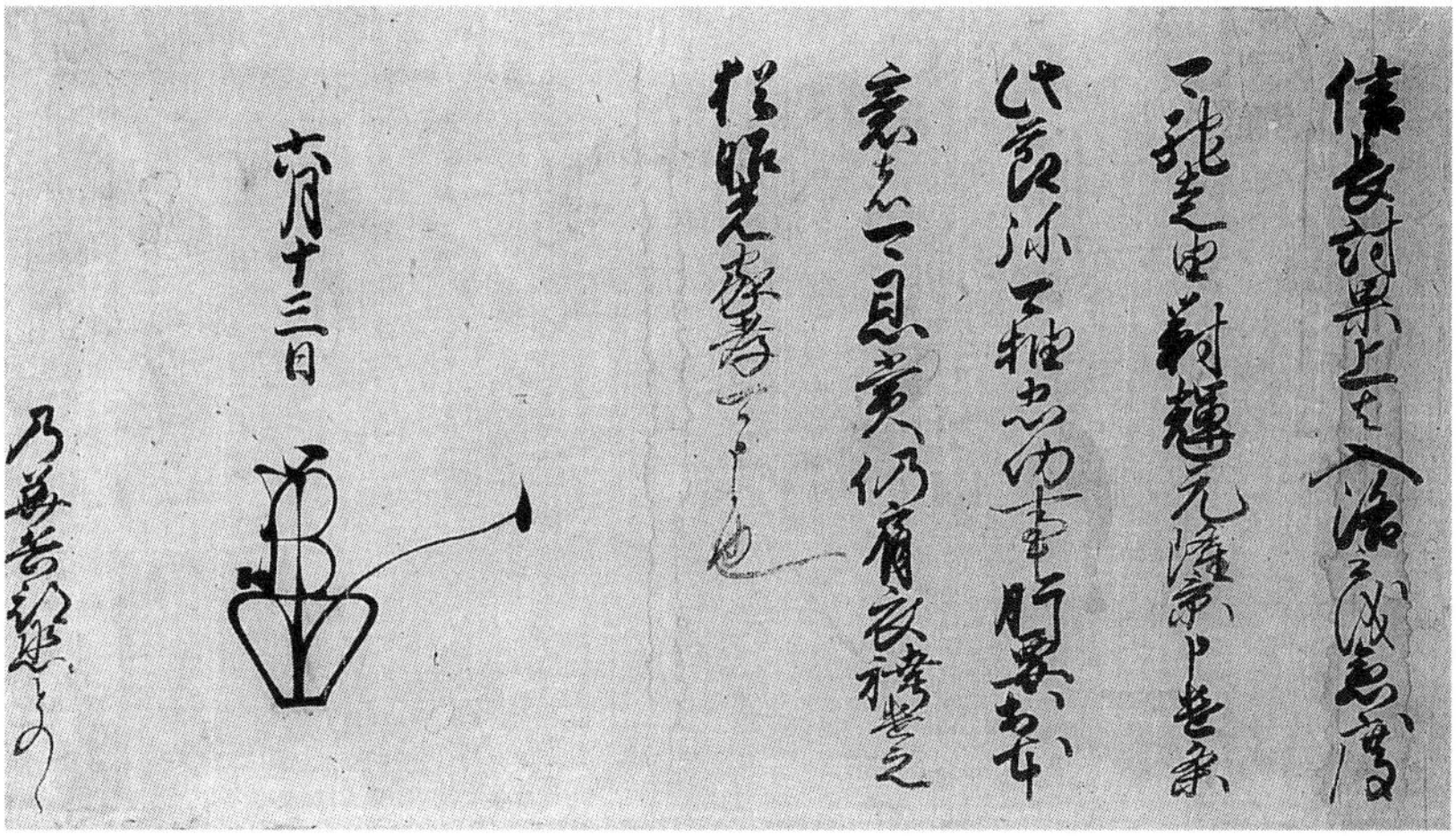

えようとしていたことが確認される。そのような折、吉川父子と同日の六月九日に、義昭から「上表如此上者、至備・播急度及行、此節帰洛馳走肝要」との命令を受けている(16)。

義昭は、千載一遇の好機に臨んで積極的に行動しない毛利氏重臣に対して、さらに督促する。これについては、六月十三日付で毛利水軍の有力者乃美宗勝《のみむねかつ》に発した御内書(17)が看過できない。すなわち、その冒頭で「信長討果《うちはたす》上者《うえは》、入洛之儀急度《きっと》可馳走由《よし》」と、クーデターの内幕を公言するほどエスカレートした表現をとっているのである。

義昭は、境界領域を固めるばかりで上洛に向けて動かない毛利氏に、出陣を迫ったのであるが、毛利氏は結果的にそれを受け入れなかった。長年に及ぶ戦闘で相当に消耗しており、これ以上の危機は回避すべきと大局的に判断していたと思われる。それが、秀吉からの講和申し込みを受け入れた最大の理由であろう。これが、義昭と毛利氏との現状認識の上での重大なズレであった。

かりに毛利氏が秀吉軍を追尾しようとすると、正面から宇喜多氏が、さらに背後からは南条氏が、攻撃を開始するようになっていた。毛利氏は、これまでも宇喜多氏の防戦によって備前進入を阻止されており、結局のところ講和後も慎重策をとらざるをえなかったのである。

義昭そして光秀も、クーデターを起こしてしまえば、毛利氏も参陣すると読んでいたのであろうが、毛利氏の内部事情や秀吉の対応を十分には考慮し

足利義昭御内書（右）　天正10年6月13日付で、小早川氏の重臣・乃美宗勝にあてたもの。本文は「信長討果上者、入洛之儀急度可馳走由、対輝元・隆景申遣条、此節弥可抽忠功事肝要、於本意者可恩賞、仍肩衣袴遣之、猶昭光・家孝可申候也」と書かれている。京都市・本法寺蔵

淡路洲本城跡（左）　水軍・安宅氏の拠点だったが、天正9年（1581）に羽柴秀吉に攻略された。江戸時代は阿波徳島城主・蜂須賀氏の属国となり、城代が置かれた。写真の建物は模擬天守閣。兵庫県洲本市

えていなかったとみるべきである。このようにクーデター後の展開については、不透明部分や不安材料が存在したのであるが、二人にはそれを押してでも決行せざるをえない、抜き差しならぬ現実があったと理解すべきであろう。

さてクーデターの成功の鍵を握るのが、淡路《あわじ》の制圧・確保という問題であった。これは、雑賀衆と連携して大阪湾の制海権を掌握し、織田方勢力の籠もる大坂・岸和田両城を孤立させるために不可欠であったばかりか、長宗我部氏の摂津《せっつ》上陸作戦とも連動していたからである。関係史料を示したい。

【史料③】[18]

洲本城(淡路)へ菅平右衛門入城候由注進候間、只今午《うま》刻、至大明石《あかし》令着陣候、明日渡海、彼城取巻可責干候、然者《しからば》内々忠儀可有之旨、与二衛門ニ被申含由候条、此時候間、於有忠節者、知行《ちぎょう》等可遣候、恐々謹言、

(天正十年)六月九日　筑前守

秀吉（花押）

事実、クーデター直後に毛利方の水軍菅平右衛門が行動し、ただちに淡路国を平定している。ここは、前年の九月から十一月にかけて秀吉軍が侵攻して織田領となっていた。ところが史料③によると、上洛の途上にあった秀吉が、菅氏の洲本《すもと》入城に関する情報を正確にキャッチして、攻撃命令を出している。

拙著では、秀吉が光秀のクーデターをあらかじめ予想していた可能性を指摘した。なによりも、自らが光秀を追い込んだことから、当時の秀吉は光秀の行動を相当に警戒していたとみられるからである。

秀吉の細川藤孝父子宛て起請文

敬白起請文前書之事

一、今度、信長御不慮ニ付いて、比類なき御覚悟持ち頼もしく存じ候条、別して入魂申上ぐるは、表裏公事を抜きんずるなく、御身上見放し申すまじき事、

一、存じ寄りの儀、心底残らず、御為よき様ニ異見申すべき事、

一、自然、中意の族これあらば、互いに直談を以って相済ますべき事、

右条々もし偽りこれあるにおいては、梵天、帝釈、四大天王、惣じて日本国中大小神祇、八幡大菩薩、天満大自在天神、殊に愛宕、白山、氏神御罰深重罷りこうむるべきものなり、仍って起請文件の如し、

羽柴筑前守
秀吉（花押血判）

天正拾年七月十一日
長岡兵部太輔殿
長岡與一郎殿

その証拠の一端として、クーデターから二日後の六月四日以前に、秀吉方が備中国高松から播磨国姫路を経て但馬国《たじま》へと北上し、山陰道経由で光秀の領国丹波を横断して京都そして近江国長浜までの通路を確保していたことをあげた。

これを、単なる偶然の幸運と断言できようか。山陽道（西国街道）ではなく、このような迂回した不自然なルートを確保しえたのは、弟秀長《ひでなが》が但馬国を領有しており、この経路を通じて隣接する丹波国の情報を収集していたからではなかろうか。

これに関連して、光秀が毛利氏に派遣した使者が誤って秀吉の陣に入ったため、秀吉が毛利氏に先んじて信長横死の情報を得たとする古来よりの通説も、再検討の必要がある。秀吉は、六月三日にはクーデター情報に接していた。これについては、先述した自前のルートで情報を確保していたとみるほうが自然であろう。

常識的に考えて、このように重要な用件をもたらす使者が、初歩的かつ致命的なミスを犯すであろうか。秀吉の幸運、そして光秀の不運が、あたかも天命であったかのように演出するための創作であった可能性すら考えられよう。かりに、もしこれが事実であったとしても、不確かな情報から即座に機敏な行動をなしえただろうか。

また拙著では、秀吉がクーデターの背後に潜む人脈や政権構想の詳細まで知っていた可能性についても論及した。光秀がもっとも頼りにしていた丹後国の与力大名細川藤孝《ふじたか》が、毛利氏が動かないことを確認したうえで、保身のためにクーデターに関わる最高機密を秀吉に提供した蓋然性が高いからである。

山崎の戦いののち、七月十一日付で秀吉が細川氏に対して、全面的に協力してく

れたことを感謝するとともに、今後の処遇の保全を請け負う旨の起請文[19]を提出している。領国に閉じこもっていたのでは、クーデター鎮圧後に光秀方への与同を疑われ処分されてしまうと判断した細川氏が、秀吉に恩を売った見返りの措置と考えられる。

なぜ最前線の秀吉が、約二〇〇キロもの長距離を、異常な速度で、しかも光秀方勢力を的確に掃討しながら京上し、決戦において快勝するといった「奇跡」を実現しえたのであろうか。我々は、秀吉が従軍作家大村由己《ゆうこ》などを通じて創作させた数々の「神話」に、いまだに幻惑されてはいないだろうか。これについては、学問的に検討すべき段階を迎えていることを痛感する。

柴田勝家木像　本能寺の変が起こったとき、越前北庄城主で北陸方面軍司令官の勝家（？—1583）は、越中富山城主の佐々成政や能登七尾（小丸山）城主の前田利家らとともに、越中東方の魚津・松倉で越後上杉氏と合戦を続けていたため、3日に変報が届いても、動くことができなかった。福井市・西光寺蔵

むすび

本能寺の変については、もはや光秀の個人的な感情から発生したとするような、通説的な理解は成立しえない段階になっている。今後も、中世から近世への転換期の政治史のなかで、議論が深化されねばならないであろう。

この時期において、武士団の結集原理をめぐり、激烈な相剋《そうこく》があった。一つは、信長が創出した改革イデオロギー「天下」思想[20]を背景とする、天下人への領主権の一局集中をめざす動きであり、また一つは、伝統的な将軍権力に結集する室町幕府体制の復活への揺り返しである。

前者をめざし、秀吉は信長の正統的後継者となった。これに対して、信長重臣のなかには後者をめざした人物が何人もいた。光秀を除いても、足利義

天正十年六月九日付、明智光秀書状

覚

一、御父子もとゆゐ御払候由、尤無余儀候、一旦、我等も腹立候へ共、思案候程、かやうニあるへきと存候、雖然、此上は大身を被出候て、御入魂所希候事、

一、国之事、内々摂州を存当候て、御のほりを相待候つる、但、若之儀思召寄候ハヽ、是以同前ニ候、指合きと可申付候事、

一、我等不慮之儀存立候事、忠興なと取立可申とての儀ニ候、更無別条候、五十日、百日之内ニハ、近国之儀可相堅候間、其以後は十五郎、與一郎殿なと引渡申候て、何事も存間敷候、委細、両人可被申候事、

以上

六月九日　光秀（花押）

昭を推戴した代表的な重臣としては、反乱を起こした荒木村重《むらしげ》や秀吉と対立した柴田勝家が指摘される。

村重の場合は、義昭が派遣した側近小林家孝の説得による。村重は、天正六年十一月に反乱を起こす以前に、義昭・毛利氏・大坂本願寺と連携していたのである(21)。これは、勝家の場合も同様であった。彼は、天正十年十一月以前に義昭からの入洛要請に受諾しており(22)、翌年四月の賤ヶ岳《しずがたけ》の戦いも幕府復活をめざすものであった。

注目すべきは、村重・勝家の両人ともに義昭のアプローチを請けてのものであったことである。このようにみると、光秀が義昭を推戴したことは、決して異常な行動ではなかったと判断される。義昭が、追いつめられた光秀に対して、なりふりかまわず働きかけた可能性はきわめて高い。信長の毛利氏攻撃を前にして、義昭は命さえ危うい状況にあったからである。

光秀は、クーデターののち政権構想の一端を語っている。すなわち敗色の濃くなった六月九日の時点で認《したた》めた細川藤孝宛自筆書状(23)では、「我等不慮之儀存《ぞんじ》立《たち》候事、忠興（細川）なと取立可申とての儀ニ候、更《さらに》無別条候」と告白しているのである。これは、細川氏をつなぎ止めておくための言辞などではなかろう。

光秀は、将軍足利義昭を補佐する管領に、娘婿細川忠興《ただおき》を据えようとしたのである。やはり彼は、旧体制の復活を構想し、その実現に賭けていたのであった。信長の政治改革を支えた「天下」思想は、光秀そして勝家を退けた秀吉によって継承されることになる。

足利義昭のその後

同（天正）十年（一五八二）六月本能寺の変で信長が倒れると、義昭は重ねて、毛利輝元に奔走を命じ、また同十一年の羽柴秀吉と柴田勝家との争いにも、毛利氏を利用しようとしたが、成功しなかった。同十三年秀吉は義昭の猶子となり、征夷大将軍に任命されることをのぞんだが、義昭はこれを拒否した。同十四年から義昭は島津氏に対し、秀吉と和平するようにすすめた。同十六年正月すでに帰京しており、山城槇島に住み、出家し昌山道休といい、一万石を与えられた。同十三日参内して准三宮となった。文禄の役に肥前名護屋に従軍したが、慶長二年（一五九七）八月二十八日大坂で死亡。六十一歳。京都相国寺霊陽院昌山道休。正室なく側室六名、子は三名を数える。

（奥野高廣氏、『国史大辞典』より）

【註】

（1）同氏『戦国期の室町幕府』（角川書店、一九七五年）・『室町幕府解体過程の研究』（岩波書店、一九八五年）など。

（2）同氏『中世武家儀礼の研究』（吉川弘文館、一九八五年）

（3）同氏『足利義昭』（吉川弘文館、一九六〇年）

（4）鞆滞在中の義昭関係史料については、『鞆の浦の歴史　福山市鞆町の歴史的町並みに関する調査研究報告書Ⅰ』（福山市教育委員会、一九九九年）参照。

（5）長谷川博史「足利義昭と鞆の浦」（前掲『鞆の浦の歴史　福山市鞆町の歴史的町並みに関する調査研究報告書Ⅰ』所収）参照。義昭の公帖発給については、斎藤夏来「織豊期の公帖発給権―五山法度第四条の背景と機能―」（三鬼清一郎編『織豊期の政治構造』吉川弘文館、二〇〇〇年）など参照。

（6）明智光秀は、元来は足利義輝に仕える幕臣であった（谷口克広『織田信長家臣人名辞典』）。永禄十年（一五六七）に義昭を推戴して信長との折衝役を務めたのを皮切りに、義昭の近臣として幕府衆を束ねるようになる。義昭の追放ののちは、「公方衆」とよばれる幕臣の多くを家臣団として抱える。たとえば、天正九年の京都馬揃の際も、信長から公方衆の差配を命じられているように（『立入隆佐記』天正九年正月十八日条）、畿内政治において重要な役割を果たす幕府衆のリーダーであったとみられる。

（7）東京大学史料編纂所架蔵影写本「森家文書」。ただし第三条は、「江州・淡州悉平均申付」とも読める。宛所の土橋氏が雑賀衆であることから、淡路国の情報は得やすいため濃州と判断した。

（8）雄山閣出版（二〇〇一年）。拙著の構想は、拙稿「織田政権から豊臣政権へ―本能寺の変の歴史的背景―」（『年報中世史研究』二一、一九九六年）以来のものである。

（9）『吉川家文書』九一七

（10）神戸大学文学部日本史研究室編『中川家文書』一

（11）『是非に及ばず―本能寺の変を考える―』（安土城考古博物館、二〇〇一年）所収。

（12）（天正十年）六月十七日付香宗我部親泰宛義昭御内書（東京国立博物館所蔵「香宗我部家伝証文」）。本史料によると、これ以前に義昭から帰洛のために奔走を命じる御内書が、長宗我部氏のもとにもたらされていたことがわかる。

（13）『萩藩閥閲録』一（「村上図書」一九）

（14）『吉川家文書』五〇〇

（15）『萩藩閥閲録』二（「岡吉左衛門」四二）

『上杉本 洛中洛外図屏風』に描かれた公方邸　室町幕府の将軍邸は〝花の御所〟とよばれた。将軍足利義昭が夢見ていたのは、このような閑雅な将軍の日常であったのだろうか。山形・米沢市上杉博物館蔵

(16)『小早川家文書』二五一。年代比定については、前掲『是非に及ばず―本能寺の変を考える―』八六頁を参照されたい。

(17) 東京大学史料編纂所架蔵影写本「本法寺文書」

(18)「広田文書」一（『兵庫県史 史料編中世一』所収）

(19)「細川文書」（『大日本史料』天正十年七月十一日条）

(20)「天下」思想については、拙著第二章を参照されたい。

(21) 天正六年十月十七日付荒木村重・同新五郎父子宛本願寺光佐誓紙（京都大学所蔵）には、「一、摂津国之儀者不申及、御望国々右ニ如申、知行方従当寺裁判、寺記《(寺規)》・法度ニ候へとも、被対申公《(足利義昭)》儀幷芸州《(毛利輝元)》へ御忠節之儀候間、被任存分様、随分可令才覚」と記されている。

(22)（天正十年）十一月二十一日付義昭御内書（「木村文書」、『越佐史料』六、天正十年十一月二十一日条、所収）には、「入洛之儀、対柴田修理亮《(勝家)》申遣処、則及請候」と記されている。

(23)「細川文書」（『大日本史料』天正十年六月九日条）

『本能寺の変の群像――中世と近世の相剋』藤田達生氏著書。

［コラム］

天の配剤

——文芸に見る光秀と信長

エッセイスト 大牟田 太朗

〈死のうは一定〉の世界

子供の頃、講談などで本能寺の変の一席に馴染《なじ》んでいたが、天下統一にあと一歩なのにと、明智光秀を憎んだものである。京都の伏見と山科《やましな》境の小栗栖《おぐるす》の段にかかり、光秀が「土民」の竹槍をくらって最期を遂げると溜飲をさげた。謀叛人め、悪の終わりはこのざまよと、大体が主の仇討ちを果たす羽柴秀吉に拍手喝采のつくりになっていて、非常に分かりやすく、単純にそういった仕掛けにはまっていただけであるが。

長じるにしたがって、待てしばし、光秀の「謀叛」にはよくよくの理由がなければならない、あるはずだ、と考えるようになる。遺恨や野望といっても、もうひとつその勘所《かんどころ》が判然としない。歴史学界でもさまざまの議論がなされているが、歴史の闇は依然として濃く深い。

織田信長・豊臣秀吉・徳川家康、三者のうち誰を好むかというゲームが以前から続けられてきた。光秀などはその範疇に決して入れてもらえない。血液型で人間の性格を占うのに似て児戯に類するが、その延長線上であるかのように「信長ぎらい」だの「秀吉びいき」だのという言説を耳目にすると、この頃では、なにか釈然としない違和感を覚えてしまう。好みはそれぞれあるからそれはひとまず措《お》くとして、戦国時代の最終局面に登場する人物に、人はなぜ惹かれるのか。

応仁の乱以降百年の間、断続的にいくさが続けば、人々は常に死に直面しなければならない。「痛み」だの「癒《いや》し」などと言っていられない時代である。殺さなければ殺される。剝き出しの欲望だけが生を支配する。裏切り、謀殺、干殺し、焚殺、鏖殺《おうさつ》、残虐極まりない処刑は常のことで、人間同士の信義は何ほどの値打ちもない。戦場で旌旗《せいき》をなびかせ、報酬目当てに敵の首をかき斬っているなどは、グロテスクなファルスとしか言いようがないではないか。宗教もまた、本来の教えや救済より既得権防御のために武装を解こうとしない。

常に生と死の境界線上にあって、それだからこそ人としての心持ちの天晴《あっぱ》れさやまことの信義とは何なのか、それを体現しているのは誰なのかを発見したいので、現代でも戦国時代の人物が繰り返し文芸の分野で人気を呼ぶのであろう。近年では信頼できる史料を援用し、その解釈を下敷きにする著作が歓迎されるようになった。とは言え、小説は歴史学ではないから、特に、想像力とともに何らかの異説や仮説を引き入れる要素をもっている。正しいかどうかは別の問題である。

津本陽著『下天は夢か』。この小説は、織田信長の初陣から本能寺の変にいたるまで、血塗られた四十九年の生涯を時系列的に構成した長大な戦記物である。登場人物も膨大な数になるが、信長を核としてとりわけ秀吉と川並衆《かわなみしゅう》の活躍が表立っており、本能寺の変で光秀がクローズアップされるまではそのありようが秀吉との対比で描かれ、点景のように見え隠れする、という印象がある。

信長の「人間五十年」「死のうは一定《いちじょう》」の哲学と覚悟のほどは立派である。新たな敵に包囲される状況に休むいとまもなく、次の目標に向かって戦略を練り、突き進んでは常に血の池の中にいる。作者はさり気なく、四季の草花、鳶《とんび》の舞う情景や鶯《うぐいす》の鳴き声、蜻蛉《とんぼ》の飛び交いなどを挿入しているが、それによって修羅の世のやり切れなさがより鮮明に浮かび上がる。が、雁や雉《きじ》、白鳥、鶴の類いは信長の「鷹野」の対象でしかない。鷹は狩りの王者で、信長の心象を顕《あらわ》している。

戦《いくさ》の世界では、信長は妥協のない徹底的な殺戮者となる。しかし、度が過ぎると読む方はだんだん憂鬱になってくる。とくに安土城が出来上がってからがいけない。例えば石山本願寺との和議のあと、宿老佐久間信盛《のぶもり》を職務緩怠怯懦《きょうだ》の罪によって無情に放逐するなどの内部粛清。猜疑心の塊のような信長を怖れた荒木村重《むらしげ》の手痛い謀叛。見せしめとして一族へ加えられる苛酷な処刑。信長の振る舞いは、日常でも〈お狂い〉の度合いが増してくる。

近習《きんじゅう》による官僚組織の醸成、中央集権体制によって徐々に生じてくる家臣団と信長の間の隙間風。最も優秀な家臣にして明敏な観察者でもある光秀が、極度の緊張の強要と捨殺《すてごろ》し恐怖政治の歪みを逸速《いちはや》く感得しないはずはない。「剽《ひょう》げ者」の一面ももつ信長の風変わりな表現であったとしても、仮にも己《おのれ》を神に擬するごとき傲慢さ。

このパラノイアは誅殺されなければならない、という気分になる。徐々に光秀の決意に添いたくなってくる。作者の意図はそうではなく私の誤読だとしても、光秀の背を押したくなる。それは著者の並々ならぬ腕前のせいだろう。

　しかし、現時点で公平に見れば信長は歴史上類い稀なる「天才」である、とするのが池宮彰一郎著『本能寺』（小説）と秋山駿著『信長』（評伝）である。もちろん『下天は夢か』も「天才」信長を描いていることに変わりはない。

権力は腐敗する

　秋山駿著『信長』は、評伝といえばよいのか、純粋な評論と考えればよいのか。信長の「天才」であることを証明すべく、『プルターク英雄伝』に照らしても見事に符合することを示した信長論の大作である。桶狭間《おけはざま》以降の経緯を『信長公記』『武功夜話』などによって辿《たど》りながら、信長の独創性を検証してゆく。フロイスの『日本史』からはもちろん、スタンダールのナポレオン論が引用されたり、ヴァレリー、ゲーテ、ニーチェなどの哲学が広範囲にわたって援用される新しい手法である。ただ、『下天は夢か』にもスピノザが引用されているくらいだから、格別に奇異な感じはしない。

　著者は、光秀に対しても極めて客観的であると同時に、公平な視点を据えている。「天下布武《てんかふぶ》」とは、天下統一と徹底的な現実改変の二つの流れを意味する、と述べられている。

　池宮彰一郎著『本能寺』は、旧弊な既得権者を剔抉《てっけつ》粉砕する改革者としての信長を描く。そこにはこの現代日本のみっともない現況が背後にリンケージされている。

　話は光秀との出会いから始まる。それ以前のことは、カットバック手法を採り入れて語られる。非情な殺戮者にみえる信長を誤解してはならない、そのわけは、実は「一殺多生《いっせつたしょう》」の断固たる信条からだと、読者が眉をひそめそうな局面を抽出しては直接話法で解説する。

　信長は千宗易《せんのそうえき》（利休）との茶席で自身の夢想をうっかり話した。この国を統《す》べるには、領地既得の「大名制」を廃して、国の統括者は任期三年ごとの「統領制」とし、閣僚は「入れ札」によって選任してはどうか。軍は傭兵《ようへい》をもって編成する。この未来構想は「他言無用」のはずなのに、主だった家臣にも聞こえて各人は恐慌をきたし、守旧派は憤激する。

　それを知っても光秀は冷静であった。信長は、己の理想を継ぐものは光秀である、とその才覚のほどを評価している。だが「彼は信長という稀代の天才に仕える身であり、信長なくしてはその才能を世に顕すことのなかった環境に置かれた」としている。光秀は何を血迷ったのか。

それは、追放されている足利義昭《よしあき》をはじめ、近衛前久《このえさきひさ》、千宗易ら旧体制派が細川藤孝《ふじたか》を使嗾《しそう》しての画策に乗せられたからだという。光秀は領民にも反信長派にも信望がある。「統領」の器量にあらずと信長が考えた、油断のならぬ「人たらし」の秀吉は、備中《びっちゅう》高松城を水攻めの最中ながら藤孝と通じ、信長を山陽道に出張《でば》らして密かにわが手の内にとり籠め、天下を簒奪《さんだつ》する覚悟だという設定である。

安部龍太郎著『信長燃《も》ゆ』は、近衛前久を中心とする朝廷派の陰謀説を開示する。旧秩序を堅持して譲らない勢力と改革者信長との凄絶な闘いである。武器を持たない者は知恵を絞り、策謀を練りあげて武辺の者に対抗しなければならない。そう考える前久や吉田兼見《かねみ》、勧修寺晴豊《かじゆうじはれとよ》、さらに追放された足利義昭らがかなりのウェイトで描かれている。光秀は前久の陰謀に乗せられて、本能寺へ矛先を向けるのである。

＊　＊

私は光秀のために残念に惟《おも》う。本能寺のクーデター直後、誰もが模様ながめだ。光秀の寄騎《よりき》大名も誰一人加担しようとしない。光秀は坂本や京都辺りでなにをぐずぐずしていたのだ。秋山氏の言うように、安土城を直ちに破却し、摂津を抜いて、山陽道を突っ走りながら次の手を考えれば状況が変わったかもしれないのに、秀吉に格好の口実を与え、挙げ句に貧乏籤《くじ》を引いてしまった。

光秀は真空状態のなかに陥り、孤独感に苛《さいな》まれて、本来の明敏さを失ったとしか考えられない。辞世とされる一連の句は、正しくそうならば、私心のなかったことの表明であろうが、そんなことを当時の状況下にあって誰が信じるだろうか。

順逆不二門　　順逆不二《ふに》の門
大道徹心源　　大道心源に徹す
五十五年夢　　五十五年の夢
覚来帰一元　　覚め来たりて一元に帰す

（川上孤山著『妙心寺史』上巻より）

権力は腐敗する。信長とて神ならぬ身であってみれば、理想実現のために苛烈な独裁者となって恐怖政体を布《し》かざるを得ない。毒は毒をもって制さなければならない。「で、あるか」と信長は生涯かけて強烈にそれを実行し、光秀もまた加担しながら、そこに疑念を抱いたとき、その毒をまた制さなければならないという構図になる。実に、これは人間の悲劇としか言いようがないが、天の配剤は、人智の及ばないところに仕掛けられているのが妙味というものであろう。

その時、羽柴秀吉・
前田利家・徳川家康は……

そのとき秀吉は……

中国地方に出陣していた羽柴秀吉は、本能寺の変が勃発した時、備中国（岡山県西部）高松城を水攻めで囲み、救援の毛利軍と対峙しながら、信長の到着を待っていた。関与説もある秀吉は変報を得ると明智光秀の打倒を決意して〝中国大返し〟で畿内に向かう。

港区立港南中学校教諭　谷口克広

備中高松

天正十年（一五八二）六月二日、すなわち京都で織田信長・信忠《のぶただ》が明智光秀の謀叛によって斃《たお》された時、羽柴秀吉は備中《びっちゅう》高松の陣にいた。やや小高い蛙ケ鼻《かわずがはな》の本陣で、沈みゆく高松城を見下ろしていたのである。左手の岩崎山・日差《ひさし》山には、吉《きっ》川元春《かわもとはる》・小早川隆景《こばやかわたかかげ》の毛利軍が秀吉軍に対峙していた。

秀吉が備中へ向けて居城姫路《ひめじ》を出陣したのは三月十五日、毛利氏との決戦を予期して二万余もの大軍を動員した。信長の五男で秀吉の養子となっていたお次秀勝《ひでかつ》をも伴っていた。十五歳の秀勝は、これが初陣《ういじん》である。

備中東部の毛利方の城で最も有力なのは、清水宗治《むねはる》の守る高松城である。宗治は、毛利氏に従ってからまだ数年しかたっていない外様《とざま》の家臣である。与《くみ》しやすしと見た秀吉は、まず誘いをかけて味方にしようとした。秀吉得意の誘降戦術である。しかし、硬骨漢として知られた宗治は、断じてこれを拒否したのであった。

備中高松城跡（右）　毛利方の部将・清水宗治の守る高松城を包囲した秀吉は、平城であること、梅雨時であるため近くを流れる足守川が増水していることに着目して〝水攻め〟を思い立ち、長大な堤防を築いて河水を流し込んだ。現在、城跡は整備されて歴史公園となっている。岡山市

秀吉の本陣跡　秀吉は高松城攻めの本陣を蛙ヶ鼻に置いた。岡山市

四月十四日、備中に入った秀吉は、まず高松の北に位置する冠山《かんむりやま》城と宮路山《みやじやま》城を囲む。冠山は四月二十五日、宮路山は五月二日に開城した。そして五月七日、秀吉はいよいよ高松城を包囲する。

高松城は、岡山平野の最も奥に位置する平城《ひらじろ》である。すぐ近くに足守《あしもり》川が流れ、三方を沼に囲まれ、一方に堀を構えた攻め口のない城である。高山に築かれた城とは別の形の「天然の要害」であった。

秀吉はこれまで、三木《みき》城・鳥取城を兵糧《ひょうろう》攻めにして陥落させてきた。できるだけ兵を損じない方法で勝利を収めるのが彼の常套手段である。高松城周囲の地形を見て秀吉は、足守川の水で城を水没させ、兵糧攻めにすることを思いついた。

秀吉は近郷の農民たちを集め、足守川から蛙ヶ鼻までの約四キロ、堤防を築かせた。昼夜兼行で働かせ、わずか十二日間で完成したという。梅雨で増水していた足守川の水はたちまちに高松城を囲み、そこには城の楼閣を浮き島にした湖ができあがった。

高松城の危機を聞いて、毛利氏も手をこまねいてはいなかった。まず小早川隆景が出陣、続いて吉川元春、さらに毛利輝元《てるもと》自《みずか》らも高松を目指した。いわば毛利氏の可能な限りの軍勢が動員されたといってよい。輝元は、高松の西二十キロほどの猿掛《さるがけ》城に止《とど》まったが、吉川・小早川の軍は高松表《おもて》まで進み、城の南西の岩崎山・日差山に陣を張ったのである。

この年の十月十八日付けで秀吉が織田信孝《のぶたか》の老臣に宛てた書状（『浅野家文書』）の中で秀吉は、この時の毛利の軍勢を「五万計《ばかり》」と言っている。敵の軍を過大に

因幡鳥取城跡　秀吉の因幡進攻に対して、毛利氏は吉川元春の一族・吉川経家を援将としたが、秀吉は城を取り囲むだけで攻撃を仕掛けなかった。結局、城内は食糧不足で飢餓状態となり、守将の切腹を条件に開城して城兵の命を助けた。江戸時代は池田（松平）氏の居城として続く。鳥取市

訴えるのは、秀吉に限らず当時の一般的傾向だから、実際にはもっと少なかったのだろう。九州の大友氏や伯耆《ほうき》の南条氏の牽制のため、わずか一万余りしか軍勢を出せなかったという説もある。さして強力な後巻《うしろま》き軍ではなかったようである。

しかし秀吉は、三木城攻めの時も、鳥取城攻めの時も、毛利氏と決戦した経験がない。できれば圧倒的な援軍のほしいところである。毛利軍が高松救援に来たと知るや、安土に使者を送って信長に援軍の派遣を依頼した。

秀吉の使者が高松の様子を信長に報告したのは、『信長公記』によると五月十七日である。信長はただちに明智光秀・長岡忠興《ただおき》・池田恒興《つねおき》・中川清秀《きよひで》・高山重友《しげとも》らに出陣の用意を命じた。彼らを備中の戦線に派遣し、自らは淡路《あわじ》に赴いて、中国・四国両方面の総指揮をとる予定だったらしい。

だが、光秀らの援軍も、そして信長自身も、出陣を急いではいない。信長自身が公家衆に語ったところによると、彼の出陣は六月四日の予定だった（『日々記』）。光秀たちもそれよりわずかに先んじて軍を出す計画であった。その間、秀吉は決戦を避け、毛利軍との対峙を続けていよ、というのが信長の命令だったのである。

本能寺の変報

沈みゆく高松城を前にして援軍の到着を待っていた羽柴秀吉のもとに報告が届いた。六月二日の早朝に信長・信忠父子が明智光秀の謀叛で斃れたというのである。

秀吉が変報を受け取ったのは、いつのことなのだろうか。それについては、秀吉自身が発給した文書にはっきりと記載されている。ところが彼が発給した二つの文

本能寺の変報

○信長公御父子之儀注進之事
壬午六月三日之子之刻、京都より飛脚到来し、信長公信忠卿二条本能寺にして、昨日二日之朝、惟任がために御切腹にて候。急御上着有て、日向守を被討平可然之旨、長谷川宗仁より密に申来しかば、秀吉慟せる事不浅。然共さらぬ躰にもてなし、四日の朝御馬じるし計持せ、陣廻りし給ふ。(以下略)
(『太閤記』)

羽柴秀吉、毛利と講和のこと
一、(略)
一、信長公御切腹、天正十年午の六月二日。備中え御切腹の注進は、同三日の亥の刻、其の早飛脚は蜂須賀彦右衛門に御預けなされ、其のしたゝめ様は、一間所へ押し籠め、人に合ふなよ。能々彦右衛門念を入るべきものなり。定めて、跡より知音の方より追々注進これあるべく候。右に一人の到来にて、上様御切腹は相聞こえ候。是より二、三里人を御出し置き候ところに、案の如く注進状雨のふるごとくなり。(以下略)
(『川角太閤記』)

書に載った日にちが、一日ずれているのである。
①(天正十年)十月十八日付、織田信孝老臣岡本良勝・斎藤利堯宛て書状(『浅野家文書』)「同四日に注進ござ候」
②(天正十八年)五月二十日付、浅野長吉《ながよし》・木村常陸介宛て書状(『浅野家文書』)「三日の晩に彼《かの》高松表へ相聞こえ候」
②は事件から八年も経た後に「思い出」として書かれた記事だから、思い違いがあるかもしれない。だが、「晩」であったことまで勘違いすることはなかろう。他の史料、例えば『天正記』『豊鑑《とよかがみ》』『太閤記《たいこうき》』『川角《かわずみ》太閤記』『別本川角太閤記』、日にちは一致していないものの、夜中だったことは共通している。
ところが高柳光壽氏は、秀吉が信長の死を知ったのは、六月三日のそれほど遅い時刻ではなかった、と言っている。そうでなければ、その後どんなに急いでも、交渉を成立させて四日の午前中に清水宗治たちに腹を切らせるのは難しいというのである(同氏著『本能寺の変 山崎の戦』)。
しかし、その説には承服しかねる。高柳氏は、毛利氏との和睦が成立した後に宗治らの切腹があったとしているが、そうではない。秀吉は、宗治らを切腹させた後、毛利氏との和睦交渉に臨むのである。秀吉方の手に成る『浅野家文書』(十月十八日付、前掲文書)、『天正記』、毛利方の『毛利家日記』を見ても、文脈から推して、宗治らの切腹→和睦交渉と進んだととらえるほうが自然である。
ここに至るまで秀吉と毛利氏との間に和睦の交渉が行われているが、その中で、宗治の切腹について毛利輝元が反対していたというのは事実である(『毛利家日記』)。

吉田郡山城跡　安芸の国人・毛利氏の居城。秀吉の時代になって広島城に移るまで中国地方に覇をとなえる毛利氏の拠点となった。広島県吉田町

しかし、その輝元は、高松の西二十キロほどもある猿掛城に止まっているのである。その輝元を説得するならば、半日ほどは費やさねばならない。

要するに秀吉は四日の朝までに、すでに自決、開城の意志の固まっていた宗治を相手にその意志を確認し、すぐに実行させればよかったのである。持ち城を敵に開く時、いちいちその条件について主君の承認を得るという慣例などない。例えば前年の鳥取城のケースを見ても、城将吉川経家《きっかわつねいえ》は自分独自の判断のもとに、開城の条件について秀吉と交渉している。この時も、高松落城という既成事実を作った上で、秀吉は毛利氏との和睦交渉に入ったと考えるべきであろう。そのように考えると、高柳氏のように三日の夜といっても比較的早い頃などとする必要はない。

さて先に、秀吉自身が書いた文書でさえ、変報の到来が三日の夜と四日とに分かれることを述べた。また、「夜中」だったことはほぼまちがいないことも確認した。その上で、変報が到来した時刻をできるだけ正確に検討すると次の結論が得られる。三日の夜半過ぎ、つまり今でいうならば、四日の午前二時か三時頃に、秀吉は京都の変を知ったということである。

ところで、『別本川角太閤記』（『川角太閤記』とは別の本）にある次の話はよく知られている。

「（信長・信忠を討った）光秀は、早馬で毛利家に使者を送った。その使者は六月三日深更に備中高松に到着した。暗い夜だったので、誤って秀吉の陣のあたりをうろうろしていた。夜回りの者が怪しんで捕らえ、拷問にかけると、ふところから文箱が出てきた。秀吉はその手紙を読んで大いに驚き、すぐにその使者の首を切らせた。

小早川隆景画像　隆景（1533―97）は毛利元就の３男で、兄に隆元と吉川元春がいる。隆元が父に先立って死去したため、次兄・元春とともに隆元の子・輝元を補佐して父が得た領国の保守に努めた。広島・米山寺蔵

その手紙には次のようにあった。

『急ぎ使者をもってお知らせいたします。（中略）私、光秀、このところ信長に対して憤りを抱いておりましたが、ついにあまりの遺恨《いこん》に黙っておられず、今月二日、本能寺にて信長父子を誅殺し、思いを達しました（中略）

六月二日　惟任日向守《これとうひゅうがのかみ》

小早川《こばやかわ》左衛門佐《さえもんのすけ》殿』

この光秀書状について、ある程度にしろ史料価値を認めて、怨恨説の根拠にしている史学者もいるが、文体だけを見ても偽文書であることは明白である。

ただ、ここに書かれているように、光秀の使者が間違って秀吉の陣のあたりをうろついていて捕らえられてしまった、ということはありそうなことである。秀吉陣、毛利陣それぞれがどの位置にあるのか使者はわからなかっただろうし、夜陰で旗指物《はたさしもの》などの目印も見えなかったにちがいない。

各地へ京都の変を知らせるための使者の中で最も早く目的地へ向かったのは、当然光秀の使者だったはずである。だから、秀吉にどんな情報ルートがあるにせよ、何らかのアクシデントでもない限り、毛利氏より先に変を知るはずはない。

では毛利氏がいつ京都の変を知ったかというと、四日の講和成立の後であることはまちがいない。『毛利家日記』によると、尼子《あまご》氏の旧臣で当時光秀に仕えていた原平内という者が海上経由で使者を遣わしたが、嵐のため到着が遅れたとある。また、『吉川文書』には、最初に変報を毛利氏にもたらし

播州龍野城跡　天正９年（1581）に蜂須賀正勝が城主となった。変後の天正13年に正勝は阿波を与えられて徳島城に移る。地元には、かつて地場産業に藍染めがあったが、蜂須賀氏が阿波に移ったときからなくなってしまったという伝承がある。江戸時代も大名の居所となるが、城主格ということでふもとの居館のみが使われた。写真は居館跡に復元された隅櫓。兵庫県龍野市

たのは雑賀衆《さいかしゅう》だったとある。いずれにしても、光秀の正式の使者は毛利陣に到着しなかった様子である。

そう考えると、先に記した通り、『別本川角太閤記』にあるような、光秀の正式の使者が秀吉陣に紛れ込んだというアクシデントも真実味をおびてくる。『川角太閤記』に、秀吉が見張りを出して、次々とやってくる注進の使者の手紙を没収し、その場から追い返したことが書かれているが、秀吉のこうした処置は、毛利氏への情報を遮断するばかりでなく味方の兵の動揺を防ぐ手段として有効だったであろう。

高松からの退陣

高松城主清水宗治《むねはる》は、六月四日巳の刻に小舟に乗って城を出、そこで切腹して果てた。兄の月清入道《げっせいにゅうどう》など六人の者もそれに従って切腹した。秀吉の家臣杉原家次《いえつぐ》が高松城を受け取り、約束通り城兵たちは助命された。

高松城を受け取った秀吉は毛利氏の使僧安国寺恵瓊《あんこくじえけい》を招き、和睦交渉に入る。直接交渉に当たったのは、秀吉方は蜂須賀正勝《はちすかまさかつ》だった。

城主清水宗治が自裁し、高松城が開け渡された後だから、この交渉の争点は毛利氏の割譲地だけである。毛利氏は備中・伯耆をも手放す覚悟だったらしいが、一刻も早く講和を結ばなくてはならない秀吉は大幅に譲歩した様子である。結局、因幡《いなば》・美作《みまさか》一国と伯耆半国、備中は足守川以東の譲渡ということで双方が合意する形となった。

秀吉にしてみれば、備中は足守川以東、すなわち高松まではすでに占領済みであ

蜂須賀正勝画像　正勝（1526―86）は「小六」の名で知られるが、秀吉に仕えて功をあげ、天正13年（1585）に阿波徳島城主となった。孫の至鎮のとき淡路を与えられ、阿波・淡路両国の国主として明治維新にいたる。『蜂須賀小六』より

る。伯耆も東半国に勢力を張っている南条元続《もとつぐ》は味方になっている。ただ美作だけは、毛利と宇喜多《うきた》との城の奪い合いが続いており、秀吉方の宇喜多はせいぜい半国しか勢力下に置いていない。つまり、この交渉で秀吉が新たに得た領域は、実質上美作の半国だけなのである。

毛利氏にしてみれば、覚悟していた以内の割譲で秀吉が承知したのだから満足できる結果である。だから、この交渉はスムーズに運んだにちがいない。ともかく秀吉は、相手が京都の変を知る前に講和を成立させたかったのである。そして、秀吉の思惑通り、毛利氏が変を知る前に講和は成立し、誓書が交換された。『江家譜』に載っている秀吉の起請文《きしょうもん》は、文面から見て疑いないもののようだが、その第一条に次のように書かれている。

「公儀に対され、身上お理《ことわ》りの儀、我等請け取り申し候条、聊《いささ》かもって疎略《そりゃく》に存ぜざる事」

「公儀《こうぎ》」とは信長を指す。誓書交換の時点でも毛利氏が信長の死を知らなかったのは確実である。この日のうちに毛利氏は変について知っただろうから、まったく際どい差であった。

信長の死を隠して毛利氏と講和を結んだ秀吉だったが、その後、逃げるように高松の地を出発したわけではない。二日間その地に駐《とど》まっていたのである。彼が高松の地を動くのは、六日の未《ひつじ》の刻（午後二時）であった（『浅野家文書』『天正記』）。

秀吉の退陣について、『川角太閤記』では次のような話を載せている。

備後三原城跡　小早川隆景は東方への拠点として、永禄10年（1567）から築城を始めた。江戸時代は、安芸広島城主・浅野氏の家老・浅野氏が城主として入った。写真は天守台だが、天守閣は築かれなかった。広島県三原市

講和を結ぶや、秀吉はさっさと陣を払って上方へ向かってしまう。その後まもなく京都の変を知った毛利の陣では大騒ぎになる。

「だまされた」

と吉川元春、

「さあ、馬を乗り殺すのはこの時ぞ、全速力で追いかけよう」

ところが弟の小早川隆景は兄を説得する。

「父元就《もとなり》公死去の折、誓書をもって輝元擁立を我々に約束させた。誓書こそ事の基本である。それに父は天下を望んではならないと仰せられたではないか」

話としてはよくできているが、事実はこうではない。秀吉はすぐには高松表を動かなかったのである。

なぜ秀吉は、すぐに陣を払って弔合戦に赴かなかったのだろうか。それは、やはり毛利氏の出方を警戒したからである。

毛利氏がじきに京都の変を知ることは止められない。すぐに上方《かみがた》に向かって軍を引いたなら、追撃を食らう恐れがある。変を知った毛利軍が向かってくるなら戦おう。退陣するなら、それを見届けてから急ぎ上方に向かえばよい。秀吉はじっと毛利軍の動きを観察していたのである。

変について知ったはずなのに、毛利軍は攻撃をかけてこなかった。そして、六日になって高松表の陣を払って引き上げていった（『萩藩閥閲録《はぎはんばつえつろく》』）。それを見て秀吉は、すぐに上方へ向けて出発するよう命令を下したのである。

なぜ毛利氏は、せっかくのチャンスなのに高松表を引き上げてしまったのか。秀

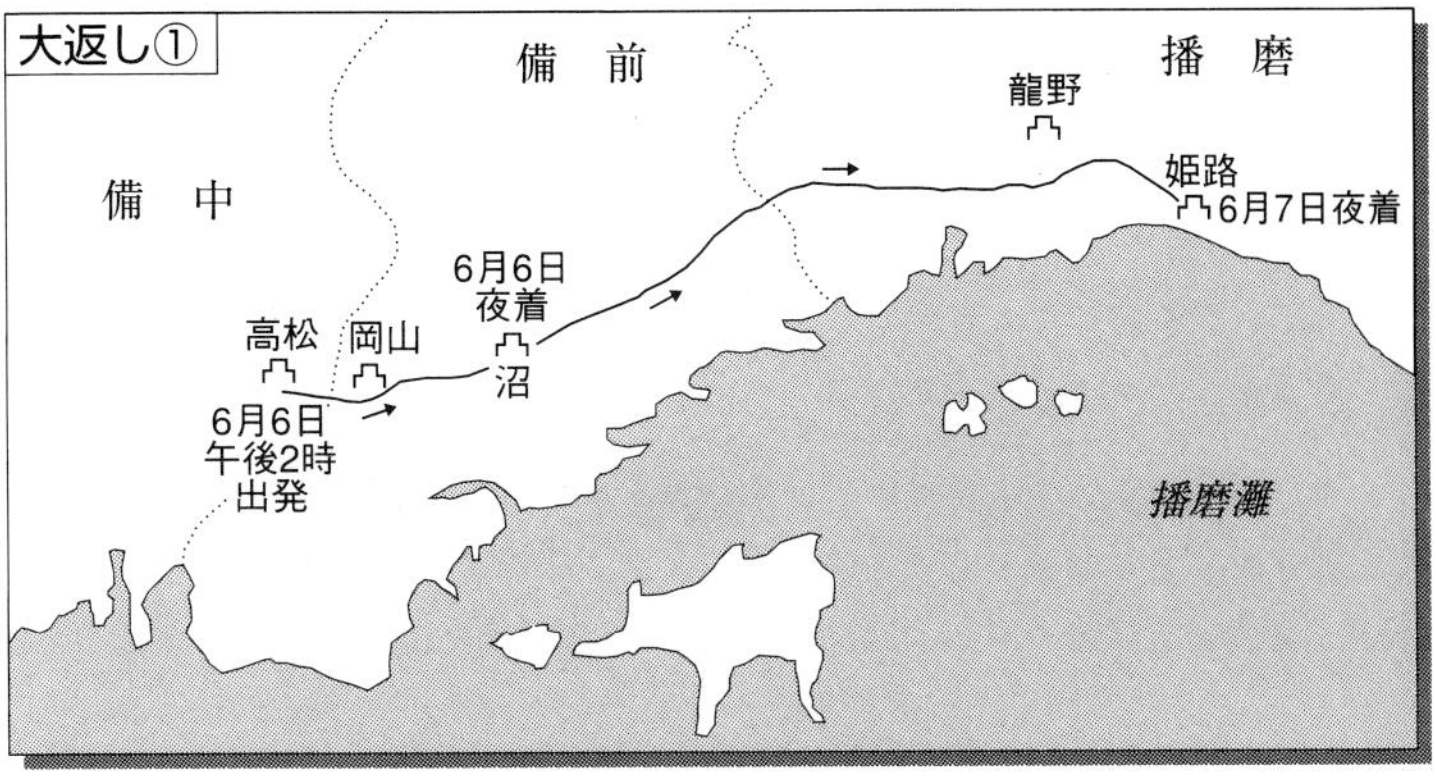

吉軍を追撃することは考えなかったのだろうか。先に紹介した『川角太閤記』の小早川隆景の言葉は、きれいごとすぎてそのままには信じられない。ただ、後に吉川元春の子の広家《ひろいえ》が書いた覚書によると、隆景が追撃を止めたことは事実らしい（『吉川文書』）。

六月六日付で隆景が毛利家家臣に宛てた書状によると、彼の得ていた情報は次のようなものである。

「一日に京都で信長・信忠父子が討たれ、二日に大坂で信孝《のぶたか》が討たれた。謀叛した者は、津田信澄《のぶずみ》（信長の甥）・明智光秀・柴田勝家《かついえ》だということだ」（『萩藩閥閲録』）。

同日、毛利輝元も満願寺宛ての書状を発しているが、それにも信澄・光秀・勝家三人の謀叛である、と報じられている（『毛利氏四代実録考証論断』）。

つまり、毛利氏の得た情報はあやふやなものだったのである。もし、この情報通り信澄・光秀・勝家が組んでいたとしたら、たとえ秀吉軍を撃破して畿内まで攻め込んだとしても、京都に旗を立てることは難しい。

まずもっと確かな情報を得、上方の様子を見てから対策を講じたほうがよい、隆景の主張はだいたいこのようなところだったのではなかろうか。

姫路への大返し

六月六日の未の刻に高松表を出発した秀吉は、その日のうちに沼《ぬま》城に入った。ここから有名な雨の中の大返しがはじまる。

朝のうちに沼城を発った秀吉は、風雨の中、溢れている川をも渡り、その日の夜

播州姫路城跡　中国地方の経略にあたる秀吉は、黒田（小寺）官兵衛から姫路城を譲られて、ここを拠点とした。のち関ヶ原の合戦後、徳川家康に味方した池田輝政が播州を与えられて入城し、写真に見える壮麗な白鷺城を築いた。兵庫県姫路市

には姫路城に到着するのである。秀吉に従っていた兵の大部分は大将に置いてきぼりをくらい、後から三々五々姫路にやってきた。十三日の山崎の戦いにすら間に合わなかった者も大勢いたという。

この大返しについて秀吉自身は、「二十七里（約百六キロ）の所を一日一夜」で姫路に到着したと述べている（『浅野家文書』）。

「二十七里」というのは高松から姫路までの道程《みちのり》である。七日の強行軍は、沼から姫路まで。それでもこの間は七十キロ余りもある。

普通の旅人の一日の行程は、十里（約四十キロ）とされている。やはりすごいスピードと言わねばならない。

しかも、風雨の中、溢れた川を何本か渡っての行軍である。進まねばならない、と決心したなら、どんな障碍《しょうがい》を乗り越えても決行する。このあたり、秀吉が主君信長の戦いぶりを観察して体得した戦法の一つであった。

姫路城に入った秀吉の行動については、『川角太閤記』に詳しく語られている。弔《とむらい》合戦を前にした秀吉の姿を生き生きと描いた有名な場面である。

『川角太閤記』というのは、江戸時代に入ってから書かれた作者不明（桑田忠親氏は、田中吉政の家臣川角三郎右衛門と推測している）の本である。作者自身の覚書もあり他人からの聞書もあり、決して作者の創作ばかりとはいえないから、史料として参考になる部分が随所にある。特に秀吉をはじめとする登場人物がいかにも人間らしく生き生きと描かれ、所々にうがった表現が見られており、読んでいて非常におもしろい。信じすぎてもいけないが、かといって捨て去るには惜しい、そういった

黒田孝高画像　通称、官兵衛。秀吉の軍師として有名。備中高松城の〝水攻め〟を献策したのも孝高（1546—1604）といわれ、蜂須賀正勝とともに毛利氏との講和交渉にあたる。福岡市美術館蔵

性格の本なのである。

さて、姫路城に入った秀吉、まず風呂（今のふろではなく、蒸しぶろである）に入って疲れを癒《いや》す。風呂から上るや、明日京都に向けて出陣することを宣言し、皆に準備を命令する。

そこからが秀吉の真骨頂である。金奉行・蔵奉行・米奉行たちを呼び、姫路城に蓄えてある金銀や兵糧米をすべて家臣たちに分配することを命じるのである。籠城の意思などなく、乾坤一擲《けんこんいってき》の勝負に出ることを城内の全員に伝えたわけである。それにしても、金銀や米の蓄えをいちいち奉行から聞き、てきぱきと指示を与えているあたり、『川角太閤記』の描いている秀吉は、「まさに秀吉である」と感じざるをえない。

この記事に続く場面も、大向こうをうならせるに十分である。

秀吉はまず堀秀政《ひでまさ》に向かって言う。

「籠城するつもりはまったくありません。たった今、金奉行・蔵奉行を呼んで、このことを堅く申し付けました。このたびは大博奕《ばくえき》を打ってお目にかけましょうぞ」

対する秀政は信長の直臣。しかも側近の中で最有力と目されていた人物である。高松城攻めの検使として派遣され、そのまま秀吉と行動を共にしてきた。秀吉の言葉に対し、彼は次のように受ける。

「仰せの通り周囲の様子を見ると、博奕も頃合《ころあい》、風も順風と思われます。帆を上げるとよいでしょう。あなたほどの身上なら、このような時はいちかば

堀秀政自画像　通称を久太郎といい、美濃出身。秀政（1553—90）は、はじめ斎藤氏に仕えたが、信長に登用され、側近として活躍する。甲斐武田氏の討滅後、信長より秀吉の救援を命ぜられ、いち早く備中に駆けつけたため、変が起こった時は、秀吉の傍にいた。福井市・長慶寺蔵

ちかの決心こそもっともと存じます」

続いて秀吉の側にいた大村由己《ゆうこ》が口を出す。由己は秀吉の御伽衆《おとぎしゅう》。外典《げてん》（仏教以外の書籍）第一といわれた博学者である。

「物に例えますと、名花の桜ただ今花盛りと思われます。お花見ごもっともと存じます」

さらに黒田官兵衛《かんべえ》。

「殿様（秀吉）は外見はお嘆きのように見えますが、御内心は別と推測いたします。めでたい事が起こりました。御博奕をなされませ。由己の言う通り、吉野の花は今花盛りです。時が過ぎたらこの花は見られません。この上は光秀と天下分け目の合戦、ごもっとも。めでたいめでたい。お花見初めにございます」

儒学者の小瀬甫庵《おぜほあん》の書いた『太閤記』では、本能寺の変報に接して、「秀吉慟《どう》せること（ひどく悲しむこと）浅からず」と、忠義一途の秀吉しか描かれていないが、それに比べてこの『川角太閤記』の秀吉とその取り巻きのはしゃぎようはどうであろうか。こちらのほうがずっと人間的であり、真実に近いのではなかろうか。

取り巻きの中でも、秀政は身分的には信長の直臣で、秀吉とは同格である。その秀政が、このストーリーにある通り最初に秀吉を煽《あお》ったとしたら、秀吉は何にも増して心強く感じたにちがいない。

尼崎への行軍

秀吉が姫路城を出陣したのは、六月九日の朝である。姫路城の留守居《るすい》役として浅

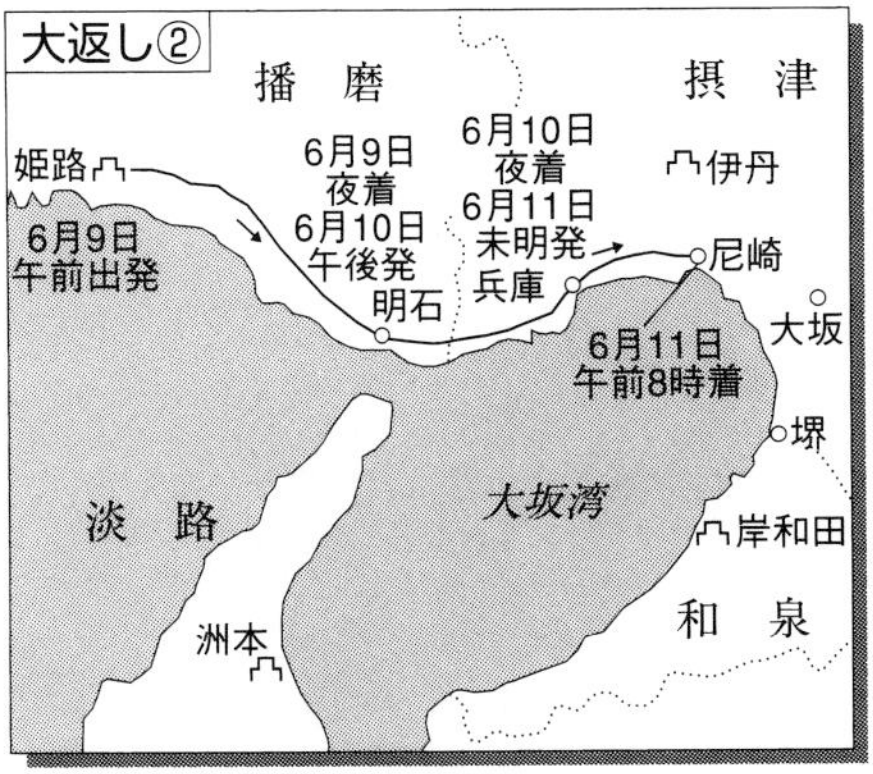

野長吉（のちの長政）を残した。

『浅野家文書』には、秀吉の言葉として次のようにある。

「姫路城で人馬を休めようと思ったが、大坂にいる信孝様を光秀が襲って腹を切らせようとしていると、八日の酉《とり》の刻（午後四時）に注進があったので、急ぎ姫路を出陣し、夜昼をかまわず尼崎《あまがさき》まで進み着陣した」

秀吉がもう一日ほど姫路に止まっていようとしたのは本当だろう。なにしろ高松に置いてきぼりを食った兵たちがなかなか追いついてこないのである。しかし、大坂にいる信孝や丹羽《にわ》長秀《ながひで》らが光秀に討たれてしまったなら、その後の形勢は光秀有利に展開してしまう。姫路以後の秀吉は、軍勢を揃えながら、しかもできるだけ早く摂津《せっつ》まで討ち入る、という難しい課題を担っていたのである。

だから、その後の秀吉の進軍は、決して速くはない。明石《あかし》に着いたのが九日の夜。約四十キロを一日だから普通の行程である。さらにここで、淡路洲本《すもと》の菅平右衛門が光秀に荷担していると聞き、わざわざ軍を派遣する。明石出陣は十日の午後である。そして、その日の夜に兵庫に到着した。

このあたりで軍勢はかなり揃ったものと見たい。『天正記』にも、秀吉の進軍に後れてしまった者が多かったけれど、山崎の戦いの時は「一万余」が集まっていたとある。その軍勢を率いて秀吉は、十一日の未明に兵庫を出発、辰の刻（午前八時）に尼崎に到着した。

尼崎に布陣した秀吉は、畿内と近国に散っている味方に通知を送り、彼らの参着を待った。ここで秀吉が味方と認識していたのは、次の者たちである。彼らの顔触

摂津伊丹城跡　天正８年（1580）に謀叛を起こした荒木村重の属城・花隈城を攻めて武功を顕した池田恒興（1536—84）を、信長は城主とした。恒興は信長の乳母子。発掘調査のあと城跡として整備された。兵庫県伊丹市

れとここまでの動きについて概説してみよう。

◇織田信孝・丹羽長秀・蜂屋頼隆

信長は五月、四国方面軍を組織し、主将に三男の信孝を任命、副将として丹羽長秀・蜂屋頼隆《よりたか》・津田信澄の三名を付属させた。信孝は一万四千の軍勢を大坂・住吉・堺《さかい》に終結させ、六月二日、まさに渡海しようとした時に変報に接したのであった。

変報は従属していた兵たちにも伝わり、逃亡者が相次いだ。信孝たちは逃れ去る兵を止める方策がなく、軍はたちまちに崩壊してしまったという。

それでも信孝は長秀と協力し、五日、大坂の千貫櫓にいた信澄を襲って殺した。信澄が光秀に通じたという確証はないが、光秀の娘婿であり、信長が殺した弟信勝《のぶかつ》（一般には信行）の子であるということが信孝の疑心を煽ったのだろう。

こうして大坂を占領した信孝・長秀だったが、残った兵は少なく、光秀に対抗するのは不可能な状態であった。

◇池田恒興・中川清秀・高山重友

池田恒興は伊丹《いたみ》城、中川清秀は茨木《いばらぎ》城、高山重友は高槻《たかつき》城に拠《よ》っている。いずれも摂津の大名である。最も大身の恒興が軍事的統率者であったと思われる。光秀とともに高松攻めの援軍として出陣する直前に変が起こり、そのまま居城を固めていた。

光秀から誘いがあったと思われるが、それには応じなかった。清秀は変報を得るやすぐに高松陣の秀吉に連絡したらしい。六月五日付けで秀吉が清秀に宛てた返報

摂津高槻城跡　城主の高山重友（右近）はキリシタン大名で、天正９年（1581）に畿内を巡察したヴァリニャーノも立ち寄っている。城下には教会堂が建ち、天正７年の段階でキリシタンは8000余人をかぞえたという。江戸時代も大名の居城として続いたが、遺構はない。大阪府高槻市

がある（『梅林文書』）。

◇長岡藤孝

宮津《みやづ》城主として丹後《たんご》一国を領知する身上だが、軍事的には光秀の組下だった。それに嫡男の忠興の妻は光秀の娘（玉、ガラシャ）という縁で結ばれており、光秀との関係は深い。光秀が謀叛を起こすにあたって、最も味方として期待していたのがこの藤孝《ふじたか》だった。

しかし藤孝は、変報を聞くや即座に剃髪《ていはつ》して信長に弔意《ちょうい》を示し、家督を忠興に譲って隠居してしまった。忠興も妻を離縁して城から追放し、父とともに光秀と絶縁する姿勢を示した。六月九日、光秀はなんとか藤孝の協力を得ようと、切々なる書状を送っているが空しかった（『細川家文書』）。

◇筒井順慶

順慶《じゅんけい》は郡山城を居城として大和《やまと》全域の支配を任されてはいたが、軍事的には細川藤孝と同じく光秀の組下大名だった。信長の麾下《きか》に属した時より、光秀にはひとかたならぬ世話を受けていたようである。光秀にとっては、藤孝の次に期待を寄せていた存在だった。

順慶は、六月二日に京都に出ようとして途中で変を知った。すぐに光秀から協力を要請され、兵を派遣している。だがその後、順慶は苦悶の日々を送る。光秀への援兵を出したり引き上げさせたり、彼が自分の帰趨について悩んでいたことは、『多聞院《たもんいん》日記』の記事で明白に読み取れる。

だが、十日になってようやく決心がついたのか、再度の光秀の誘いを断り、秀吉

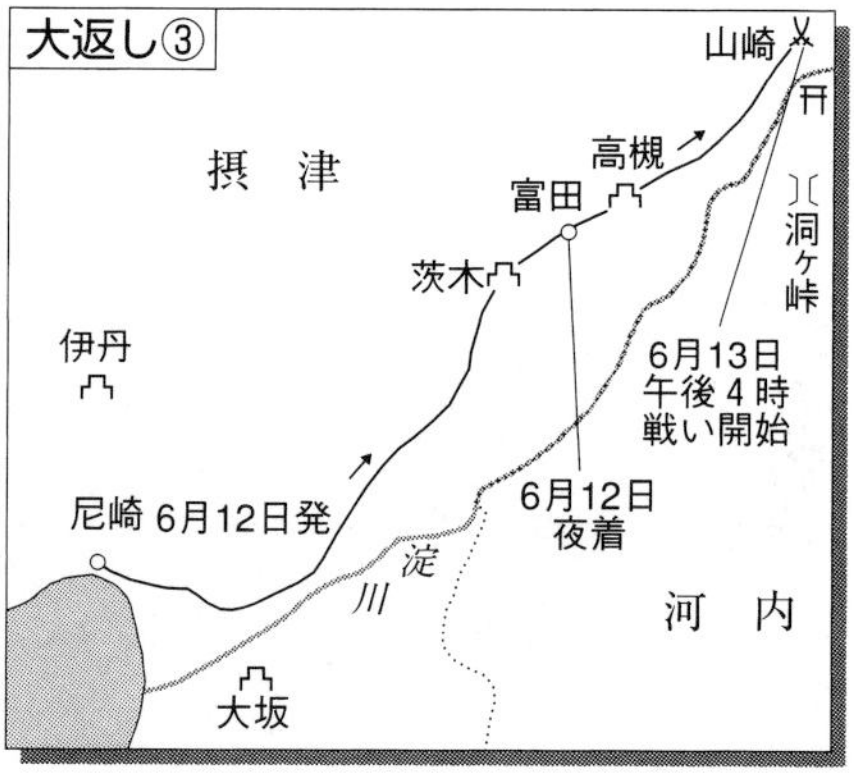

に誓書を送った。おそらく秀吉の姫路到着の報を得たからであろう。
山城《やましろ》はすでに光秀が掌握している。近江の国衆の大部分もすでに光秀に味方している。若狭《わかさ》も光秀方で固められている。だが、彼らの中には大身の者は一人だにいない。先にあげた国持ち大名クラスの者は、皆、秀吉の東上を心待ちにしていたのである。

山崎の戦い前夜

六月十二日、秀吉が着陣している尼崎に、摂津の池田恒興・中川清秀・高山重友が集まった。清秀・重友は、幼い子を連れてきて人質として秀吉に渡そうとしたが、秀吉はそれを断ったという（『川角太閤記』）。これから展開される弔合戦の主将は秀吉である、と認めているのである。秀吉の率いた軍勢は一万余りもあるのに対し、池田軍は二千〜三千、中川軍・高山軍はそれぞれ一千余りといったところだから、当然といえば当然である。

秀吉は集まった将を招いて、陣立ての評議を行った。その結果、高山と中川、それに塩河党（摂津の塩河氏とそれに従う近辺の土豪の連合体）が先鋒、堀秀政がその指揮官、その後に池田が続く、といった体制が決められた。

陣立ての協議が終わってから、丹羽長秀が大坂から駆け付けた。だが、肝心の信孝の到着は遅れていた。秀吉は再度、大坂に使者を派遣してその合流を促す一方、尼崎を出発して富田《とんだ》まで陣を進めた。

十三日の昼頃、ようやく信孝が富田に来て、秀吉たちの軍に合流した。弔合戦に

洞ヶ峠　洞ヶ峠は京都・八幡市と大阪・枚方市との境にある。大和郡山城主の筒井順慶が山崎の合戦の折、この峠に軍をとどめて形勢を観望したという故事から、『国語辞典』に「有利な方につこうとして、その場の様子や形勢をうかがうことのたとえ」として掲載されるほど有名な語句になったが、これは俗書によるもので事実ではない。

は、信長の遺児信孝は欠かせない存在である。秀吉は迎えに出て、主筋の信孝に敬意を表した。

「次の十三日昼時分、川を越させられ候《そうろう》条、筑前《ちくぜん》（秀吉）も御迎えに馳《は》せ向かい、お目にかかり候えば、御落泪、筑前も吼《ほ》え申し候儀、限りござなく候事」（『浅野家文書』）。

秀吉と信孝とは、顔を合わせるなり二人して泣いたのである。特に秀吉は、いつまでもワンワン泣き続けた。二人は泣きながら、弔合戦で必ず勝利を収め、光秀を討ち取ることを誓い合ったのである。それにしても、こんなところで人目もはばからず号泣するというのも、秀吉の人間味といえるだろう。

さて、秀吉や信孝の仇敵光秀は、その頃どうしていたのだろうか。

光秀の近江平定は思いのほか手間取った。まず勢多《せた》の山岡景隆《かげたか》が味方を拒否、勢多橋を焼き落としてしまった。橋が修復するまで光秀は三日間坂本に止められた。安土城に入るのは五日のこと。安土城を占領し、佐和山城・長浜城をも味方の軍に落とさせたものの近江国衆の中で最有力の蒲生賢秀《がもうかたひで》は服属しなかった。

光秀が畿内掌握に乗り出したのは、九日になってからである。未の刻（午後二時）に坂本より上洛、正親町《おおぎまち》天皇と誠仁《さねひと》親王に銀五百枚ずつを献上した（『兼見卿記』）。この時参内を許されたという説もある（『細川忠興軍功記』）。

その日の夜、ようやく光秀は南に向けて軍を進め、下鳥羽《しもとば》に陣を張った（『兼見卿記』）。しかし、光秀自身は知らなかったけれど、もうこの時には、秀吉は明石城に入ろうとしていたのである。

山崎の空撮　山崎は、摂津と山城の国境に位置する狭隘地。左の山地が天王山で、中央の大河が桂・賀茂・木津の３河川が合流する淀川、そして右下の山が石清水八幡宮の鎮座する男山。この狭隘地で光秀と秀吉連合軍の決戦が行われた。京都府大山崎町

翌十日、光秀は下鳥羽に本陣を据えたまま、洞ヶ峠《ほらがとうげ》まで出張した。そして、筒井順慶に来着を求めた。順慶と合流して河内《かわち》を占領し、大坂の信孝らを攻めようという計画だったのだろう。

光秀は十一日まで洞ヶ峠にいて順慶の軍が到着するのを待った。しかし、順慶は現れなかった。迷った末に順慶は光秀から離れる決意を固め、秀吉に誓書を送っていたのである。そして秀吉は、この日に尼崎まで到着していた。まもなくその報は光秀に届いたであろう。

こうなった以上、摂津はもちろん河内の掌握もあきらめるしかない。あとはできるだけ軍勢を集結させて、秀吉たちと一戦を交えるしか方法はない。光秀は、河内に送った兵や山崎・八幡に置いた兵を引き上げさせ、勝龍寺《しょうりゅうじ》城と淀《よど》城の守備を固めた（『兼見卿記』『多聞院日記』）。

光秀にとっては誤算が続いた。その最大の誤算こそ、秀吉の素早い動きであった。両軍が勝龍寺城・淀城を控えた山崎の地で戦うことになるのは、こうした経緯《いきさつ》からなのである。

近江長浜城跡　中国方面軍司令官・羽柴秀吉の留守をまもっていたのは、秀吉の母・なかと妻・おね。明智軍が来る前に脱出し、播州姫路城に向かった。写真は「太閤井阯」。琵琶湖の辺に築かれたため城跡の一部は湖水に没している。滋賀県長浜市

【コラム】

細川藤孝の去就

丹後宮津（京都府宮津市）にいた細川（長岡）藤孝・忠興父子は、明智光秀の本能寺襲撃、それに続く平定戦のみならず、光秀が羽柴（のち豊臣）秀吉らと会戦した山崎（京都府大山崎町）の戦いにも加わっていない。

藤孝は、光秀の与力《よりき》大名である。丹波平定戦の際は、光秀のもとで行動し、天正八年（一五八〇）その戦功を認められて、織田信長から丹後を与えられた。早速、宮津に入って築城を開始し、天正十年には宮津城を居所としていた。

藤孝と光秀――二人の関係は古い。幕臣として〝公方〟足利義昭の擁立に奔走し、信長を説いて、ようやく義昭の上洛、将軍職就任を実現させた。このとき、光秀は信長から知行をもらい、〝両属〟の関係にあったともいわれる。

藤孝が信長に仕えたのは元亀四年（一五七一）のこと、この年、将軍・義昭が信長に叛旗をひるがえし、敗れて追

（191頁に続く）

藤孝・光秀・吉田兼見関係図

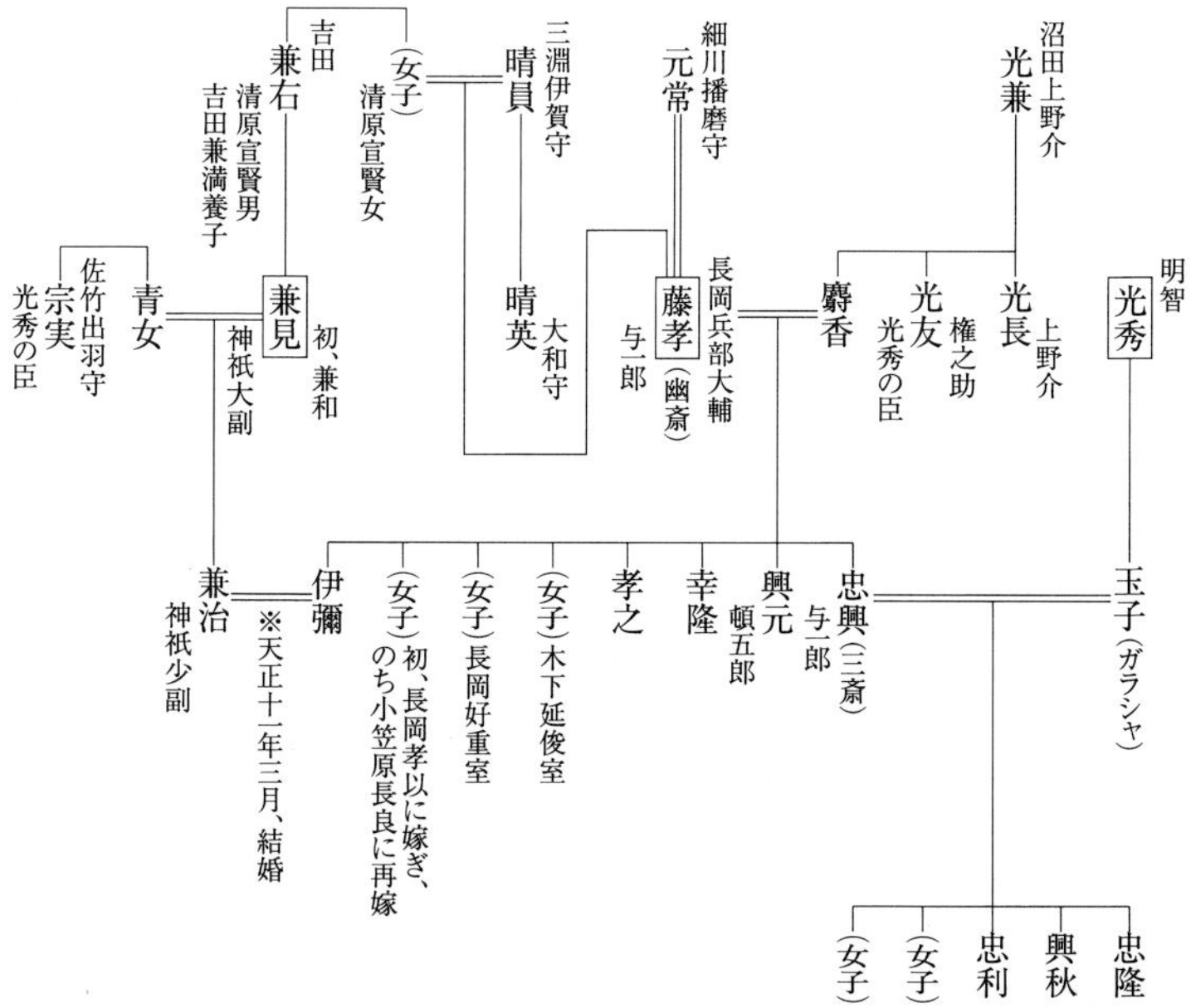

［コラム］

本能寺の変と前田利家、利長

石川県立歴史博物館　学芸主任　石田文一

天正十年（一五八二）六月十三日、山城《やましろ》山崎で羽柴秀吉・神戸《かんべ》信孝《のぶたか》らが明智光秀を破った。この報せを聞いた柴田勝家《かついえ》は、柴田勝豊《かつとよ》・勝安・佐久間安政《やすまさ》らを先発させ、加賀の佐久間盛政《もりまさ》、能登の前田利家に軍勢を率いての上洛を求めた。これに対し、利家は十七日、領国能登での一揆《いっき》や上杉方に身を寄せる畠山旧臣らが乱入するおそれがあるため大軍で進発することができないことを伝えた。事実、同月十九日、温井《ぬくい》景《かげ》隆《たか》・三宅長盛《みやけながもり》が侵入、能越国境の荒山《あらやま》・石動山《せきどうさん》に楯籠《たてこ》もり、佐久間盛政の援軍を得た利家が七月二十六日、これを撃退した。越中では上杉景勝《かげかつ》が出馬し、魚津《うおづ》城を奪回し、越中を守る佐々《さっさ》成政《なりまさ》に抵抗する国人も少なからずいた。

結果として光秀討伐の機を逸した勝家は六月二十七日、本能寺の変後、織田家の家督や所領の配分などを決めた清洲《きよす》会議で主導権を羽柴秀吉に握られたのであった。

なお能登の動静に拘《かかわ》らずこの時点で利家はまだ会議に列座できる立場になかったため、利家・利長《としなが》父子の動勢自体は必ずしも天下の趨勢に大きな影響を及ぼしてはいないが、利家・利長父子の動向を本能寺の変以前に遡《さかのぼ》ってみてゆくことにする。

上杉景勝の越中侵攻

天正九年（一五八一）二月二十八日、信長は五畿内とその近国の諸大名を京都に召集し、禁裏《きんり》で馬揃《うまぞろえ》を挙行し、織田軍団の威容を正親町《おおぎまち》天皇に披露したが、前田利家も越前衆としてこれに随った。この時、越中の佐々成政・神保《じんぼ》長住《ながずみ》も上洛しており、この虚を衝《つ》いて、三月六日、越中松倉城に拠る河田長親《ながちか》が越後から上杉景勝《かげかつ》の軍勢を招き入れ、さらに三月九日、成政が守備兵を置いた小出《こいで》城を攻めた。

京都から安土に戻った信長にこの報せが届いたのは三月十五日で、即座に利家ら越前衆に出陣が命じられ、越中に兵を進めたため、上杉勢は撤退した。加賀でも上杉勢の動きに呼応して、一向一揆が山内《やまのうち》で蜂起したが、金沢にあった佐久間盛政が鎮圧した。この時から利家は織田・上杉両軍の衝突する最前線に身を置くこととなったのである。

利家の能登拝領と利長の婚儀

一方で天正九年は利家・利長父子にとっては、織田政権のなかで基盤を固めることのできた幸運な年でもあった。なお利長が諱《いみな》を「利長」に改めるのは、天正十六年〜十七年（一五八八〜八九）にかけてのことであり、この時点ではまだ初諱「利勝《としかつ》」と称していたのであるが、本稿では便宜上「利長」を使用することとする。

天正八年、七尾《ななお》城に拠っていた温井景隆・三宅長盛らが織田方に降り、その後、利家は能登国羽咋《はくい》郡飯山から同郡菅原に駐屯したと伝える。信長は菅屋長頼《すげのやながより》に七尾城代を命じ、鹿《か》島《しま》半郡を与えられた長連龍《ちょうつらたつ》や羽咋郡を与えられた土肥親真《どひちかざね》らがともに支配にもあたっていた。

天正九年八月、信長から能登一国を拝領し、国持《くにもち》大名となった。『信長（公）記』は「八月十七日、（中略）能登国四郡、前田又左衛門《またざえもん》に下され、忝《かたじけ》なき次第なり、今度、能登・越中城々、菅屋九右衛門《きゅうえもん》御奉行にて悉《ことごと》く破却《はきゃく》申し付け、安土に至って上国す」と記す。九月五日、利家は先に能登に入っていた三輪吉宗《みわよしむね》に対し、海からの上杉景勝の侵攻に備えるよう指示し、また同月八日には鳳至《ふげし》郡道下《とうげ》の逃散《ちょうさん》百姓の帰住を図っていることから、実質的な能登支配に着手したことが知られる。十月二日、信長は越前府中の所領や要害および家臣たちの私宅などを利家から菅屋長頼に引き渡させるとともに、妻子を能登へ引越させることを申し渡した。まつや幼い利政《としまさ》、千世《ちよ》らもこの時、七尾に入ったのであろう。

同年九月、二十歳の利長は、父利家の能登拝領に前後して、信長の四女の永《えい》を娶《めと》ることが決まった。信長が両者の縁組を命じたと伝え、利家が能登に移った後、その年のうちに利家の旧領三万三千石がそのまま利長に与えられ、居城であった越前府中城に入ることを許された。したがって利家の居城と所領を菅屋長頼に明け渡させたのは、長頼に府中城を整備させて利長と永に引き渡すための処置であったとも考えられる。

この就封によって、利長は、利家の継嗣という立場に加えて、同時に信長の婿として、直接主家と姻戚関係を結ぶこととなった訳で、越前府中城主として父利家から自立し、織田家の一門衆に加わった、とみることもできる。

天正十年の越中と能登

利家は能登入国直後、戦国大名畠山氏の居城であった七尾城に入ったようだが、まもなく七尾府中での築城に着手した。その頃、信長・信忠《のぶただ》父子が武田勝頼《かつより》を攻めて信州に出陣したことに対し、武田氏と結んだ上杉景勝が越中の国人衆《こくじんしゅう》や一向一揆の蜂起を促し、三月十一日、神保長住を富山城に幽閉した。この事態を受けて、利家は柴田勝家・佐々成政・不《ふ》破直光《わなおみつ》・佐久間盛政らとともに、富山城に兵を進め、これを奪回した。信長は「その表《おもて》のこと、これまた存分たるべきこと」と越中経略を勝家・利家らの裁量に任せ、軍勢は魚津・松倉両城に攻め寄せた。

他方、上杉景勝も、四月八日、越中の有力真宗寺院である善徳寺に対し、礪波《となみ》郡五箇山《ごかやま》付近に下向している本願寺教《きょう》如《にょ》を奉じて、越中・能登門徒が協力して勝家・利家らの軍勢に当たることを促し、遊佐続光《ゆさつぐみつ》・三宅長盛・温井景隆ら畠山旧臣や藤丸勝俊《ふじまるかつとし》など旧加賀一向一揆衆に魚津・松倉両城を救援させた。

この間、利家は三月二十四日、能登の領国経営を舎兄前田安勝《やすかつ》に委ね、人夫や舟の徴発に応じない在所を穿鑿《せんさく》して厳重に申付けることや代官が証人＝人質を預かることなどを伝えている。その後、越中での在陣が長引くと、検地や米価の監視、布の検分などとともに、舟の徴発、弾薬の製造、食糧の調達などを命じている。さらに利家は五月九日、魚津落城を目前に兄安勝に建築用材調達を指示した。

一方で上杉景勝は温井景隆・平 堯知《たいらたかとも》ら畠山旧臣らの能登乱入の企てを賞し、自《みずか》らも春日山城を発して、勝家・利家らが攻囲する魚津城を救援するため、十五日、越中天神山城まで兵を進めた。

時を同じくして長景連《かげつら》ら上杉勢が能登の牢人らを率いて鳳至郡宇出津《うしつ》に上陸し、棚木城に拠って能登を攪乱させたが、これを知った利家は、魚津の陣から長連龍を帰国させ、兄安勝や富田景政《かげまさ》らとともに攻めさせた。連龍は景連に対し、同族の好《よしみ》から降伏を勧めたが拒否され、五月二十二日、棚木城は陥落した。景連の首級《しゅきゅう》は魚津の利家に届けられ、安土に送られた。また利家は、棚木城に籠もった能登国人を釜煎りにするための大釜を、安勝に命じて能登中居の鋳物師《いもじ》に鋳造させ、謀叛人の処置を定めて、事態を収拾したのは六月一日のことであった。すでに越中松倉城も陥落し、能登で鋳造していた大鉄砲完成の報も利家のもとに届き、魚津城は猛攻によって三日に落城した。この時、利家らはまだ本能寺の変の報に接していなかったようで、五日に利家が安勝に魚津落城を報じた書状には事態の急変を窺わせる内容はない。あるいはこの直後に凶報が届いたのかも知れないが、概ね八日までに、越中を成政に委ね、利家は能登、勝家は越前、盛政は加賀へと撤兵したのであった。

本能寺の変と利長・永

利家が魚津城を盛んに攻めていた頃、利長は信長の招きで、八歳の妻永《えい》とともに京都見物の旅の途上にあったが、反面、事態の急変に直面することになったのは皮肉である。

五月中に越前府中を発った利長一行は安土に立ち寄り、信長への進物を調《ととの》え、六月二日には近江瀬田《せた》辺まで来たところ、岩隈と名乗る信長の草履取《ぞうりとり》が、明智光秀の謀反と信長・信忠《のぶただ》父子の自刃の様子を急報したのである。

利長は、妻永の避難にあたり、越前府中までの道程を案じ、奥村次右衛門と恒川久次に命じて、前田家旧領尾張荒子《あらこ》へ逃れさせ、自らはひとまず蒲生賢秀《がもうかたひで》が守将を務めた安土城に入った。この時、永を引き受けたのは同族の前田与十郎長定《ながさだ》であったとみられる。ちなみに長定の嫡男長種《ながたね》は、天正十三年（一五八五）、小牧長久手の戦後、前田利家に仕えるが、本能寺の変の頃には利長の姉幸《こう》はすでに長種に嫁いでいたと考えられる。

利長は安土で明智勢の来攻に備えようとしたが、新参の家臣は皆欠落《かけおち》してしまい、具足の手配もままならない状況で、賢秀・氏郷《うじさと》父子とともに近江日野《ひの》城まで退いたときには、先の両名のほかに山森吉兵衛・三輪作蔵・吉田長蔵・姉崎勘右衛門・金岩与次がいるに過ぎなかった。また、永の乗輿《じょうよ》の担ぎ手は荒子までの供奉《ぐぶ》を嫌ったが、かえって利長は路銭を与えて暇《いとま》を許したと伝える。のちに前田家では、利家の能登入国以前に仕えた家臣を「本座者《ほんざもの》」、新参の家臣を「新座者《しんざもの》」と区別するに至ったが、利家が利長に残したとされる遺言状にも取りあげられ、本能寺の変での利長家臣の動向は、その契機となった事件でもあった。

明智光秀の近江経略は迅速で、安土に迫る明智勢から日野城へ使者が絶え間なく訪れた。しかし明智からの口上も氏郷の返答も利長に伝えられることはなく、利長は明智勢と蒲生父子の一味を疑い、城兵に「自分は明智と一戦交えるものに味方すると氏郷に伝えよ」と言い残し、伊勢松が島城の北《きた》畠《ばたけ》信雄《のぶかつ》のもとへと向かった。利長が対面したとき、信雄は

織田信長石廟　高岡市の瑞龍寺は前田家三代の利常が創建した、養父（実兄）の二代利長の菩提寺だが、寺域に写真のとおり石廟が5つ並んでいる。いつ誰が建てたかなど詳細は不明のようだが、真ん中が利長の義父・信長、その左が信長の妻（正覚院、利長の妻・永の母ヵ）、左端が義兄の信忠、そして右の二つは、左が利家で右端が利長の廟と伝わる。

安土城の伝・前田利家邸跡　大手道の石段の右手は利家の屋敷跡、左手は羽柴秀吉の屋敷跡と伝わる。発掘調査によって壮麗な石垣が姿を現し、復元整備が行われた。滋賀県安土町

たいへん落胆していたとのことであり、すでに信長横死の報が信雄に届いたのであろうが、利長が弔《とむらい》合戦を勧め、自ら日野城への使者を申し出た。これを受けて信雄は出陣を決意した。利長は再び日野城の蒲生父子と合流し、すでに明智方に占領された安土城に臨もうとしたが家臣に諫められ、光秀が山崎の戦で敗れた後、越前府中に引き揚げた。

以上は前田家方に伝わる複数の所伝を勘案したものであり、史実とするにはなお検討せねばならないのは言うまでもない。

あつち御さいなん御のかれ候御事

さて岩澤愿彦《よしひこ》氏は『人物叢書 前田利家』（吉川弘文館、新装版、七一頁）で、本能寺の変の直後、利長が非常に危険な状況にあったことを述べておられ、利長の安土入城と関連させて石川県羽咋市の気多《けた》神社に伝わる一通の古文書を紹介された。気多神社は能登国一宮《いちのみや》で前田利家・利長らの崇敬も篤かった。閏《うるう》八月三十日の日付を持つ「前田利家女房《にょうぼう》消息」である。岩澤氏は標題を「前田氏局《つぼね》消息」と改めて部分的に引用されており、その内容はおおむね以下のとおりである。

筑前様は今年の六月から来年の六月まで御祟りと（欠損

のため不明）、これも七月から祈禱を始め、毎月七日に宮参りをし、二十五日頃には祝詞《のりと》・神楽《かぐら》を奉納し、よくよくお祈りしなさい。明年六月までは月々怠らずに御祈禱し、巻数《かんじゅ》を私のところに届けなさい。私から（筑前様に）お目にかけます。いずれも祝詞は私から申し渡します。油断なくお祈りしなさい。（筑前様は）「安土ご災難」から逃れることをいよいよご心配なさっておりますので。来年六月の願果たしに初穂を奉納いたします。

しかし、筆者はこの消息は利長と結びつかないと考える。この消息は年次未詳とされているが、この文書の発給《はっきゅう》年代は、利家存命中に閏八月がある天正十三年に限られる。しかし「筑前様」が利家を指すものであるならば、利家が「筑前守」を称するのは、同年九月十一日以後のことであり、年次的に矛盾が生じることになる。一方、利長は生涯「筑前守」を称していないので、これも妥当ではないように思われる。

筆者も月日記載ほか検討する余地があると思うが、現時点では消息中の「筑前様」は羽柴秀吉で、発給者の筑前様局は秀吉側室加賀殿（前田利家三女麻阿《まあ》）ではないかと考えている。

織田信長が本能寺で倒れたのは、齢《よわい》四十九歳の六月であった。一方、天文六年（一五三七）生まれの秀吉にとっても天正十三年は、まさしく四十九歳で「安土ご災難」の年にあたり、実によく符合するのである。

秀吉は同年八月、越中平定のため、出陣し、八月二十六日に佐々成政を降らせ、閏八月七日には金沢まで戻り、同月下旬には大坂に帰った。この翌年、麻阿が上洛するのであるが、この時、気多社から巻数を携えて京都に向かったのではあるまいか。

「前田氏局消息」（『気多神社文書』）　石川県羽咋市・気多神社蔵

家康の伊賀越えについて

本能寺の変が勃発した時、徳川家康は国際貿易港・泉州（大阪府南部）堺におり、同日、上洛中の信長に対面するため京に向かった。途中で変報を得ると、京に向かわず、伊賀越えで領国にもどることを決意する。その道筋を再検証し誤りを正す。

横浜市立大学教授　今谷　明

本能寺の変が起こったとき、有力大名のうちで徳川家康ほど困難な立場に陥った者も珍しいであろう。信長・信忠《のぶただ》父子と明智光秀らの当事者を別とすれば、羽柴秀吉・神戸《かんべ》信孝《のぶたか》・丹羽《にわ》長秀《ながひで》・北畠《きたばたけ》信雄《のぶかつ》・柴田勝家《かついえ》・滝川一益《かずます》らは本拠地または出征先にあって、大軍を率いており、一応安全圏に居て、急には危難に遭遇する可能性がなかったからである。ところが家康は、事件突発時の六月一日夜は和泉 堺《さかい》の客舎にあり、事件の第一報を受けたのは河内飯盛山の麓に当たる高野《こうや》街道の路上（現・大阪府四条畷市）であって、主従わずかに三十人余という少人数であった。

東は上野《こうずけ》から西は秀吉の包囲する備中《びっちゅう》高松城まで、巨大な織田領国が一瞬にして権力の空白状態となった。事変直前まで、信長の強大な権力に支えられた領国内で、穴山梅雪《ばいせつ》を同道しての京・堺見物という物見遊山の旅であったのが、にわかに四面皆敵という困難に立ち至ったのである。この急激な変化は、まるでシンデレラ姫の馬車の魔法が解けて、カボチャになったようなものであった。つまりその魔法とは、信長が世に在る限りでのことで、信長が殺された途端《とたん》、安全であるはずの道

遠江浜松城跡（右）　駿河・遠江・三河３州の太守となった徳川家康（1542—1616）の居城。江戸時代は譜代大名の居城となった。静岡県浜松市

穴山梅雪画像　駿河江尻城主。梅雪は法名で、実名は信君（1541—82）。武田勝頼の親族だったが、家康に通じて信長につくことを許され、領地を安堵された。そのお礼をかねて家康とともに安土を訪れ、信長に拝謁したあと京・堺見物に赴いたが…。静岡・霊泉寺蔵

中が危険極まりない地獄の道行きとなったのである。

家康の命を狙《ねら》っていたのは、予想される明智方の討手《うつて》だけではなかった。土民・土豪たちによる〝落武者《おちむしゃ》襲撃の慣行〟という、当時畿内近国で広くみられていた「落武者狩り」の脅威である。落武者狩りは、大永七年（一五二七）の三好元長《みよしもとなが》軍と京都町衆の対立に早くも萌《きざ》している。落武者の主従一行を襲撃しても、その行為自体は咎《とが》められないという慣行である。従って、戦国大名・戦国武将なる者は、つねに落武者になる可能性がある以上、不断に土民・土豪による襲撃の脅威にさらされていたということになる。

この慣行の形成史上、最も有名な事件は、天正元年（一五七三）七月、槇嶋《まきのしま》城を退去した前将軍足利義昭《よしあき》が、山城《やましろ》富野《との》（現・京都府城陽市）付近で土民らに身ぐるみ剝《は》がれ、〝貧乏公方〟と嘲弄《ちょうろう》された事実であった。もう一つは、他ならぬこの本能寺の変の当事者であった光秀が、山崎合戦で秀吉に敗れ、敗走の途中、山城小栗栖《おぐるす》で土民の竹槍にかかって殺された事件である。この他、甲斐で河尻秀隆《ひでたか》が一揆に殺され、穴山梅雪が山城草内《くさじ》で土民に襲殺されるなど、この本能寺の変後に〝落武者狩り〟の非業に倒れた者は多い。ひとり家康だけが奇跡的に土民の魔手から逃れ、その身を全うしたのである。後年、伊賀越えを「神君《しんくん》生涯の危難」と称せられたのも宜《むべ》なるかなと言わざるを得ない。

【史料】

家康の伊賀越えに関する根本史料は極めて少ない。本願寺関係の記録であ

『住吉祭礼図屏風』　江戸初期の堺が描かれているが、木戸や堀が見えることから戦国期の様子といってよいという。堺市博物館蔵

る『天正日記』（『顕如上人貝塚御座所日記』とも、顕如の右筆、宇野主水《もんど》の日記）は六月二日条に、

朝徳川《（家康）》殿上洛、火急ニ上洛之儀は、上様《（信長）》安土より廿九日《（五月）》ニ御京上之《の》由アリテ、

それにつきふた〳〵と上洛由　候也《そうろうなり》。

とあって、この文末に異筆の細字で、

これは、信長御生害ヲ知テ、計略ヲ云《いい》テ上洛也、

と分註が筆記されている。この部分を『大日本史料』の編者は「当時ノ追記ナラン」すなわち同時代人の追記であろうと推測している。同じ『天正日記』はこれとは別に、「前後ヲ論ぜずこれを注す」として、次の文を併記している。

徳川堺下向ニ付而《ついて》（中略）於京都、上様を討果《うちはたし》申す由其の聞こえあり。そのまゝ家康も帰国トテ堺ヨリ出でられ了《おわ》んぬ。

と、ともかく家康が堺より六月二日、つまり凶変の程なく発足したことだけは確かめられる。京都周辺において記された記録類ではこれ以外に家康の動静を筆記したものは皆無である。次に、徳川家側の記録として、『家忠日記《いえただにっき》』には六月四日条として次のように記されている。

信長の儀、御父子必定に候由、岡崎、緒川《おがわ》より申し来り候。明知《（智）》別心なり。家康は境《（堺）》に御座《ござ》候由に候。岡崎え越し候。家康伊賀・伊勢地を御退《の》き候て、大浜《（三河）》へ御上《おあ》がりニ而、町迄御迎ニ越し候。穴山は腹切り候。道にて、七兵衛殿《（津田信澄）》別心はせつ《（マヽ）》なり。此方《この》御人数、雑兵《ぞうひょう》共二百人討たせ候。

この末尾の、「雑兵二百人」の解釈が難しいが、ともかく、六月四日に家康主従

三河岡崎城跡　岡崎は、駿・遠・三の太守・家康の生地。江戸時代は譜代大名の居城として続いた。愛知県岡崎市

が三河大浜に戻り着いたことが確認される。そこで六月二日の朝、堺を出立して以降、四日の晩（おそらく）に三河に帰着する迄の家康の足取りが問題となるが、信憑性の高い記録類は残っていない。

徳川側の史料で注目されるのは、大久保忠教《ただのり》の『三河物語』と、石川忠総《ただふさ》の『石川忠総留書《とめがき》』乾坤である。前者は講談で有名な大久保彦左衛門の著作であるが、大久保一族では、忠教の兄である大久保次左衛門（忠佐《ただすけ》）と、甥に当たる大久保新十郎（忠隣《ただちか》）が家康の伊賀越えに随行したと伝えられている（『石川忠総書留』）。かりに忠総の『留書』が信用できるとすれば、彦左衛門忠教は、兄と甥から伊賀越えの苦辛について種々聞かされていることが想像され、その著『三河物語』の記述は、ある程度信じてよいかと考えられる。しかしその記述は極めて簡単で、

家康は此（凶変）由を堺にて聞召《きこしめし》ければ、早《はや》都へ御越は成らせられ給はで、伊賀の国へかゝらせ給ひて、退《の》かせられ給ふ。然る処《ところ》に（中略）国に打漏《うちも》らされて有者（伊賀者）が、忝《かたじけな》く存《ぞんじ》奉りて、此《この》時御恩を送り申さではとて、送り奉るなり。（中略）伊賀地を出させ給ひて、白子《しろこ》より御舟に召て、大野へ上らせ給ふ由聞きて、各々御迎ひに参りて、岡崎へ供申す。

と、山城・伊賀・伊勢国内の経路は詳しく記さず、ただ乗船地と下船地のみ記す。『石川忠総留書』は、家康の重臣、石川数正《かずまさ》の一族忠総の手になる。実父は前述大久保忠教の甥忠隣で、忠教とは遠縁の間柄である。忠総は慶長十九年（一六一四）、父忠隣が本多正信《まさのぶ》父子との対立で失脚したため駿府《すんぷ》に幽囚の身となったが、大坂の両役で参陣して功を揚げ、元和二年（一六一六）豊後日田《ひだ》で六万石、続いて寛永十

今井屋敷跡　5月29日に堺を訪れた家康一行は翌6月1日、今井宗久宅で朝会をよばれた。現在の堺は大阪の周縁都市として様相がすっかり変わってしまった。環濠も東南部でわずかに名残をとどめるだけで、湊町の面影はほとんど残っていない。大阪府堺市

一年（一六三四）近江膳所《ぜぜ》に転じて七万石を封ぜられた譜代大名である。彼の系図を次に示すと、

石川清成┬康正━数正
　　　　└家成━康通＝忠総（実大久保忠隣子）

『石川忠総留書』（以下『留書』と略す）には「権現様御供仕《つかまつ》り候衆」として、

石川伯耆守（数正）
石川長門守（康通）
大久保新十郎（忠隣）
大久保次左衛門（忠佐）

と、家康伊賀越えに随行した忠総の近親四人の名が見える。忠総はこれらの人々から、逃避行の状況はつぶさに聞かされて育ったと推測される。従って、『留書』こそ、家康伊賀越えの基本史料として尊重すべきものである（久保文武「家康の伊賀越危難考」『伊賀史叢考』同朋社刊、一九八六年）。

同時代の史料として、信憑性が高く、歴史家から珍重されるものに『日本耶蘇会年報』（イエズス会日本通信）がある。天正十一年正月に宣教師フロイスより本国に送信の文は、

信長の凶報堺に達するや（中略）三河（家康）の王及び穴山殿は、直に彼等の城に向ひしが、通路は既に守兵に占領せられたり。三河の王は兵士及び金子《きんす》の準備十分なりしを以て、或は脅し或は物を与へて、結句通過するを得たり。

とあって簡潔に叙するのみで、経路や通過地の詳細は何ら記していない。

『永日記』より（『大日本史料』第十一編）

此時に、泉州堺より京へ御上なさるべきとて、牧方まで御越の時、茶屋四郎次郎（清延）京より参り、信長公生害の事言上す。大いに御驚き、京へ御上り、本能寺の焼跡にて、御腹めさせんとて御上り、本多中務少輔（忠勝）諫言にて、参州へ御下りに究る。道はと御尋ねの時、伊賀越えに御かゝり然るべしと、茶屋申上げて、木津川へ御越なさる。茶屋は上方の義を参河へ申上げよと仰せにて、京へ帰し遣わさる。本多中務少輔分別故に、参河へ御帰り成され候と中務少輔を感じけり。酒井左衛門尉（忠次）、石川伯耆守（数正）、其外老功の者なれども、時に当り思案いでず、唯一筋に京都にて御腹めさせんと思究めしとなり。

これと別に、『神祖泉堺紀事』（泉堺記事）と称する書上《かきあげ》が残っているが、『伊賀者大由緒記』等と同様、大和《やまと》の十市遠光《といちとおみつ》の由緒書に付会して「大和通過」を護衛した等と記するごとく、経路に関して荒唐無稽な説が事実のように叙述されており、到底信をおくことはできない（広吉寿彦「本能寺の変と徳川家康——いわゆる伊賀越についての異説」『大和文化論叢』所収、久保氏前掲論文）。なお『大日本史料』に引く『永日記』は、伊賀越えに随従した永井伝八直勝《でんぱちなおかつ》の末裔に当たる永井日向守直清《ひゅうがのかみなおきよ》が著したもので、寛文二年（一六六二）以後成立と、諸書の中では比較的古い覚書とみられ、経過地について、信楽《しがらき》・多羅尾《たらお》・甲村《こうむら》・白子・大浜の五箇所が記されている（伊勢白子より出帆説については後述）。

次に、家康に随従あるいは宿泊提供等の奉仕をなした人々の末裔が幕府に呈出した由緒書類のうち、最も成立が古いとみられる『寛永諸家系図伝』（内閣文庫所蔵、以下『系図伝』と略す）を瞥見してみよう。以下、士名と経由地名を摘記する。

酒井忠次《ただつぐ》……伊賀路・信楽山中・伊勢白子
本多忠勝《ただかつ》……飯盛八幡
山口光広《みつひろ》……山城宇治田原、信楽の小川、伊勢白子
多羅尾光俊《みつとし》…信楽、柘植《つげ》
和田定教《さだのり》……和泉堺、甲賀の山路

このように、江戸初期の比較的古い系譜類には宇治田原・信楽・柘植などの経由地が、伝承されていたことが知られる。これらの経由地から推測される逃避行路は、後述する『留書』の記述とも一致するものである。以上によって、われわれは家康

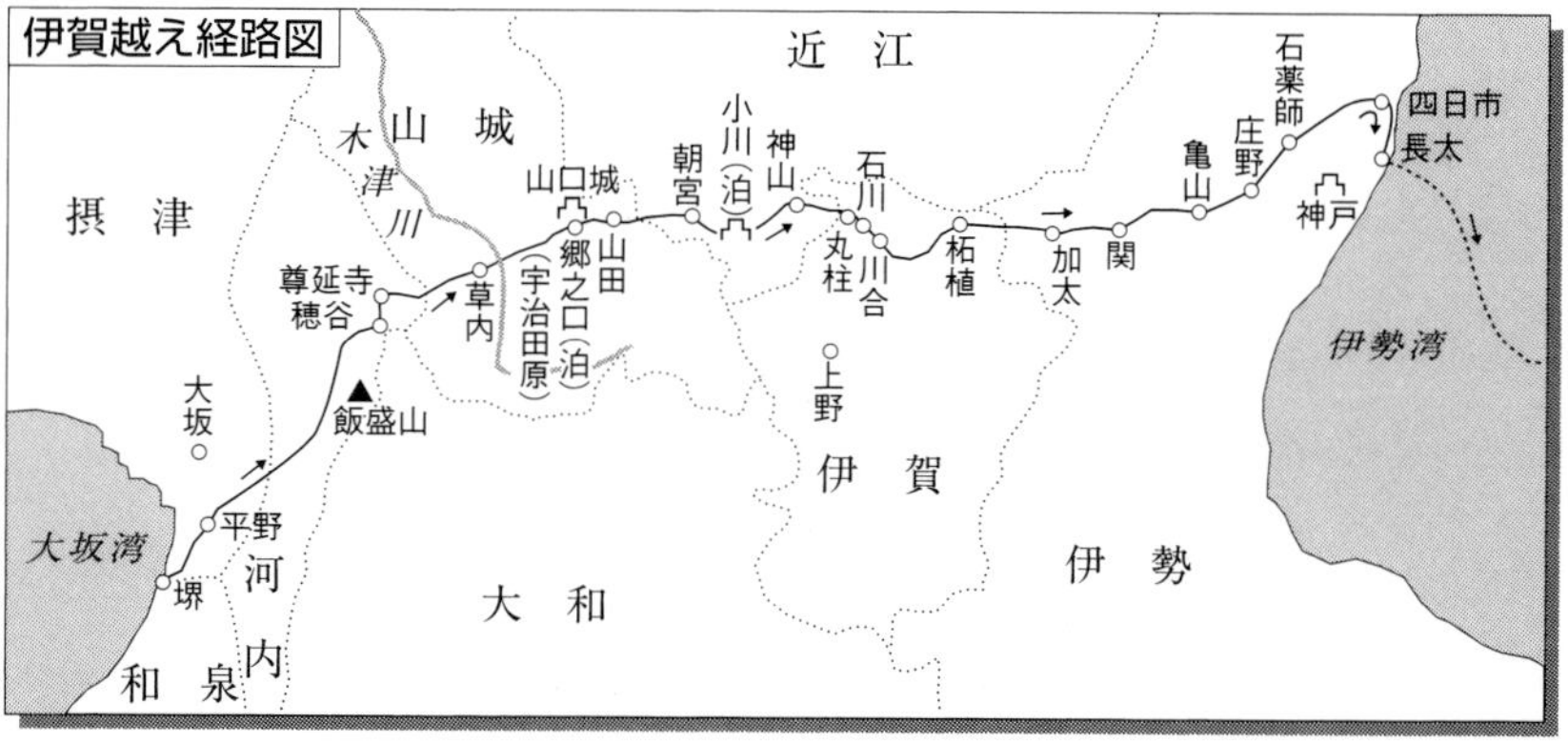

伊賀越え経路図

伊賀越えの考察に当たって、まず拠《よ》るべき史料は『石川忠総留書』であるということが確認できる。以下、『留書』によって、逃避行路をやや詳しく検討してみよう。

【宿泊地】

六月二日に堺を発足したことは『天正日記』その他によって確実であり、六月四日深夜、又は五日未明に三河に上陸したことは『家忠日記』等によって動かない史実とみられるが、途中の宿泊地は諸書によって種々に伝えられている。『留書』乾に、

宇治田原の近所山口所へ使を遣わされ一宿、それより信楽へ御出、

とあり、二日夜は宇治田原の山口館に一泊したことが記され、同じ『留書』坤に、

堺ヨリ山城国宇治田原え同日(二)八ッ時分ニ御著成され、山口玄蕃《げんば》御馳走申、

と記されている。『留書』乾には堺出立を二日とし、『留書』坤には三日発足として、同じ『留書』の記述が齟齬するが、これは『留書』坤の単純な誤りで、二日が正しい。

さて『留書』坤に、

宇治田原御立山田村え御懸《おかか》り、別当ト申出家《しゆつけ》御案内者仕り、信楽ノ内小川村え御通成され、多羅尾道賀《どうが》所ニ御一宿成され候由《よし》、

とあり、翌六月三日は信楽小川館に一泊していることが知られる。以上によって、堺―三河岡崎の全行程中、宿泊したのは、山城宇治田原の山口館と、近江甲賀の小川館の二ヶ所ということになる。

【経路】

次に、『留書』坤には堺より三河までの主要経過地と、地間距離が記されている。

穴山梅雪の墓　草内の渡しに近い飯岡の共同墓地にある。由来など詳細は不明というが、梅雪の一行は家康と別れて間もなく、草内の渡しを越える前に討たれてしまったことになる。京都府京田辺市

それを次に書出してみよう。

堺　平野　阿部　山ノ根着《ねき》　穂谷《ほだに》　尊念寺《ママ》　草地《ママ》　宇治田原　行程三十（十二カ）里

宇治田原二里半　山田一里半　朝宮二里　小川堺ヨリ小川迄十九里

小川ヨリ四日市迄行程十七里

小川半里　向（神）山一里　丸柱《まるばしら》一里　石川半里　河合一里半　柘植二里　鹿伏兎《かぶと》二里　関一里半　亀山二里

庄野一里　石薬師二里　四日市一里半　那古（長太）

以上、三日間の走行距離を示すと、

堺—宇治田原　十三里

田原—小川　　六里

小川—長太《なご》　十七里

となり、三日目の小川—四日市間が十七里と目立って強行軍の日程であったことになる。逆に言えば、宇治田原—信楽間の一日たった六里というのが、如何にも短すぎるようである。二日目と三日目の行程で何故このような差が生じたのであろうか。

穴山梅雪が草内の渡しで殺されたことでも判るように、南山城は一揆の猖獗《しょうけつ》地域であった。足利義昭が九年前に身ぐるみ剝がれたのも、草内の渡しと指呼の間にある富野庄付近である。家康一行は、南山城の通過に当たって神経質に、慎重にならざるを得なかったと思われる。また三日目に突破しなければならなかった北伊賀も油断のならぬ一揆激発地であった。二日目は、山間部の行程とはいえ、さほど嶮《けん》岨《そ》とも言えぬ道行きであり、小川で泊まらずに柘植の辺りまで無理をすれば届かぬ

飯盛山　大阪府四条畷市から遠望。

距離ではなかった。しかし家康の重臣らは、北伊賀の状勢を把握するのに慎重を期して、あえて信楽の小川に一宿したのではないかと思われる。小川から、御斎峠《おとき》を南下して、直ちに北伊賀へ出るコースを取らず、ことさら東北方へ迂回して神山《こうやま》から桜峠を経、丸柱から柘植へ出たのも、危険な北伊賀の行程をなるべく減らそうとする策ではなかったろうか。

一行は、伊賀と伊勢の境の加太《かぶと》越えまで到達して、おそらく安堵の思いを抱いたであろうと思われる。伊勢に入れば、織田氏の勢力圏であり、さして家康に敵対する勢力の抵抗は考えられなかった。関あたりまで辿《たど》り着き、夕刻に近い時刻だったろうと思われるが、おそらく乗馬の便も得て、四日市まで疾駆して、長太の湊で乗船したのは深夜になっていたはずである。

【問題点】

以下、若干解説を加えよう。二日早朝、堺を出立した家康主従は、本多忠勝を先駆けとして京都を目指し、高野街道を北上中、飯盛山麓（現・四条畷市）で茶屋四郎次郎（清延《きよのぶ》）の注進により、本能寺の凶変を知り、一旦は京都知恩院にて一同切腹しようと決したが、忠勝の諫言によって思いとどまり、間道伝いに本国三河まで急行することになった。一行中に、信長より接待役として派遣されていた長谷川秀一《ひでかず》が居たが、彼は在所の土豪津田某《なにがし》を召出し、津田の案内にて尊延寺越えで、無事に草内の渡しを越すことができた。茶屋清延の注進のことは『書留』乾、『譜牒《ふちよう》余《よ》録《ろく》』永井万之丞《まんのじよう》条、『茶屋由緒書』等に見えるが、『呉服師由緒書』では、京都の呉服商亀屋栄任《えいにん》の注進ということになっている。次に、宇治田原の山口館宿泊のこ

山口城跡　郷之口城ともいう。信長の命令で、旗下の山口甚助光広が築いたという。左の写真の案内板の後ろに広がる茶畑が城跡。京都府宇治田原町

とは、『系図伝』山口光広条に、

実は多羅尾四郎光雅《みつまさ》が子なり。長政《ながまさ》養ひて子とす。信長に仕ふ。天正十年六月二日、（中略）大権現《（家康）》、山城国宇治田原に来り給ひ、父長政が居城に入御《にゆうぎよ》の時、光広も又宇治田原にあり。是より供奉《ぐぶ》して近江国信楽の小川に至る。大権現、実父光雅が居城に入御あり。既にして伊勢の白子に至らんとし給ふ時、光広養父長政、実父光雅二人の家臣を率ひて供奉す。

とあり、多羅尾光雅・山口光広父子の連携によって宇治田原・信楽両地での宿泊と安全通過が保障されたとしている。山口城址は、現・京都府綴喜《つづき》郡宇治田原町大《おお》字《あざ》郷之口の極楽寺西側、小字《こあざ》田中の地と推定されている。なお『系図伝』に言う「父長政」とは、『宇治田原町史』では「山口甚助秀康」（『禅定寺文書』）のことではないかとする。また、後年徳川の世になった慶安三年（一六五〇）、伏見代官五味《ごみ》備前守の命で新末次《あたらしすえつぐ》なる武士に下命あって、家康の山口館入りの状況を書面に差出すよう要請があり、山口長政（秀康）配下の新末景と市野辺《いちのべ》出雲守が主命で草内の渡しまで家康の出迎えを行ったことが新末次の署名で京都所司代《しよしだい》板倉重宗《しげむね》へ上申した文書によって知られている（以上、『宇治田原町史 巻一』二三二―二三四頁）。

なお山口甚助（長政・秀康）の末裔の方々が健在で、その先祖書等の史料が紹介されている（中森平治氏「山口甚助の後裔について」〔『宇治田原町史 資料篇』第二集、昭和六十一年刊〕）。

さて、宇治田原より信楽に至る第二日目の行程については、以前筆者は二度まで実地に踏査し、紀行文を雑誌に書いている（拙稿「徳川家康伊賀越の道」〔『道路』六五

小川城跡　小川の集落から神山に向かう道路脇に案内の標識が建っているが、そこから山頂の城跡まで２キロほど上らなければならない。城跡は発掘調査後の整備のおかげで曲輪や土塁（基部に石垣が見える）がよくわかる。土塁上からの見晴らしもよい。滋賀県信楽町

七号、のち拙著『歴史の道を歩く』岩波新書にも再録〕）ので詳細は割愛するが、同紀行文において家康二日目の宿泊地を信楽多羅尾とし、三日目に御斎峠越えで北伊賀に出たとしていたのは誤りで、前述のように、宿泊地は小川城、翌日は桜峠越えと訂正したい。小川城跡は、現・滋賀県甲賀郡信楽町小川集落の南東に当たる城山（標高四七〇メートル）の山頂一帯がその場所に当たり、近年発掘調査も行われ、現在は滋賀県指定文化財となっている（『滋賀県文化財調査年報（小川城跡発掘調査報告）』、『小川城跡発掘調査報告書Ⅰ』）。

発掘は昭和五十三年（一九七八）から二年にわたって実施された。その結果、山頂とその周辺で九箇所の郭《くるわ》跡と、土塁・石塁・空堀《からぼり》・城戸口・堀切・井戸跡・城内道等の諸遺構が確認されている。本丸跡には五間×四間の礎石建物が検出され、出土遺物としては中国製白磁・染付《そめつけ》、美濃天目《てんもく》茶碗・硯《すずり》・宋銭等が出土しており、時代はほぼ一六世紀後半、すなわち家康通過時に近い頃を示しているという。城主は伝承によると多羅尾入道道可となっており、この人物が『留書』坤にいう「多羅尾道賀」に当たるとみられる。多羅尾氏は鎌倉期の公家である近衛経平《このえつねひら》の庶子師俊《もろとし》を祖と伝えている。『後法興院政家記』には多羅尾氏・多羅尾館の記事が散見され、同氏は近衛家領信楽庄の荘官であって、戦国期に土豪として近隣に力を振るったものであろう。『記録御用所本古文書』によれば家康は天正十二年（一五八四）三月付で多羅尾光俊に所領を安堵し、同八月には光俊の子光雅にも山城の地を宛行《あてが》うことを約している（『譜牒余録後編』）事実は、家康の宿泊と多羅尾氏による警固を裏付けるものであろう。

服部一族の伝承（『寛永諸家系図伝』）

○服部保次
中　生国伊賀。
永禄八年、はじめて大権現につかへたてまつる。（略）天正十年六月、大権現忍て御通りのとき、忠をつくし伊賀より三州にいたり供奉す。時に鉄炮同心五十余人預けらる。同十五年四月十八日、遠州にをひて六十二歳にて死す。
法名長閑。

○服部貞信
別当　山城国宇治田原に居住す。信長薨逝のとき、大権現泉州さかひより三州に御下向のとき、宇治田原山中の案内者となる。時に大権現これを感悦し給ひて、来國次の御脇指をたまふ。其後鈞命をうけたまハり大権現につかへたてまつる。慶長五年、七十歳にて死す。

小川城の発掘以前は、家康は小川でなく、その南方の多羅尾（後年、江戸幕府の信楽代官所が置かれた所）に泊まり、翌朝御斎峠を越えたと考えられていたのだが、近年、江戸初期に描かれたとみられる小川付近の古地図が発見され、朝宮・杉山・小川・丸柱へぬける道を「神君御通路」と記していることから、小川城宿泊が有力視されるに至った（『日本城郭大系巻11』滋賀県小川城条）。

最後に、北伊賀の難所突破の実相であるが、『留書』坤には、

（六月四日）小川村御立成され、多羅尾勘助御案内仕り、丸柱村ェ御供致し、宮田ト申す仁加り、柘植迄送り、柘植ヨリ小目地（米地）九左衛門・柘植平弥両人御案内仕り、鹿伏兎御供致し、カブトニテ野呂ト申す仁加り、関ノ地蔵迄御案内仕るの由、

と記される。『伊賀者大由緒記』は前述のように疑わしい点が多いが、同記に「天正十年伊賀国鹿伏兎山越御案内仕候者姓名」として載す一九〇人の交名《きょうみょう》のうち、野呂姓三人、柘植姓四人、米地姓一人の氏名が見えており、『留書』に叙述するような、野呂・柘植・米地ら伊賀国人が配下を率いて家康の警固に馳せ参じたという事実は認めてもよいのではあるまいか。『留書』によれば、家康の祖父の代から徳川に仕官していた伊賀者の服部半蔵が扈従《こじゅう》していたのであるが、服部氏が早くに改易されたため、『系図伝』そのほかの家譜からも事蹟が消えており、半蔵が伊賀衆の糾合にどのような役割を果たしたのか、裏付ける史料がないのである。以上要するに、家康の伊賀越えを機縁として、二百人余の伊賀衆が徳川家に取り立てられ、直参や伊賀同心として召抱えられたとの伝承は、大筋で認めてもよいかと思われる。

伊勢長太湊　弘治3年（1557）公家の山科言継は東国よりの帰途、知多半島の常滑から乗船して「ながう」に着船し、17日間、滞在して伊賀上野に向かった。写真は鈴鹿漁港で、地名は長太の浦。なお、近い距離に神戸（織田）信孝の居城・神戸城がある。三重県鈴鹿市

なお、家康の乗船地を多くの史書が白子湊とするのに対し、『留書』のみ長太湊とする件について一言しておく。長太（現・鈴鹿市北長太町）は四日市と白子の中間に位置し、現在は港湾の面影をとどめていないが、これは鈴鹿川の河口にデルタが発達して砂洲が形成されたためで、中世後期には長太は神宮の七浦として知られ、北伊勢の重要な港町であった。山科言継《やましなときつぐ》は弘治三年（一五五七）三月、遠江へ旅行の帰途、長太に上陸したことが彼の日記によって知られる（『言継卿記』）。

白子湊は元和五年（一六一九）以降、紀伊藩領となって海運拠点として発展するという。従って白子乗船説は誤りで、長太乗船が正しい。この点からも、『留書』の史料としての信憑性の高いことが裏付けられる。

徳川家康伊賀越えの道
国道307号線を走ると写真に見える標識に出遭う。京都府宇治田原町

（171頁より続く）

放された。このときも、藤孝は動いていない。実は、その直前に、信長から京都西郊の西岡《にしのおか》の一職《いっしき》支配権を与えられており、信長の家臣として勝龍寺城《しゅうりゅうじ》（長岡京市）主になっていたのである。藤孝は「細川」の姓を改めて「長岡」を称した（以後、秀吉の時代も復姓せず、関ヶ原の合戦後、徳川家康に勧められてようやく「細川」に復している）。

翌天正二年（一五七四）、信長の命令で嫡男・忠興が光秀の三女・玉子と結婚した。光秀と藤孝の仲が深まることになるが、藤孝が喜んだかどうか。ちなみに、本能寺の変報がとどいたとき、忠興は玉子を離縁して光秀の別荘がある丹後半島の味土野《みどの》（京都府弥栄町）に幽閉したが、数年後、天下人となった羽柴秀吉の許しをえて復縁したという。

山城勝龍寺城跡　京都府長岡京市

光秀は、信長襲撃について藤孝に相談しなかったのだろうか。光秀の与力として藤孝も備中出陣の準備をしていたことは間違いない。光秀が同道を申し出れば、隣国の藤孝は断れなかったであろう。とすれば、光秀はあえて藤孝を誘わなかったことになる。

藤孝が変報をえたのは変が起きた翌日、三日（本当は二日カ）のことで、信長の上洛を知って入京させた家臣・米田求政《もとまさ》からの早飛脚であったという。これが第一報であったならば、藤孝は驚いたことであろう。

『武功夜話』という記録資料がある。これによると、播州三木城（兵庫県三木市）にいた前野長康《ながやす》（秀吉の臣）は、二日の亥《い》の刻四ッ半（午後十一時頃）に藤孝から変報をえたという。事実とすれば、興味深い。当然、長康から備中高松（岡山市）にいる秀吉に連絡がいったと思われるが、ほかの資料で確認できない。のちに、忠興の娘が長康の嫡子（景定）に嫁しているので、二人は旧知の間柄と思われる。

いずれにしても、藤孝が動かなかったのには訳があったのではないか。将軍・義昭の挙兵のときは、すでに信長から領知を与えられて家臣になっていた。とすると、本能寺の変のときは……。

（文・高橋俊輔）

［コラム］

そのとき妻たちは……

昭和女子大学非常勤講師　久保貴子

近年は、女性の歴史、あるいは歴史を当該期の女性たちに注目して見直すといった研究も行われているが、政治史の中で女性を取り上げることはむずかしい。ごく限られた女性を別にすれば、史料上にはなかなか登場してこないからである。たとえば、本能寺の変が起きたとき、当事者や関係者の妻たちが、どこにいて、どう行動したのかといったことも、正直具体的なことはそれほどわかっていない。

今回は、そうした妻たちの立場や行動を、本能寺の変前後を中心に追いかけてみようと思う。それによって、当時の武士や皇族・公家の妻たちの姿を少しでも感じていただければ幸いである。

当事者の武将たちの妻

まず、本能寺の変の当事者、織田信長と明智光秀の妻からみてみよう。信長の妻濃姫《のうひめ》（帰蝶）については、すでに知られているように当時の所在は不明である。濃姫の母は光秀の伯母小見《おみ》の方といわれており、これにしたがえば、濃姫は光秀の従姉妹《いとこ》ということになる。父斎藤道三《どうさん》没後の動向は不明で、死没説や離縁説もあったが、信長没後の「織田信雄分限帳《のぶかつぶげんちょう》」にみられる「安土殿」が濃姫と考えられ、さらに慶長一七年（一六一二）没とする過去帳の発見から、意外にも長命であったとの見解も出されている。しかし、いずれにせよ、信長没後の織田家の後継者問題にも関わっておらず、その存在は信長生前から影の薄いものになっていたと考えられる。

光秀の妻は、土岐氏の家臣妻木範熙《つまきのりひろ》の娘熙子《ひろこ》である。賢夫人との伝承が残る。本能寺の変時には、光秀の居城坂本城にいた。山崎の戦《たたかい》で光秀が討たれた直後の六月十四日、坂本城では光秀の娘婿秀満《ひでみつ》が入って最後の評議がなされた。『明智軍記』には、この席に熙子が侍女を伴って出席し、「此体《このてい》ニ成果《なりはて》ヌル上ハ、兎角《とかく》ノ評定《ひょうじょう》ニ及問敷候《およぶまじくそうろう》。何方《いずかた》へ成トモ

光秀の妻の墓（右）　西教寺の境内には光秀の妻・熙子（妻木氏）の墓がある。銘文には天正４年11月７日という年月日が見え、このかぎり熙子は変以前に没していたことになる。俳聖・松尾芭蕉は「月さびよ　明智が妻の　咄せむ」と詠んだ。滋賀県大津市

細川忠興の妻の隠棲地（左）　変報を得た忠興（1563－1645）は、ただちに妻・玉子（ガラシャ、1563－1600）を離縁し、舅・光秀の別荘があった丹後半島の味土野に幽閉したという。京都府弥栄町

郎等共ハ皆落シ遣シ、城ニ火ヲカケ、旁《かたがた》御両所我等親子速《すみやか》ニ自害セシメ候ハヾ、末代迄モ当家ノ恥辱ハ有間敷候。長僉《せん》議《ぎ》ニ時剋ヲ移シ、敵ニ寄ラレナバ、未練ノ覚悟ニモ相聞《あいきこ》ヘ、其上家来ノ輩モ落散間敷旨申ナバ、無詮事《せんなきこと》ニ候間、此《この》趣早々何茂《いずれも》ヘ沙汰有ベシ」と述べたと記されている。この言に従い、秀満（『明智軍記』では光春）らは諸将を説得したのち坂本城に放火し自害、熙子らも自害した（秀満の手に掛かるともいわれる）。この時死んだ光秀の子供たちについては記録により異なり、数は一定しない。

なお、細川忠興《ただおき》の妻となっていた光秀と熙子の娘玉子《たまこ》が、本能寺の変後、婚家により丹後国味土野《みどの》に幽閉状態に置かれたことは有名である。また、本能寺の変の際、光秀に従った重臣斎藤利三《としみつ》の妻於阿牟《おあむ》は、当時、利三が城代を務めていた亀山城に娘の於福《おふく》らとともに住んでいたが、山崎の戦後、比叡山に逃れたという。この於福がのちの春日局（徳川家光の乳母）である。

次に、山崎の戦で明智光秀を倒し、天下取りの第一歩を踏み出した羽柴秀吉（のち豊臣秀吉）の妻の動向をみてみよう。秀吉は本能寺の変の際、中国地方で、毛利方と対陣しており、妻於祢《おね》（のちの北政所）は、秀吉の居城長浜城で秀吉の母な

か（のちの大政所）らとともに夫の留守を守っていた。天正元年（一五七三）に、秀吉が長浜城を築城して入って以来、本能寺の変までの約九年間を於祢は城主の妻としてこの地で過ごした。戦国期の武将は合戦のため留守がちであり、妻は夫不在時の家中の内政を統《す》べる役割を担っていた。とりわけ、百姓の家に生まれた秀吉の場合、糟糠《そうこう》の妻である於祢の存在は大きく、夫婦で長浜城下を治め、信長に仕えていたといっても過言ではないであろう。子を成さなかった点では、信長の妻濃姫と同じながら、家中における地位には大きな差が生じている。同時代を生きたこの二人の女性に、武士の妻のもつ二面性が凝縮されているようである。

さて、本能寺の変により、湖北《こほく》は一時争乱状態となった。於祢は身の危難を避けるため、なかたちと城を出て郊外（浅井郡）の大吉寺に入ったとされる。また、広瀬兵庫助などの護衛で、姉川をさかのぼり、兵庫助の本拠地である美濃国広瀬にかくまわれたともいう。長浜城は、光秀の招きに応じた京極《きょうごく》氏らにより攻め込まれ入城されるが、山崎の戦で秀吉が大勝したことで、彼らは逃亡した。その後、織田家の後継者を決める清洲《きよす》会議の決定によって、長浜城を明け渡すことになる。以後、秀吉の天下取りの歩みとともに山崎城から姫路城へと移り、変から一年後の天正十一年六月、大坂城に入ることになるのである。

関係者の親王・公家たちの妻

ところで、本能寺の変の歴史的背景については、現在もなお論議を呼んでいるが、ここでは、しばしば事件の背後にいた人物として名の挙がる誠仁《さねひと》親王や近衛前久《このえさきひさ》、勧修寺晴豊《かじゅうじはれとよ》、吉田兼見《かねみ》の妻たちを紹介することにしたい。

誠仁親王とその家族は、本能寺の変ではまさにその戦場に置かれることになる。織田信長の長男信忠《のぶただ》が、誠仁親王の住まいである二条御所（下《しも》御所）に入り、明智勢と戦ったためである。親王らは二条御所を脱出して御所（禁裏《きんり》）に無事に入るが、その時の様子を当時の公家の日記は、次のように伝えている。

> 右之《の》於二条御殿双方乱入之最中、親王御方《おんかた》・若宮御両三人・女中各被出御殿、上《かみ》之御所へ御成、中々不及御乗物躰也《ていなり》（「兼見卿記《かねみきょうき》」）
>
> 下御所ハ辰刻ニ上御所へ御渡御了《おんとぎょうしおわんぬ》、言語道断之為躰《ていたらく》也（「言継卿記《ときつぐきょうき》」）
>
> 村井のかれ候への由申、当番之衆御共のかれ候、若宮様、

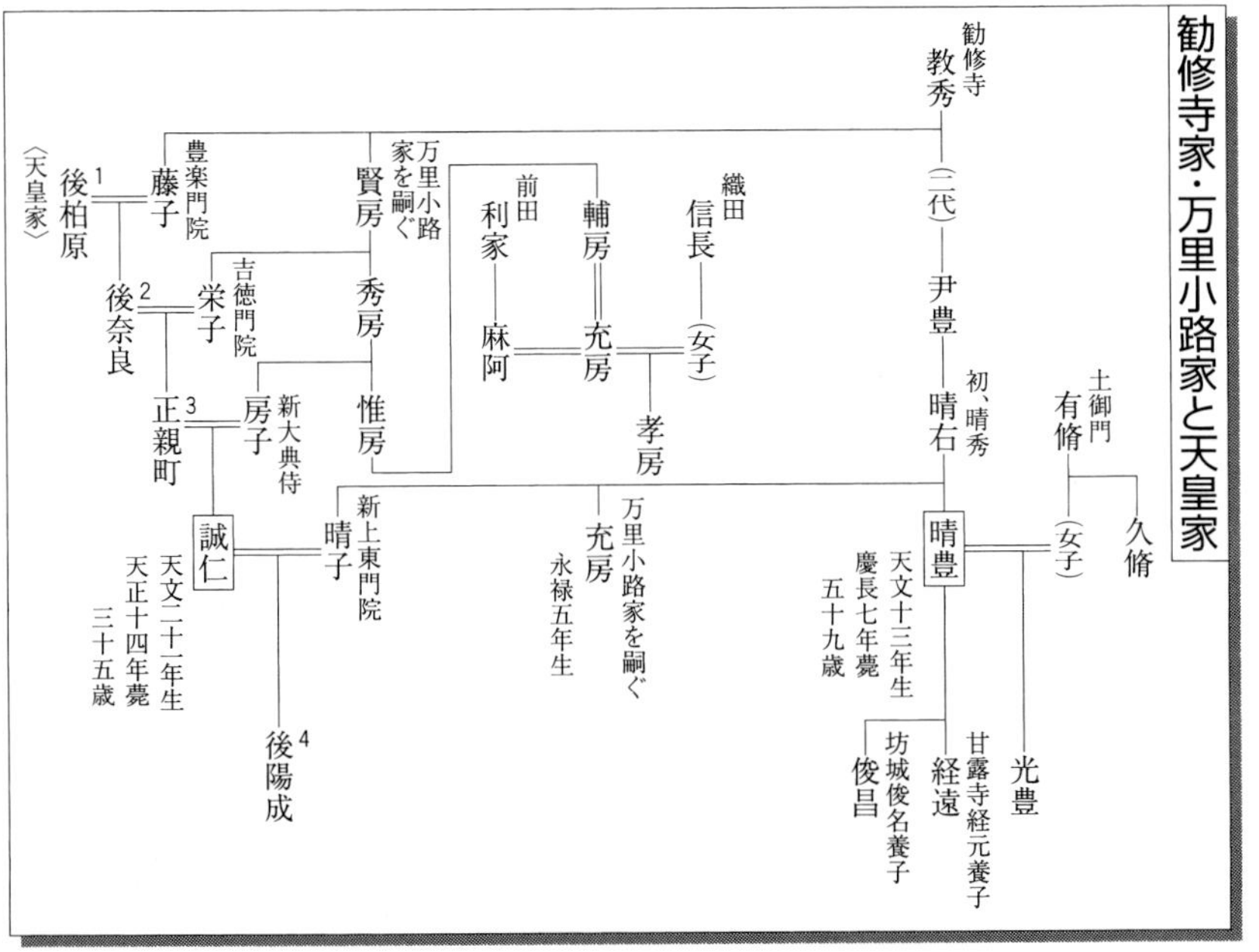

二宮様、五宮様、ひめ宮様、御あ茶々局《ちゃちゃのつぼね》、其《その》外女房衆、公家飛鳥井《あすかい》父子、庭田、藤中納言、中山頭中将《とうのちゅうじょう》、四辻中将、薄《すすき》、左馬頭《さまのかみ》、中御門弁《なかみかどべん》（「天正十年夏記」）

「天正十年夏記」は勧修寺晴豊の日記で、文中の「御あ茶々局」（晴子）の兄であり、事件の報を聞いて駆けつけた人物であるだけに記事はやや詳しい。こののち親王一家は当分の間、禁裏で過ごすことになる。

当時の天皇家には妻はいない（後醍醐天皇の代からのち皇后・中宮は冊立されていない）。したがって正親町《おおぎまち》天皇の第一皇子誠仁親王にも妻はいない。親王の第一王子（のちの後陽《ごよう》成《ぜい》天皇）をはじめ多くの子女を儲《もう》けた晴子《はれこ》は、勧修寺晴右《はれみぎ》の娘で、永禄十年（一五六七）十一月に親王の御所に出仕した女房《にょうぼう》である。ただ、天皇家は、勧修寺家の娘を生母とする後奈良天皇以来、正親町天皇、誠仁親王と勧修寺家の一族万里小路《までのこうじ》家の娘を生母としており、当時、両家が天皇外戚の地位を独占していた。晴子の親王への出仕も、側妾となることを期待してのものであったろう。結果としてこの期待は実現した。系譜上で確認できる親王の他の側妾は冷泉為益《れいぜいためます》の娘のみで、しかも彼女は本能寺の変から二ヶ月後の八月二日、本願寺光佐《こうさ》（顕如《けんにょ》）の子佐超《さちょう》と結婚するため親王から暇《いとま》をとっている（同月六日婚礼）。

　親王に仕える女房衆の顔ぶれは明確でないが、当時の記録に記された行動から見て、晴子が事実上その筆頭に位置していたことは間違いない。一方、天正年間の禁裏の女房衆の筆頭は上臈局《じょうろうのつぼね》と見られる。上臈局は二条尹房《ただふさ》の娘で花山院《かざんいん》家輔《いえすけ》（九条尚経《ひさつね》の二男）の猶子《ゆうし》となって禁裏に勤めていた。摂家の娘が女房勤めをすることは絶えて久しく、格下の花山院家の猶子となっているのはそのためであろう。誠仁親王の生母新大典侍《しんおおすけ》（万里小路秀房《ひでふさ》の娘）との上下関係は考慮の余地を残すが、親王が天皇の位につくまでは生家の格に基づく女房衆の職の序列にしたがうべきと考える。いずれにしても、彼女たちは朝廷の奥向きの重要な職についており、朝廷政務にも無縁ではなく、信長政権とも交流をもっていた。

　近衛前久の妻は久我晴通《こがはるみち》の娘とされる（「久我家系譜」）。晴通は前久の叔父（父稙家《たねいえ》の弟）にあたるので二人は従兄妹《いとこ》関係になる。ただ、この妻については生没年未詳で、本能寺の変時の動向は不明である。本能寺の変・山崎の戦後、織田信《のぶ》孝《たか》らによって前久追及が行われるが、当該期の公家衆の日記にも前久の妻の記載はみられない。なお、前久の子信尹《のぶただ》や前《さき》子《こ》（のち後陽成天皇の女御《にょうご》となる）の生母は家女房（宝樹院）である。

　晴子の兄勧修寺晴豊の妻は土御門有脩《つちみかどありなが》の娘である。晴豊の嫡男光豊《みつとよ》は彼女の所生だが、彼女についても記録にはほとんど現れない。天正十年の一月末から二月の初めにかけて持ち上がった信長方との暦問題（その年の十二月に閏を設けるかどうかという問題）で、家職によりこれに関わることになる土御門久脩《ひさなが》は兄弟にあたる。

　吉田兼見の妻は佐竹《さたけ》氏で武士の娘である。兼見の日記「兼見卿記」には「青女《あおじょ》」と記され、嫡男兼治《かねはる》の生母と見られる。兼見は妻の生家の当主佐竹出羽守《でわのかみ》と懇意にしていた。兼見は信長にかなり親近していたが、本能寺の変直後から光秀に近づいた。そのため、光秀死後、窮する場面もあるが、その後は秀吉に近づいている。佐竹出羽守もまた、七月二十日、山崎で秀吉に謁し、蜂須賀正勝《まさかつ》の馳走《ちそう》で助命され、十月二十日には惟住《これずみ》（丹羽《にわ》）長秀《ながひで》に扶持《ふち》三〇〇石で仕官した。

　このように夫が歴史上著名な人物であっても、その妻については記録がとぼしく、公家の妻にいたってはほとんど未解明である。したがって、妻の果たした役割や行動を解明することはかなり困難な状況にあるが、追いかけてみたい課題でもある。

【扉図版クレジット】
9頁『上杉本 洛中洛外図屏風』米沢市上杉博物館蔵／『都の南蛮寺図』神戸市立博物館蔵
57頁『上杉本 洛中洛外図屏風』米沢市上杉博物館蔵／織田信長画像 神戸市立博物館
101頁『上杉本 洛中洛外図屏風』米沢市上杉博物館蔵／明智光秀画像 本徳寺蔵／足利義昭木像 等持院蔵
151頁『上杉本 洛中洛外図屏風』米沢市上杉博物館蔵／羽柴秀吉画像 光福寺蔵／徳川家康画像 大阪城天守閣蔵

【写真提供】
阿弥陀寺
石田文一
伊丹市教育委員会
永青文庫
大阪城天守閣
大塚栄典
大山崎町教育委員会
岡山市教育委員会
小山田敏子
落合勝人
桐野作人
桑原英文
月桂院
高知県立歴史民俗資料館
光福寺
神戸市立博物館
国立国会図書館
西光寺
堺市博物館
サントリー美術館
滋賀県立安土城考古博物館
島根県立博物館
清水市教育委員会
下山田允子
洲本市教育委員会
大雲院
大東市立歴史民俗資料館
高橋俊輔
館山市立博物館
長慶寺
天理大学附属天理図書館
土井内保
東京大学史料編纂所
東郷町教育委員会
等持院
南国市教育委員会
畠山記念館
福知山市教育委員会
福山市教育委員会
米山寺
平凡社
藤本建八
防府毛利報公会
松見次郎
三原市教育委員会
吉田町教育委員会
米沢市上杉博物館
渡辺敬太郎

【協力】
慈眼寺
高橋俊輔
高橋武雄
本徳寺

【本文デザイン】
小松陽子デザイン室
新山耕作

【本文デザイン協力】
長谷川松壽堂

【編集協力】
北山隆利
三朋舎企画
高橋英一
西山美和子
ぱぺる舎

【図版制作】
新山耕作

（敬称略）

執筆者紹介

安部龍太郎（あべ りゅうたろう）
1955年福岡県生まれ。作家。著書に『血の日本史』『彷徨える帝』『血の如く水の如く』『関ヶ原連判状』『密室大坂城』『バサラ将軍』『神々に告ぐ』『信長燃ゆ』など。

立花京子（たちばな きょうこ）
1932年生まれ。お茶の水女子大学卒。理学修士。一橋大学の池享教授、神奈川大学の三鬼清一郎教授のゼミに参加。博士（人文科学）。著書『信長権力と朝廷』（岩田書院）

桐野作人（きりの さくじん）
1954年鹿児島県生まれ。作家。著書に『真説　本能寺』『真説　関ヶ原合戦』『孤高の将軍　徳川慶喜』『目からウロコの三国志』など。

和田裕弘（わだ やすひろ）
1962年奈良県生まれ。織田信長家臣団研究会・織豊期研究会会員。織田信長家臣団研究会会報『天下布武』に「信長関連年表」などを掲載中。

大牟田太朗（おおむた たろう）
香川県生まれ。エッセイスト。著書に『坂東三十三ヵ所・秩父三十四ヵ所めぐり』『熊野古道を歩く』（共に共著）、『みちのくバーチャル・エキスポ／文学紹介』など。

堀　新（ほり しん）
1961年岡山県生まれ。共立女子大学文芸学部助教授。主著『展望日本の歴史13・近世国家』（東京堂出版）、「織豊期王権論」（『人民の歴史学』145、東京歴史科学研究会）など。

津田　勇（つだ いさむ）
1935年生まれ。早稲田大学教育学部卒。広告企画・制作に携わる傍ら、歴史研究に従事する。戦国史研究会会員。著書に『藩校・塾・寺子屋』。

藤田達生（ふじた たつお）
1987年神戸大学大学院博士課程修了。学術博士。神戸大学助手を経て現職。主要著書は『日本中・近世移行期の地域構造』『日本近世国家成立史の研究』（いずれも校倉書房）。

谷口克広（たにぐち かつひろ）
1943年北海道生まれ。横浜国立大学教育学部卒。東京都港区立港南中学校教諭。著書に『織田信長家臣人名辞典』『秀吉戦記』『信長の親衛隊』『織田信長合戦全録』など。

石田文一（いしだ ふみかず）
1962年石川県生まれ。國學院大學文学部史学科卒。石川県立歴史博物館学芸主任。主著（共著）に『七尾市史（武士編）』『前田利家 栄光の軌跡』。

今谷　明（いまたに あきら）
1942年京都府生まれ。横浜市立大学国際文化学部教授。著書に『日本中世の謎に挑む』『中国の火薬庫』『中世奇人列伝』『天皇と天下人』『象徴天皇の発見』『室町の王権』など。

久保貴子（くぼ たかこ）
岡山県生まれ。早稲田大学大学院文学研究科史学専攻博士後期課程満期退学。博士（文学）。早稲田大学教育学部助手などを経て、現在、昭和女子大学非常勤講師。

真説《しんせつ》 本能寺《ほんのうじ》の変《へん》

２００２年６月10日　第１刷発行

筆　者　安部龍太郎《あべりゅうたろう》・立花京子《たちばなきょうこ》ほか

発行者　谷山尚義

発行所　株式会社集英社
〒１０１−８０５０　東京都千代田区一ツ橋２の５の10
電話／０３（３２３０）６１４１　編集部
０３（３２３０）６３９３　販売部
０３（３２３０）６０８０　制作部

印刷所　中央精版印刷株式会社　錦プロデューサーズ株式会社

製本所　中央精版印刷株式会社

 ISBN4-08-781260-X C0021

集英社の学芸書

好評発売中

おまつと利家

加賀百万石を創った人びと

前田利祐 他

利家とまつ、夫婦二人三脚で築きあげた大大名の地位。夫・利家亡きあとに訪れた危機。人質として江戸に下るお袋様・まつを中心に、前田家三代、乱世を生きた家族の愛と感動と苦難の物語を多面的に紹介。多彩な執筆陣、〈紀行文＋写真〉でおくる、大河ドラマの世界。

新釈 平家物語 上・下

松本章男

八百年余の歳月、琵琶が弾き語った滅びの世界を、古典文学と京都に精通した著者が、わかりやすい画期的な評釈でひもとく京都・平家物語案内。名所・史跡・美術品等の写真多数収録。日本画家の名画も収載。混沌とした現代にも通じる生き方が見えてくる待望の書。

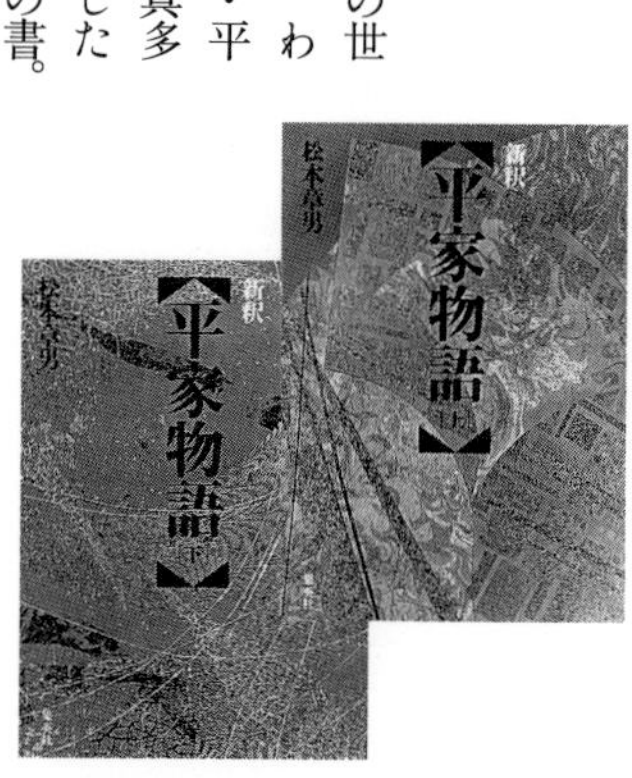